# 本书编委会

主　编：高明勇　　程云斌

编　委：(按姓氏拼音排名)

崔向升　　柯锦雄　　李小鸣　　任冠青

滕晗　　叶鹏　　张弘　　张振明

周媛博

凤凰网评论　　凤凰网政务

# 政能亮 ③

《政能亮》编委会

人民出版社

# 目 录

## 一、改革风向标

## 二、信息公开论

## 三、经世济国策

# 四、促进民生计

# 序一
# 大力推进政务公开　努力建设服务型政府

向　东

新年伊始，凤凰网在这里举办"政策与机遇：2016凤凰政能亮高峰论坛"，大家汇聚一堂，共同探讨公共政策的传播，非常有意义。在这里，我谨代表国务院办公厅政府信息与政务公开办公室，向论坛的举办表示热烈祝贺！

一年前，2016年1月11日，习近平总书记主持召开中央全面深化改革领导小组第二十次会议，审议通过《关于全面推进政务公开工作的意见》。在去年的全国两会上，李克强总理在政府工作报告中首次明确提出"深入推进政务公开""让权力在阳光下运行"，时至今日，这句话已经深入人心，很多人都耳熟能详。

本届政府高度重视政务公开工作，把这项工作作为提升政府治理能力和公信力，建设法治政府、服务型政府，保障人民群众知情权、参与权、表达权、监督权的重要内容。

政务公开知易行难。理念的转变要渗透到每个部门、每个公务人员的具体工作，需要逐步摸索完善，需要更周密的实施细则，也需要内外部共同推动。

为了更好地推进政务公开，我们和有关方面的同志共同努力，不断完善顶层设计。2016年先后出台了《关于全面推进政务公开

工作的意见》《关于在政务公开工作中进一步做好政务舆情回应的通知》等文件，明确提出"遇有重大突发事件、重要社会关切等，主要负责人要当好'第一新闻发言人'""对涉及特别重大、重大突发事件的政务舆情，最迟应在 24 小时内举行新闻发布会"等。

我们推进政务公开，着力抓好制度落地。2016 年，我们在推动政策发布解读等方面亮点较多，对公众重大关切的回应更加及时。比如，去年 12 月以来，一个多月时间，已经有多位部长和地方负责人主动回应公众重大关切。其中包括发改委负责同志解读"中国经济怎么走"，环保部、北京市负责同志回应"雾霾如何治"，财政部、税务总局负责同志谈"营改增怎么算"，工商总局负责同志表态"创业怎样更方便"，卫计委负责人解读"医改怎样深入"等，这些都受到境内外舆论的高度肯定，也有利于稳定社会各界预期，提振发展信心。

公众对信息公开有巨大需求。政府决策和施政行为往往是重大的环境变量，政府制定的政策、出台的措施，必须及时、准确、全面地公开，否则，就会影响政府的公信力。好政策要深入人心。政府推出的许多重大政策涉及较多专业领域。要让公众不仅能看得到政策，还要看得懂政策，能够按照政策去办，就必须加大分析解读和预期引导的力度，创新探索更多符合传播规律的合作模式。

尤其在全媒体时代，要实现政务公开效果的最优化，政府部门不仅要制定好政策，还要善于传播好政策；不仅要用好传统媒体，更要学会用好新型媒体。当下面临的普遍问题是信息浩如烟海，但权威观点不足，在海量信息面前不知道该听谁的、该信谁的，要吸引受众的注意、获取受众的信任，就必须擅长议题设置和观点传播。这就需要政府部门、中央主流媒体、权威专家机构、新媒体平台等多方面的通力合作。这种合作，不能局限于"我说你播"的传统模式，而是要做好媒体融合，让媒体根据自身平台特色、受众特点，探索各种创新性的传播。

凤凰网作为知名新闻门户网站，推出的"政能亮"就是一个高水准的栏目。创办近一年来，凤凰网"政能亮"与有关政府部门官员、权威专家学者、典型企业代表等，围绕中央政府重大政策和社会舆论热点进行深入探讨和积极评论，形成了良好互动协作，发出正面解读声音，给公众提供了一个理顺政策脉络、解读政策内涵、助推政策落地的政论平台，为政府相关政策通达民众提供了有力支持。自2016年1月成立以来，截至12月31日，共刊发157期政论。这些政论视角独特，可读性强，卓有成效，已经逐步塑造成一个独立的媒体IP品牌，在政府与社会之间形成良性互动，进行了成功的探索。

政务公开对转变政府职能，建设服务型政府具有重要推动作用。公开是惯例，不公开是例外，这是我们当前做好政务公开工作的一个努力方向。在这个过程中，媒体同样责无旁贷。

（作者系国务院办公厅政府信息与政务公开办公室主任，本文系作者在"政策与机遇：2016凤凰政能亮高峰论坛"的主旨演讲。）

# 序二
## 为什么要推出"政能亮"

邹　明

政通人和，是自古以来民众对国家的企盼。近些年来，政令政策不出高层决策机关，也一度是社会最为担忧的问题之一。

正因为此，以守望社会为业的现代媒体，必然会高度关注中央政府的政令，关注政令如何落地。更好地解读政令，做政府的诤友，共同推动实现"好政策，亮中国"，是凤凰评论推出"政能亮"的初心。

大国治理千头万绪，每周三召开的国务院常务会议，是观察中国政治经济走向的一个重要窗口。国务院关注哪些议题，会议发布哪些新规，释放哪些信号，都会潜移默化地影响各级政府和社会、市场的运行。

但这些年我们也真切感受到，和会议的重要程度相比，舆论的关注还不够充分，一方面可能是追逐新鲜热闹的媒体特性，对于常规化的议程缺乏持续动力；另一方面可能是会议议题设置所决定的专业门槛，影响了大众层面的传播和接受。

这一重要政策活动，具有独特的传播价值，而现实的传播又存在有待改进的空间，这既是媒体的机会，也是媒体的责任。凤凰评论在凤凰媒体精神的引领下，长期秉持"积极、善意、建设性"理念，在业界已成为时事评论领域的重要品牌。我们有长期关注严肃时政议题的经验，有专业的编辑团队，有庞大的专家、评论员队伍。这一切决定了我们有视野、有格局、有能力，能够精准把握重大领域的报道需求，能够最大化地实现积极的传播效果。

关注国务院常务会议，是凤凰评论推出"政能亮"栏目的出发点，但并非栏目的全部。"好政策，亮中国"能更准确地传达凤凰评论的追求，我们一方面关注国务院常务会议为代表的政令发布平台，力求更全面、深入地解读会议精神，同时努力将"行政话语"转换成"大众语言"，在内涵和营养不流失的情况下实现传播效果最大化；另一方面，我们也力求充分发挥信息沟通、媒体监督职能，帮助决策部门充分把握社情民意，避免出台"坏政策"。

围绕着"好政策，亮中国"的理念和追求，"政能亮"栏目日常主要聚焦在三个领域发力：其一，权威解读国务院常务会议。周三倾听国务院的声音，是政商等领域很多人士的习惯，因为其中的各项决策、信号，确实可能产生广泛的影响。我们栏目的权威，不仅源自凤凰评论自身拥有深厚的采编资源、专家队伍，还要感谢国务院有关部门和其专家团队的支持。因为有了最近距离的沟通了解，我们能最大程度地理解政令发布者的原意，了解政令出台的过程，进而能更好地掌握核心信息，进行更高效的传播。

其二，进行客观中立的政策评论。如果说解读是为了更准确把握政策发布者的原意，是一种"发布者"视角，那评论就是一种"第三方"视角，是把政策放在现实框架中去分析，权衡其对于相关利益方的影响，探讨可能存在的利弊。因为"好政策"不能只看初衷，还要看其能否经受得住现实的检验。我们的评论，就是在为社会"代言"，履行"检验"的责任。

其三，持续跟踪政令在现实的落地。"政令不出中南海"，一度是公众最为担忧的问题之一。现实也确实有很多不容乐观的地方，一些领域的问题长期存在，而对此中央早有很明确的规定。令行不止，政出无效，这其中的问题在哪里？需要针对具体的个案深入剖析，探寻病情，拿出救治方案。"政能亮"栏目过去一年关注了不少热点事件，目的正是要通过个案来检验"好政策"，呼吁"好政策"。

经过一年左右的尝试，"政能亮"栏目取得了非常好的传播效果，多篇文章引起各界高度关注，甚至实现了和政令发布的良性互动。比如，2016 年 2 月 28 日，"政能亮"刊发文章《又到两会，部长们应多出来走两步》，表达了公众在两会期间希望和部长们实现更多、更直接的互动。随后在春节后首次国务院常务会议上，李克强总理明确要求，国务院各部部长、直属机构主要负责人都要主动召开或者出席新闻发布会，积极回应舆论关切。在 2016 年的两会中，"部长通道"随之成为最大的亮点之一。

再如，2016 年 7 月，河北邢台遭遇罕见洪灾，自媒体上流传很多村庄受灾、村民被淹死的消息，但当地官方的权威信息迟迟不见发布。"政能亮"栏目先后刊发《邢台官员下跪前到底发生了什么》《必须告别"砸了数十亿，治水都白忙"》，从信息发布和洪灾治理层面，追问当地所暴露的问题。"好政策"不能只是停留于纸面的条文，而要在日常、在突发事件中得以呈现。

"政通人和"不是等来的，需要更多机构、更多个体的参与和努力。"政能亮"是凤凰评论乃至凤凰网的一种积极尝试。现在"好政策，亮中国"的理念，不只体现在我们的专栏中，还贯穿我们与国务院有关部门定期合办的"政能亮"沙龙、"政能亮"主题峰会中。

我们正在通过线上、线下多种渠道，来打通政府和民间、官方话语体系和大众话语体系，为"政通人和"的目标而努力。

路漫漫其修远兮。但愿成长中的"政能亮"栏目，能成为中国特色民主政治发展中的见证者、推动者；但愿"好政策"不只是一种美好的追求，而是像阳光一样，时时亮起，温暖照耀着悠久的国度、善良的人民。

（作者系凤凰网总编辑　2016 年 12 月）

# 序三
## 政能亮：顺势而为，打造中国政论 IP

高明勇

从 2016 年 1 月 25 日刊发第一篇政论《总理何以一再喊话"城镇化"?》，短短一年时间，凤凰网"政能亮"实现从"0"到"1"的突破，而整个栏目的价值不仅仅在于刚好推出的 200 篇原创评论文章。

一年时光，凤凰网"政能亮"迅速成长为一个"政论 IP"，形态也逐渐丰富多元，从专栏到沙龙，从报告到访谈，从出版物到峰会，通过与知名意见领袖、重量专家学者等良好协作，为公众提供了一个理顺政务脉络、理解公共政策、促进政策落地的重要政论窗口。

2017 年 1 月 14 日，凤凰网"政能亮"在北京举办了"成年礼"——"政策与机遇：2016 凤凰政能亮高峰论坛"。

十数年的媒体评论经历，我最大的感慨是：新闻难做，评论尤难。而论人与论政，更是难中之难。新闻之难，难在事实。评论之难，难在判断。论人之难，在如何远离偏见；论政之难，在论与政的互动，如何有效而良性互动。而"政能亮"，正是一个基于论政与问政的政论平台。

一年时间，"政能亮"迎风而长，稳健而迅速。不少人问我，"政能亮"是怎么做的? 有什么背景? 有什么秘诀? 以后打算怎么做?

我想，所有努力用一个词来概括，就是"改变"。改变单一的政务传递模式，转向"专业解析"的解读路径；改变模糊的政治传播途径，转向"议程设置"的政务定位；改变神秘的政府运行色彩，转向"人性负责"的政治形象。

一、时代趋势：变革的动能

从这两年的舆论场上看，热点现象之一就是形成了一个"政论谱系"，即涌现出不少以时政内容为主打的栏目或品牌，比如《人民日报》海外版的"学习小组""侠客岛"，《新京报》的"政事儿"，《北京青年报》的"政知道""政知圈""政知局"，包括凤凰网已经推出的"政能亮"。

为什么会出现这种现象？

我认为，在"政能亮"的时局观里，至少有四个因素：

1."国家治理能力"成关键词

中共十八届三中全会提出，将推进国家治理体系和治理能力现代化，作为全面深化改革的总目标。全面推进政务公开，则是提升国家治理能力的一个切入点。

尤其是2016年，中办国办联合印发《关于全面推进政务公开工作的意见》，认为当下的问题是"仍存在公开理念不到位、制度规范不完善、工作力度不够强、公开实效不理想"，并提出"实行政务公开负面清单制度，公开内容覆盖权力运行全流程、政务服务全过程，公开制度化、标准化、信息化水平显著提升，公众参与度高"的工作目标。

客观上，这为媒体积极推进时政报道，特别是从政务公开、信息公开的角度进行解读与监督，提供了一定的行政支持和观察路径。

2. 传媒业进入"温媒介时代"

著名传媒学者麦克卢汉在《理解媒介——论人的延伸》一书中，提出了"冷媒介"和"热媒介"的概念。简单说，热媒介，参与度低，信息量大，信息明确度高，流通频率高强度大，具有强烈的排斥性和强大的推动性。冷媒介则相反。按照今天的媒介格局来看，大致可以将所谓新媒体划为热媒介，传统媒体划为冷媒介。但在融媒体大行其道的当下，传统媒体更多地采取新媒体的传播手段，而新媒体则越来越多地将原创内容的生产力作为主要方向，对很多媒体平台很难用一个"冷"或"热"来形容，这也意味着一个介入二者之间的"温媒介时代"正在到来。

"温媒介时代"的一个显著特征，就是 IP 化，即每个传播体自身几乎可以涵盖各个传播路径，包括"冷媒介"和"热媒介"在内，万物皆媒。

3. 公众"观念水位"迅速上升

纵观近年来公共领域的变化之一，是公众"观念水位"的迅速上升，公共利益成为刚性需求。

《2016 年中国互联网舆情分析报告》（人民网舆情监测室发布）中的数据显示，过去一年来，公共管理事件成为所有舆情热点事件中数量最多的一类，共 228 件，在热点事件中占比 38%。

比如 2016 年度影响较大的雷洋案即是典型，案件本身暂且不过多评价，从舆论场上的反馈看，引发的社会普遍焦虑和对法治的高度关注，也是一个公众从"利益相关者"到"强烈代入感"的过渡。

学者刘瑜曾指出："我心目中理想的社会变革应当是一个'水涨船高'的过程：政治制度的变革源于公众政治观念的变化，而政

治观念的变化又植根于人们生活观念的变化。"(《观念的水位》)

公众"观念水位"的这种上升，必然对政务公开和媒体功能提出新的期待。

4.智库自媒体催生"群智众脑"

自2014年提出"重视专业化智库建设"的规划后，智库如过江之鲫，而自媒体的发展也到了一个新的风口，这些必然催生"群智众脑"模式的应运而生。

"群智众脑"的模式之一，是"中央厨房"制。以《人民日报》为例，将"中央厨房"项目（人民日报全媒体平台）列为人民日报社三大融合发展重点项目之一。

不管是智库形态，还是自媒体的模式，归根到底，是要通过流程再造，更新"群智众脑"模式，以便生产出更优质的内容。

二、价值构建：思想的力量

一名之立，旬月踟蹰。栏目创办之初，起名是个大学问，移动互联时代更是如此，确定"政能亮"这个名字，经过了一个较为漫长的过程，几经讨论，红包悬赏，内部论证，甚至请教了社会语言学专家从中英文的角度给予指点。

当然，起名，不仅关系到舆论场上的传播，更是栏目定位所在。

凤凰网作为华人世界主要门户网站，一直秉承"中华情怀，全球视野，包容开放，进步力量"的媒体精神，凤凰网评论作为国内知名的时事评论品牌，在媒体业内素来具有极高的专业口碑，着力塑造"积极、善意、建设性"的形象。

1."政能亮"的认识论

政策解读家——当公共政策的决策进入专业化时代，当公众认

知的观念水位迅速上升，对政策的解读与"翻译"就显得尤其重要，既要能通俗易懂，又要能准确全面，这也是当下语境下，媒体评论的必要功能之一。

价值挖掘者——在一个相对稳定的社会环境里，政策本身成为最大的变量，牵一发而动全身，影响到各个阶层，方方面面，而政策自身的价值则有待专业人员进行挖掘，尤其是政策与民生领域的深层互动。

服务提供商——对公共政策的价值挖掘与通俗解读，归根到底是提供一种服务，这种服务与"互联网＋"相结合，更多地呈现为一种产品，作为品牌出现，导入 IP 的架构，而不仅仅是一串政策解读文字的堆砌。

2."政能亮"的方法论

公共视角，解读国务会议——无论是国务院每周三的常务会，还是出台的重大政策，都有必要放在一个公共视角的坐标系里去打量，政策出台的落脚点在哪？现实操作中的难点在哪？民众生活的痛点在哪？

专业操作，透析时局变幻——政策虽牵涉普通民众，但真正读懂就非易事，并且很多人也未必有闲暇时间真正去解读关注，而专业的评论生产机制，则可以弥补这一缺失，尤其是整合长期关注某些领域的学者资源。

朴实话语，重构政治形象——今天的舆论场，无形中出现政界话语、学界话语、媒体话语、民间话语等不同的话语体系，给社会层面的沟通交流带来一定的困惑与障碍，我们采用凤凰网特有的语态文风和话语体系进行表达，释放政治有温度的一面，而非生硬形象。

3."政能亮"的立论点：

好政策，亮中国——栏目的slogan，我确定为"好政策，亮中国"：期待看到好的公共政策，专业诠释政务政策，同时也警惕那些违背法治精神的政策，更警惕那些违背现代执政理念的行政现象。

三、现实操作：新闻的逻辑

在实际操作中，凤凰网"政能亮"遵循新闻的逻辑，在选题、角度等方面多加思量。

1. 议题设置

经过一年多时间的尝试，"政能亮"栏目取得了非常好的传播效果，多篇文章引起高度关注，甚至实现了和政令发布的良性互动。重要因素之一，就是在议题设置上的事先准备：

专业解读国务会议。主要从每周三的国务院常务会的重要决策入手，结合现实社会的"痛点"，传递政治决策的温度。如《总理"敲打"主管部门的言外之意》《总理给教授们撑腰，此处应有更多掌声》《打通"信息孤岛"，民众才能不折腾》等。

客观评估政策利弊。比如围绕营改增改革、民间投资督查、金融改革等政策问题，重点在于将专业政策解构为与民生息息相关的部分。如《别让僵尸红头文件束缚住活人手脚》《城市路面动辄"开膛破肚"，原因何在》《淘汰落后产能，总理选用市场的手》《面对阿大葱油饼们，多点温情何妨》等。

跟踪政令现实落地。比如围绕山东疫苗案、深圳禁摩限电等社会热点问题，先后推出《疫苗恐慌蔓延，应该问责监管部门》《如此"禁摩限电"，法理人情颜面何在》《核项目不该"闹大"了才告诉民众》《杨天直案，信访不能成"稻草人"》等。

2. 智库支撑

凤凰网"政能亮"专业操作，秘诀之一在于有庞大的专家资源库，并依托凤凰国际智库等内部资源，先后与北京大学国家发展研究院、中国人民大学国家战略与发展研究院、中国（海南）改革发展研究院、安邦咨询等智库建立起密切联系及合作关系。

比如，2017 年年初，与中国人民大学国家战略与发展研究院合作，先后推出雾霾治理系列专栏，如《治理雾霾必须打破政企合谋链条》《雾霾治理对 2017 年宏观经济的影响》《构建智慧型治理的雾霾防治新格局》《如何解决雾霾这道"斯芬克斯难题"》等。

3. 十大案例

在凤凰网"政能亮"目前已刊发的 200 篇政论中，大致可以挑选出十大案例，从文本角度来印证栏目的定位。

（1）协助信息公开，如《两会问总理，更要问地方长官》《"部长通道"该是什么风景》等。

（2）传递核心理念，如《用文明和道德的力量赢得世界尊重》《所有释放并激活"人"的治理才是善治》等。

（3）助力简政放权，如《简政放权最重要落实到行政效率上》《塑造权力好"身材"，廉政才有保障》等。

（4）紧盯政务公开，如《政务舆情回应不只是一门技术活》《国务院都回应关切，地方也别闲着》等。

（5）提振经济信心，如《行业准入不破，民间投资难有信心》《支持民间投资，从金融改革开始》等。

（6）关注民生安全，如《唯有严肃问责，才能缓解疫苗焦虑》《代课教师边缘求生，历史欠账该还了》等。

（7）监督行政作为，如《海口暴力拆迁中的暴力与谎言》《邢台官员下跪前到底发生了什么》等。

(8) 聚焦重大事件，如《雷洋之死："卖淫嫖娼收容"当废止》《核项目不该"闹大"了才告诉民众》等。

(9) 关心城市治理，如《大雨内涝冲出的是城市基建短板》《城市路面动辄"开膛破肚"，原因何在》等。

(10) 围观科学决策，如《"中南海智囊"，汇众智以谋良策》《触碰社会"痛点"的常务会更接地气》等。

四、战略布局：IP 的价值

1. 一个思路：IP 化生存

IP，是 Intellectual Property 的缩写，虽然不少人简单翻译为"知识产权"，但在这里，IP 特指具有恒定价值观与持续生命力的跨媒介内容品牌，在移动互联时代，超级 IP 则杂糅了爆款产品、互联网思维、社交红利等在内的多种元素。

我曾在凤凰网评论内部会议上说，做评论，短期看，拼的是产品，主要是拼速度、拼策划；中期看，拼的是战略，主要是拼资源，拼布局；而长期看，拼的是核心价值观。价值观，是 IP 最核心的要素。

2. 两种定位：政论 IP，IP 架构师

所谓定位，一个是凤凰网"政能亮"的定位，从 IP 层面去定义、去规划，另一个是作为凤凰网"政能亮"负责人的定位，绝不单纯是传统意义的主编，更多的是一个 IP 架构师的角色，全方位地打造这个品牌。二者互为保障，没有 IP 架构师的定位，很容易穿新鞋走老路。

3. 七大布局：专栏—沙龙—报告—出版—内参—峰会—访谈

一年时间，凤凰网"政能亮"先后经过了 1.0 版本、2.0 版本，

从传播路径导向转为传播效果导向，目前已经包含了专栏、沙龙、报告、出版、内参、峰会、高端访谈在内的多种传播形态，在人民出版社出版了《政能亮 1：政令走出中南海之后》。

复旦大学新闻学院副院长张涛甫教授评价说："'政能亮'栏目突破了政治表达的边界和表达方式，但又不是颠覆性的，而是建设性的，对高层声音的解读及对公共政策的诠释权威、专业，分寸拿捏也很精准，体现了中国政治的亮度和暖意，也彰显了互联网语境下政治传播的专业水准。"

舆论研究学者、厦门大学新闻传播学院邹振东教授认为："'政能亮'在政治传播上最大的突破，是使政府自己成为意见领袖。它有时候是注意力意见领袖，总理一旦还原成为'人'的形象，反而成为更被关注的魅力型领袖；它有时候是影响力意见领袖，政府的声音改变着舆论场原来的观点，使政府的决策成为越来越多人的共识；它有时候是号召力意见领袖，政府的决策不仅仅是决策，而且是号令，不仅要把观点传递出来，而且要用舆论推动人们行动。当政府本身成为意见领袖后，它就在舆论场里，有了更广泛的空间、更主动的作为、更直接的管道与更亲和的形象。"

*（作者系凤凰网评论总监、凤凰网政能亮总编辑 2017 年 7 月）*

# 一、改革风向标

# 主动试、大胆闯，改革没有暂停键和休止符

斯 远

"改革的核心是解放和发展生产力。实现今年经济社会发展主要目标任务，必须紧紧依靠改革。"李克强总理在 2017 年 4 月 5 日国务院常务会议上强调，"要向改革要动力，向改革要红利！"

当天会议部署落实 2017 年经济体制改革重点任务，依靠改革破难题促发展惠民生。李克强说，"我们这 30 多年的改革已经证明，抓住了牵一发动全身的重点改革，就能'倒逼'方方面面的改革深化推进、持续发力。"他表示，支持地方和基层结合实际主动试、大胆闯，推广行之有效的经验，促进各项改革取得更大突破。

本次国务院常务会定了两件大事，一是部署落实 2017 年经济体制改革重点任务，再就是确定当前和今后一段时期促进就业创业的政策措施。两件事的核心实则还是一个要点，那就是坚定不移地推进改革。改革已经成了当下迫在眉睫的首要任务，等不得、拖不起，更不能因为种种理由和借口搁置，改革的成败，不仅关乎国家发展的全局，更关乎民生改善的枢机。

2017 年 3 月底，国务院印发关于落实政府工作报告重点工作部门分工的意见。意见把 2017 年政府工作报告确定的改革事项一一落实到具体的责任部门，相关任务分解、权限描述已经十分清晰。意见还明确提出，国务院办公厅将适时启动专项督查，对积极

作为的要强化激励表扬，对消极怠工的要严查问责。

此番常务会再行部署落实，是督责，也是激励。对于那些已经责任到位的国务院各部门，固然要强化改革督查考核和效果评估；对于地方及基层，也罕见地赋予了先行先试、探索前行的权力。只要所有的努力均在宪法及法律的框架下，并真正是出于实际需要，则完全可以"主动试"、可以"大胆闯"。唯有改革才能闯出一条生路，也唯有上下都动起来，才能形成"改革的合力"。

李克强总理一再强调推进改革、持续发力，一方面是出于经济社会发展的迫切需要。僵化的行政运行路径有待改变，固有的利益藩篱亟须打破，"推一推、动一动"的权力逻辑也到了从根本上改变的时候了。经济社会发展的现实，与现有机制体制的矛盾与冲突越来越凸显，若不尽快寻求改变，必然会在失去主动性、失去对新情况新问题把握能力的同时，抑制甚至堰塞社会的活力与创造力。

以简政放权为例，尽管本届政府一直在强调政府的自我改革，要以对历史和人民负责任的态度和使命感，把该放的权力真正放掉，发挥市场在资源配置中的决定性作用，同时发挥好政府作用，然而，囿于由来已久的行政惯性以及路径依赖，越是到了改革的深水区、关键期，则相关改革推进就越艰难，个别领域甚至出现回潮、反复的现象，一些部门一边取消若干审批事项，一边却又重织篱笆，再造围栏，并不愿意真正把手中的权力放掉。

若是听任这样的回潮乃至反复大行其道，不仅改革难达预期，也会将已然形成的良性局面一点点吞噬掉。这些状况，目前在网约车、地产、社会服务等领域已有呈现。此前海口市公然对抗国务院政令，将已被国务院取消的装修业资格认定复活，就是一例。

不仅如此，财税改革、金融改革的滞后，影响的也不仅仅是经济社会发展的速度与质量，严重者甚至会恶化行业、地方的政治经济生态，进而引发普遍性治理危机。此前，山东聊城法院针对一起刑事案做出的判决引发广泛关注，表面看公众争议的是法与情，背后真问题却在于当下金融究竟应该如何服务市场主体？至于很多地方政府平日里治理乏力，遇事则滥用强力压制封堵的现象，更是屡见不鲜。

另一方面，总理强调地方和基层改革要"主动试""大胆闯"，也与时下改革动力不足有关系。历史地看，很多改革均是从基层发轫，取得经验后，方才冲破层层阻隔，实现在全国范围内的全面实施。三十多年前，安徽小岗村的农地承包实验，就曾掀起了全国性的农业改革浪潮，至今，触摸当初的诸多细节以及一些关键性的决策步骤，仍能让人心潮澎湃。

遗憾的是，类似的"基层样本"如今反而十分稀缺。很多源自基层的改革实验，要么沉寂，要么停顿，再难释放出当年的"蝴蝶效应"。这其中，与当下民众利益分殊有关，也与利益群体的集体性抵制分不开。当然，也与高层的激励政策不到位有关。

比如此前有地方探索官员个人信息公开，还有四川巴中白庙乡搞的财政"裸账"等等，再无后续。种种基层探索、地方改革的困局，不仅会影响本地改革的热情，也会传递给其他地方一个信号，使其不敢"试"、不愿"闯"，宁肯循规蹈矩、安分守己，也不愿意改革已有共识的诸多弊端，长此以往，必然会抑制各地产生共振的可能。

事实上，作为经济、政治以及民意舆情的直接感应层面，地方和基层从来不缺乏改革的动力。而特定范围内的改革，因为问题的尖锐与急迫，往往也最容易取得突破。即便从全局的视野看，这些

改革实验无论是否成功，也有着弥足珍贵的价值，好则改之，无则加勉，有什么值得犹豫观望的？

中国改革三十多年来，成效显而易见，而随着改革的深入，剩下来的问题也往往最为艰巨和繁难。当此之际，尤其需要鼓足勇气，戮力前行，某种意义上讲，就如同逆水行舟，不进则退，唯有以决绝的姿态，既要自上而下有序推进，也要自下而上协力互动，一旦形成上下同欲、牵动全局的改革格局，则自然会在凝聚全社会共识的同时，形成改革合力，冲决种种固化的权力意志与利益藩篱。

李克强总理在常务会上挥动着手中的文件说："关键不在于发这份文件，更在于各部门要'对号入座'，真抓实干！要抓住重点，一个一个突破！"质言之，改革需要的就是这种真抓实干的胆识。

（2017 年 4 月 6 日）

# "包容性增长"就是要使人更有尊严

湘　林

"现在，在中国偏远山区里的农民，他们的特色农产品也能够在一两天之内通过网购、快递，迅速进入中国的大城市，价格是在当地销售的若干倍。"

2017年6月27日，在大连夏季达沃斯论坛开幕致辞中，李克强总理用这个例子，来阐述如下观点：如果充分把机遇提供给所有人，只要他们有能力而且愿意创造，他们获得的就是前所未有的机遇。

2017年夏季达沃斯论坛的主题是"在第四次工业革命中实现包容性增长"。李克强表示，要推动包容性增长，就是增强社会公平性，就是实现可持续增长，新工业革命给包容性增长有更大的可能性，给各方带来更多平等参与的机会。

所谓第四次工业革命，也就是人类在人工智能、机器人、物联网、无人驾驶汽车、3D打印、纳米科技、量子计算等各种高科技方面的革命。其所带来的最大问题是，有可能出现"技术凌弱"的现象。"技术凌弱"，即新技术的优势会加剧国与国、人与人之间的强弱、贫富关系，优势向掌握新技术的国家和人群聚集。

"增强社会公平性"等包容性增长的主张，是一剂医治唯技术论的良药。包容性增长最早由亚洲开发银行在2007年首次提出，

原始意义是"有效的包容性增长战略需集中于能创造出生产性就业岗位的高增长、能确保机遇平等的社会包容性以及能减少风险，并能给最弱势群体带来缓冲的社会安全网"。

包容性增长核心是"机会平等的增长"。就业、"双创"、扶贫等，都是包容性增长的"中国实践"。

互联网时代，包容性增长能够让底层人民分享"新技术"的美好。无论"草根"还是精英，都可以投身创业创新。"双创"还拓宽了社会纵向流动渠道。在中国遍地开花的快递网点，不仅创造了就业岗位，也创造了新生活，还缩小了城乡差距。正如李克强所说："中国包容性的增长就是要使人民生活地更好，更有尊严，使经济社会发展更有活力。"

过去几年，中国城镇每年新增就业超过 1300 万人，城镇调查失业率保持在 5% 左右，这四年来新增城镇就业 5000 多万人，所以国际权威机构在进行多项经济指标评估当中，把中国的就业表现列在世界各国的第一位。

针对国际公共治理中存在"大国恒强，小国恒弱"等问题，包容性增长逐步增加了更丰富的要素：让更多的人享受全球化成果；在经济增长过程中保持平衡；强调投资和贸易自由化，反对投资和贸易保护主义等。

"科学的发展能够使我们认识一切，唯一的例外是，人类迄今仍不知道如何和谐地共处。"这是行为科学创始人梅奥在代表作《工业文明的社会问题》中，援引一位澳大利亚医生的言论。他认为，工业革命以后，社会在物质方面和技术方面的进步和成就是十分巨大的。但正是这种进步和成就，使社会失去了原有的协调与平衡。

第四次工业革命也将创造更多的物质和财富，但所创造的利益和财富能否惠及各方，让人民共享？如何让社会更协调和平衡？这个"人类之问""梅奥之问"，如今可用"包容性增长"来作答。而"让更多的人、企业、国家在新一轮工业革命中实现普惠的发展"，这既是未来愿景，也是行动路径，更是2017年夏季达沃斯论坛留给人们的巨大财富。

因此，有理由相信，当第四次工业革命与"包容性增长"进行中国式"金镶玉"后，必将在"普惠"的名义下增进人类福祉，并让更多的底层人民分享"新技术"的美好。或许只有到了那个时候，才能将"第四次工业革命"改写成"第四次工业文明"，而这正是人类探索新技术进步的终极价值目标。

（2017 年 6 月 28 日）

# 穆迪评级下调，改革仍需定力

聂日明

日前，国际评级机构穆迪将中国的主权信用评级（长期债）由 Aa3 下调至 A1，评级展望由负面调整为稳定。一年前，穆迪将中国主权信用评级展望从稳定下调至负面，曾引起市场的高度关注。

如今，评级再次调整，该如何看待？

穆迪调整评级的理由是，随着潜在经济增长速度放缓，中国财政状况未来几年将会有所削弱，经济体的债务水平将继续上升，评级下降反映了预期。

主权长期债信用评级反映了一国偿债的意愿与能力，中国目前尚无违约的历史，对偿债意愿的担忧相对较小，主权评级主要反映了偿债的能力。其实，境外对中国的担忧主要来自债务风险，要降低债务风险，要么降低债务规模，要么提高经济增长的速度。

但穆迪认为，虽然中国经济与金融体制正在改革，但无法阻止经济整体债务规模正在上升的趋势，这些都会提高政府或有债务的水平，政府的直接债务负担与 GDP 之比将逐步升至 2018 年年底前的 40% 和 2020 年年底的接近 45%。而中国经济增长持续滑落，目前降至不到 7%，穆迪认为未来五年的潜在增长率将降至近 5% 的水平。这些都是支持穆迪下调对中国的主权评级的因素。

对于国际评级机构来说，一方面，国际评级机构对国家的主权评级有一定的争议，尤其是在金融危机时，很难准确地反映一国的信用水平；另一方面，大多数情况，三大国际评级机构的主权评级对机构投资者有相当大的影响力。纵览过去几年，评级机构对中国的主权评级在2010年前后到达阶段性高点，2013年以后开始下调评级或展望转向负面。

在2013年年初，惠誉将中国主权评级从AA-下调至A+，2016年3月，标普和穆迪未下降中国的主权评级（AA-和Aa3，两者信用等级对应的信用水平相同），但将评级展望从稳定调至负面，两家机构关注中国的政府债务水平在上升、外储在下降，改革也存在较大的不确定性，经济再平衡的进程慢于预期。

一般来说，下调展望不意味着短期内一定会下调评级，但如果状况没有改善，则会在6—12个月左右下调评级。穆迪下调表示他认为中国的状况并无改善，这也意味着标普很有可能也会跟进，将中国主权评级的下调。从过往的经验来看，债务规模很难缩小，降低债务水平的办法一般都是做大经济规模，这需要保证一定的经济增长率。

维持经济增速，需要保证经济增长的动力，如果走原有的道路去刺激经济增长，只会放大风险。而中国经济体目前积累了不少结构性矛盾，制约了有效率的经济增长的速度。评级机构下调中国的主权评级，反映的正是这种矛盾：中国仍然处于艰难的转型过程。

此外，美国经济处于复苏进程，美元加息、美元从新兴市场回流美国以及特朗普可能推出的减税等对美国的利好消息，也增加了中国经济增长的不确定性。

最新消息是，财政部有关负责人就中国主权信用评级有关问题接受记者采访时表示，在一定程度上高估了中国经济面临的困难，

低估了中国政府深化供给侧结构性改革和适度扩大总需求的能力。中国经济"开门红"充分显示出供给侧结构性改革的效果正在不断显现……中国经济有望继续保持平稳较快增长。

就在不久前，国务院总理李克强分别会见了来华出席"一带一路"国际合作高峰论坛的国际货币基金组织总裁拉加德，世界银行行长金墉，他们都表示出对中国经济发展和转型升级的关注和支持，拉加德表示，中国经济增长势头令人鼓舞，对国际经济合作和多边贸易体系提供了有力支持，中国金融体系基础坚实，审慎监管有效得当，愿同中方继续加强沟通与合作。

确实，评级只是一个可资参考的参数，或者说是一个提醒。问题之关键，不在评级如何，而在于如何观察和思考中国经济转型期的问题，保有定力，保持警惕，"偏见"可以忽略，"建议"不妨一听。

（2017 年 5 月 24 日）

# 为什么说政府"计划"不出重大科学发现

缪一知

1978 年 3 月邓小平提出了"科学技术是第一生产力"的论断。这一看法显然将长期伴随着我们的现代化建设。那科学进步又是从哪来的？对此，国务院总理李克强在 2017 年 7 月 12 日的国务院常务会议上重点指出：人类的重大科学发现都不是"计划"出来的，而是必须通过科学家自发创造的，政府能做的，则是服务于他们，让科学家们可以释放更大的活力。

当人类社会迈入 21 世纪后，科学新成果的诞生在一定程度上变得越来越难、越来越综合化。牛顿、爱因斯坦式的个人思考型的科学突破变得不太可能，而往往需要团队协作、巨额资金、精密仪器。科学成就往往只能通过点滴积累而抬升，而不太会有力学三定律、相对论这样的划时代突破。在这样的背景下，不少人开始迷信一个更为全知全能的指导者的作用，认为可以通过"科学的计划"来"计划科学"，来节约研发资金、少走弯路，更好地符合国民经济发展的需求。然而，这种美好的愿望是不符合科学规律和实际的。

这是因为：科学本身就是向未知领域探索的过程，就像步入原始森林、大洋深处、浩瀚宇宙的探险家一样，你永远不知道眼前将展示的景象是什么。科学家的使命是求真，是发现万事万物之间的联系。如果说某种特定的"技术"研发可以有一个事前明确的目标，

如对某项工艺降低能耗、提高速率；那纯粹的"科学"则不会有明确的指向。对科学家来说，最可贵的品质是好奇心，对任何能引发兴趣的疑点的顺藤摸瓜、条分缕析，在灵光一闪间开辟了新的知识大道。种种有目的与规划的"有用"之技，正是源自于那些无目的与规划的"无用"之学。若倒果为因，在指定的道路上摸索，所能获得的果实必然有限。

而对政府来讲，他们虽然不能计划、不能引路，却仍然需要对科学创新出好力。这主要就是做好服务、搞好后勤、理顺行政管理体制。具体来说，有两点值得建议：一是改良官僚气重的科研基金评审机制，不要事前就强令研究者对研究内容作出详细规划，甚至提前三五年就列明研究的重点难点创新点，用李克强的话说，牛顿发现万有引力定律，也不是他自己"计划"出来的。二是在做好成果结项鉴定、保证"物有所值"的前提下，放松科研经费的分配和使用制度，正视研究人员在科学活动中的主体性价值，改变"物的消耗能有偿、人的消耗无偿"的报销制度；尊重科研人员随着研发需求的变化而改变资金用途"计划"的权利，避免把科研经费僵化视为一般财政经费、只能按照预定的目的和"计划"使用。对于由于思路对头、进展顺利、效率提高而节省的剩余科研资金，可以作为对科研人员的奖励，而不是理直气壮地当不符合"计划"的冗余资金回收，否则反而会鼓励过程实施中的磨洋工和浪费。

总之，营造让科学研究人员自由思想、沟通交流、做成果出成果、优化成果的良好生态，是一个艰巨的、需要政府科研管理部门和科研人员携手合作、努力实现的重大任务，也是我国在经济增长新常态背景下实现超常规发展的关键道路之一。

（2017 年 7 月 14 日）

# 医疗资源下沉基层有获得感是硬道理

郑山海

看病难、看病贵，特别是基层群众看病难、看病贵一直是这些年影响百姓改革获得感的重要因素，如何从根本上将广大群众从对医疗服务的不满意中解脱出来，为广大患者提供更加满意的医疗卫生服务，始终是本届政府的重要工作内容。在 2017 年 4 月 12 日的国务院常务会议上，医疗问题再次得到总理的关注，会议部署推进医联体建设工作，以深化体质机制改革为群众提供优质便利的医疗服务。会议指出：建设和发展医联体，是贯彻以人民为中心的发展思想、落实政府工作报告部署的重点任务，是深化医疗医保医药联动改革、合理配置资源、使基层群众享受优质便利医疗服务的重要举措。

早在 2013 年，李克强总理就在全国医改工作电视电话会议上做出重要批示，"医改事关民生福祉，也是民心所向"，要求各地方、各有关部门一定要把基本医疗卫生制度作为公共产品向全民提供，办好人民满意的医疗卫生事业。在 2015 年，李克强在洛阳考察河南科技大学第一附属医院新区医院时说，健康是幸福的基础，生命是平等的，无论是城镇居民、职工还是农民，人人都应享有医保服务。

从总理一次次的讲话中，我们不难体会出本届政府对于解决群

众看病难的坚定信念，而将看病问题上升到了生命权的高度，更体现出总理对全面均衡地发展我国卫生事业的殷切期待。

虽然说与欧美国家还存在医疗技术方面的差距，但是我们国家这些年来在医疗卫生领域中取得的成绩举世瞩目，在一些局部地区，医疗服务甚至完全可以与最发达的国家看齐，在检查化验、就诊时效性方面，更是走在了很多欧美国家的前面，与他们动不动就排队到几个月之后不同，我们的迅捷程度是这些国家无法比拟的。

但为什么人们的就医体验依然得不到改善，始终给中国的医疗服务贴着"难"和"贵"的标签呢？

一个很重要的原因就是我国的医疗资源分布和配置极不均衡，优质医疗资源与一般医疗资源之间缺乏必要的衔接桥梁，那些集中了主要优质资源的大型医疗机构和那些常年分布在百姓身边的普通医疗机构几乎处于冰火对立的两种境地，一个门庭若市，一个门可罗雀。而优质的医疗资源长期分布于中心城市，虽然面向全国，但在更多时候，还是难以为基层群众带去应有的关怀。

这种状况，在直接导致各家医院就诊秩序混乱的同时，也带来了全国各地医疗服务质量参差不齐、医疗服务极不公平的现状。加之我们国家在医改早期缺乏一个有效的针对贫困人口的医疗支付体系，由此在广大群众中造成了看不上病且看不起病的情况。

要解决这样的问题，本届政府看得非常清楚，一方面不断完善医保的覆盖面，为更多的人口提供医疗就诊的资金保证；另一方面就是将医疗卫生工作的重心不断向基础医疗机构转移，让更多的医疗资源向基层下沉。可以想见，随着这两项制度的不断完善，医疗资源分布不均衡、基层群众看病难的问题，一定会得到极大缓解。

此次国务院常务会议，再次强调了医联体的作用，更是紧紧抓住了我国医疗供需矛盾的关键，只有将不同等级的医疗机构搭配成一个分工明确的团队，不同层次的疾病患者才更容易找到适合他们的医疗服务，而非一定要找到最好的医疗服务。在这个团队中，也才可能破除行政区划、财政投入、医保支付、人事管理等方面存在的壁垒，让医疗资源的发展更加均衡。医联体的工作做实了，以需求为导向的家庭医生签约服务，也才有可能更好的发展，因为每个家庭医生只有与优质的医疗资源建立充分的合作关系，他们才可能有底气为患者提供更全面的医疗服务，也才可能让大型医疗机构中的患者找到分流的出口。

人们常说，一个人可以在吃喝住方面将就，但很难在健康方面将就，健康方面的所有需求都可以算到刚需的层面上，所以，健康服务方面的公平也必然是人们最为在意的基本公平，只有基层群众有获得感才是硬道理。国务院常务会议对这个问题的每一次关注，都是给社会一次庄严的许诺。

(2017 年 4 月 13 日)

# "新开放"倒逼政府从"管"走向"服"

    中国已进入"第三次对外开放",以"一带一路"的提出为标志。与前两次外国资本、技术、管理进入中国不同,这次是中国资本、中国技术、中国标准、中国人员、中国企业走向 65 个国家 93 个港口和城市,"可以说是从来没有过的中国行动"。

    2017 年 4 月 10 日,凤凰国际智库首席顾问、中国国际经济交流中心副理事长、商务部原副部长魏建国接受政能亮访谈时这样指出。他还称,中国新对外开放战略是对全球治理的改善、改进,但不是颠覆性的改变。

    与此同时,越来越多的中国企业且以民营企业为主,海外投资规模越来越大。魏建国说,为什么中国企业投资不看重国内这个大市场而看重国外?反过来要问政府,"在哪些上面没有吸引到这些投资者、哪些地方还有门槛、哪些没有服务到家、哪些税没有减免、哪些行业没有放开"。

    在魏建国看来,"一带一路"成为同京津冀一体化、长江经济带并列的三大战略,对国内而言旨在倒逼政府机制改革。

    以下为凤凰政能亮访谈员陈芳与魏建国对话实录精编:

# "一带一路"是中国第三次对外开放

**政能亮**：中国改革开放走过将近 40 年后，无论对内还是对外都发生了很大变化，中国目前可以说开启了新的改革开放。过去开放是以"引进来"为主，新对外开放以什么为特征？

**魏建国**：中国进入了第三次对外开放。第一次开放以建立深圳特区为标志，打破了中国长时间没有跟世界接轨这一历史过程，这次开放是窗口，让中国了解世界，让世界了解中国。第二次开放是 2001 年中国加入 WTO，使中国变成了世界工厂，而且把大门都打开了。第三次开放就是习近平主席提出的"一带一路"。

这次开放跟前两次有三个不同：第一，前两次开放是外国的资本、外国的技术、外国的管理、外国的设备到中国来；这一次是中国资本、中国技术、中国标准、中国人员、中国企业走向 65 个国家 93 个港口和城市，可以说是从来没有过的中国行动。

第二点不同，前两次仅仅是在经贸领域，这一次是更深层次、更广范围、更高水平的开放。有金融；有五通；有基础设施，包括港口、电站、机场、高铁；有货物；有政策沟通；还有网络，包括互联网、电网、高铁网、水利网、作为战略支撑点的驿站等。

第三点，途径、方式和目标不同。此次是通过项目对接，达到园区对接，达到体系对接，最后上升到政策对接。比如我们帮助非洲搞太阳能，要有生产太阳能板的厂，就要建园区，帮助训练工人，建完园区要架电网，这牵涉到所在国家的电费以及整个城市化建设用电，进而帮助其设计商业区、住宅区、工业区，它是一个体系。

前两次改革开放为了使中国脱贫、与世界接轨，我们是 WTO 的小学生，别人说了算，我们没有多少选择。这次开放的方式是共商、共建、共享。政策上要沟通，不是强加于人，我们要做的是雪中送炭，既解决当地民生又解决所在国工业化，解决当地民族经济的发展。

前两次开放就是单纯代工，中国拿个加工费。这次我们的目标是通过技术、通过"一带一路"，首先打造利益共同体，帮助解决就业、解决财政、培育中产阶级；从利益共同体进一步打造命运共同体；最终打造成责任共同体。

## "一带一路"认识上的几个误区

**政能亮**：国内国际上最初对"一带一路"有各种解读，不少局限于沿线省区市和沿线国家，其实"一带一路"超越了区域概念。

**魏建国**：中国第三次开放的特点是包容的、联动的、合作的、共赢的。不管哪个国家都可以加入。

我们要破除"一带一路"认识上的几个误区：第一，认为只是政府的主权资本。不是，它是全球性的，单靠一个国家的钱远远不够，光是东南亚未来五到十年就需要 8 万亿美元，日本主导的亚行每年只能筹到 250 亿美元，亚投行、丝路基金也不过两三千亿美元。但是我们能撬动民间资本、国际金融资本以及国际财团，对此，是不排斥的。

第二，不是只有中国企业和周边国企业能够参与。我们欢迎欧洲、美国、日本、韩国的企业，也欢迎跨国公司。

第三个误区，认为"一带一路"就是针对美国的 TPP。

国内还有一个误区认为"一带一路"就是有关 18 省市的事，31 个省区市包括台港澳都有份。

## 中国对外核心是不称霸

**政能亮**：这次对外开放，中国更加主动，在全球治理中更多发出自己的声音，某种程度上讲是不是也在重塑国际秩序？

**魏建国**：全球治理，我认为中国的理念是最好的，不像美国也不像欧盟，他们制定规则犯了一个大忌，就是限制型，追求的不是共赢，而是零和博弈、赢者通吃。我们提倡的是共赢，以发展为导向，中国之所以能赢得那么多国家的赞扬，就是因为我们是共商、共建、共享，中国对外核心是不称霸。

中国对现有的全球治理有三个"改"：改革、改善、改进。当然绝对不是颠覆性的改变。

中国提出"一带一路"这一对外大战略，不是权宜之计，既有现实意义更有重大的历史意义，可以说是管 50 年的。

## 习特会为中美未来 45 年定方向

**政能亮**：在新对外开放战略下，如何评价习近平与特朗普的会晤？

**魏建国**：此次中美会谈可以说有三大收获，我用三个关键词

形容：

一是"放"。首先是放开，中美坦诚相待，开门见山，不回避分歧；使双方比较放心，也使两国老百姓、企业界放心，贸易战打不了；暂时放下争议问题。

二是"管"。管控分歧，在现有对话体制基础上又建立四个新的高级别对话机制——外交安全对话、全面经济对话、执法及网络安全对话、社会和人文对话机制；管住热点，包括朝鲜问题、南海问题；美国同意管住它的小伙伴，包括日本、韩国。

三是"看"。首先是看结果，要加大中美谈判，外交安全对话机制和全面经济对话机制已经开启；看大棋，中美关系是大盘棋，不仅关系到经贸，还关系到外交、政治、军事等全局；看长棋，习主席对未来45年的中美关系定了方向、目标和实现途径、步骤，因此这盘棋不是你输我赢，最后要下到双方互助共赢。

如果说前45年中美开启了重启交往的大门，未来45年将是中美新型大国关系不断发展，习特会这个开局，不仅使中美两国也使全球各国看到了希望，意义非同以往。

# 新开放战略倒逼国内转型

**政能亮**：中国对外开放一般都是和国内密切相关的，这次新开放战略的国内背景是什么？是否与国内目前面临的转型有关？

**魏建国**：有着密切关系。每一次开放其实都是在倒逼国内改革，这一次也不例外。党的十八大后，中央提出三大战略：京津冀战略、长江经济带战略、"一带一路"战略。通过"一带一路"倒逼国内一些机制尤其是政府机制的改革。

中国经济目前面临两大问题：一是结构调整，一是要寻找新的增长点。结构调整就是供给侧结构性改革，提高效益降低成本，去除无效或低效供给，增加有效高效供给。同时，要寻找新的增长点，搞新能源、新材料、新工艺，搞医药、健康、养老，搞航空航天、高铁、计算机等，增加 GDP 中服务贸易占比。

党的十八大提出要实现三个公平——权利公平、机会公平、规则公平。为什么国外有些企业和民营企业有意见？就是不公平。因此要用国外政策跟国内政策对接，但是国内动力不足，加之既得利益集团阻挠，就要用开放大战略来倒逼。

国内载体就是自贸区，1+3+7，11 个自贸区（2013 年，上海自贸区率先设立；2015 年，广东、福建、天津作为第二批自贸区挂牌；今年，辽宁、浙江、河南、湖北、重庆、四川、陕西七个自贸区启动）。上海自贸区担任的是工兵角色，要探雷，甚至作出牺牲，为后面探路。习近平主席谈到自由贸易试验区建设时，强调大胆闯、大胆试、自主改。李克强总理 2014 年考察天津滨海新区时见证封存 109 枚审批公章时曾感叹"不知束缚了多少人"。这些都是用开放倒逼行政体制改革。

**政能亮**：上海自贸区挂牌 4 年来，一些人认为成效似乎并不如预期。

**魏建国**：劲不足，这里是深层次体制问题还是干部怕犯错误，要好好研究。不管怎样，我们应该看到，中国的开放将倒逼国内政府部门提高服务意识和水平，体制和机制改革最重要的一条是理念的更新。

# 为何中国企业转向海外投资

**政能亮**：目前这轮对外开放，越来越多的企业走向海外投资。为什么开始出现中国企业大规模向海外投资这种现象？中国企业海外投资情况怎么样？

**魏建国**：这个问题好。第一，为什么中国企业投资不看重国内而看重国外？第二，中国投资是哪些领域和产业，是不是都盈利？

首先，中国企业家、老百姓确实有钱了。为什么不在国内投资而去国外？反过来要问我们的政府，在哪些上面没有吸引到这些投资者、哪些地方还有门槛、哪些没服务到家、哪些税没减免、哪些行业没放开……

中国大陆是全球最大的市场，台湾、韩国企业垂涎已久，新西兰等国很看重这个市场，但是我们的企业家为什么没看重这个市场？

要问国内是否解决了三个问题：第一，服务；第二，对接；第三，很重要的一点让他们无后顾之忧。解决了这三个问题，同样会引来新的投资高潮，好在今年第一季度民营企业投资回升了。

企业家也很迷茫，不知道往哪投，钢铁、纺织等过剩的不行，股市、楼市不行。问企业家为什么，说总有点不放心，怎么不放心呢？怕政策会变。政策为什么会变呢？这点我们政府要思考。中国有大量的小微企业，政府要给予很大的理解和支持，帮助他们树立诚信，使其合规，为他们实现想法提供土壤和适合的温度与水分。

# 中国海外投资 65% 是民营企业

**政能亮**：目前中国在海外投资主要在哪些领域？

**魏建国**：中国企业海外投资已经从过去 70% 是房地产的并购，转向科技等领域并购。总的海外投资趋势有三个：一是通过并购获得更广泛的销售渠道、市场和技术来源；二是确保企业在走出去的过程中有一个较好的合作伙伴，考虑在全球范围内实现资源配置，包括资本、人力、市场，这是一个巨大转变；三是并购从发展中国家向发达国家。

这种趋势下，我们的对外投资今年估计会达到 1500—2000 亿美元，而中国吸引的外资在 1200 亿美元左右，逆差会在 400 亿美元左右。

**政能亮**：海外投资的中国企业，国企为主还是民企为主？

**魏建国**：现在民企已经占到 65%，基本上 45% 是盈利的。国企前两年势头很猛，近两年有所下降。

**政能亮**：这是什么原因？

**魏建国**：一是国企内部要搞混改制改造，二是对国企外围资产重新评估，三是估计与国企人才流失有关。

# 中国劳动密集型产业海外转移路线

**政能亮**：目前如纺织等劳动密集型产业在国内已没有多大优势，林毅夫提到中国劳动密集型产业能吸纳的劳动力约有 1.2 亿，

能承载这么多劳动力的是非洲，中国劳动力密集产业主要转移在哪些地区？

**魏建国**：考虑到全球资源的人力配置，劳动密集型产业不是我们转移，是因为包括日本、韩国，甚至美国主动往其他国家转移，但这仅仅是一部分，也有一部分往中国内地转了。

劳动力成本只是衡量是否到一个地方投资的单项，要整合生产链的配套与整个投资环境的改造。成都、重庆这两年吸引投资非常猛，为什么？不只是劳动力成本低，更重要的是投资环境的改变，不是政策优惠，现在土地、税收等优惠政策很少了，而是服务到位。

还有一种现象，以前大部分国外企业是跟中国政府接洽，现在转向跟中国当地企业加当地政府，企业也当主角，这就是市场起决定作用的关键，成功率更高。

非洲是不错的选择。中国企业走向非洲要抱团出去，采取工业园区做法，园区的发展带动非洲的工业化，承接了我们一些劳动密集型产业，这是很大的市场。劳动密集型市场不只是东南亚，非洲、拉美都可以。


## 马云董明珠没跑，移民的有几个是能叫得响的？

**政能亮**：中国现在不少中产阶级选择海外移民或者有强烈的移民倾向，您对这种现象怎么看？

**魏建国**：倾向是有，主要是觉得到国外比国内好。实际上海外移民并不是大家所想象的那样。我在海外工作 20 多年，整体来讲，国外环境不如国内环境，去国外休假可以，长期住在外面，语言不通，加之文化不同，会要得病的。中国人还有落叶归根的传统，不能把老骨头撒在国外。

我们反对有钱就有一切，认为有钱就有环境。为什么中国能够取得这么大成就？就是因为大批人还是在本土进行改革，马云没有移走，董明珠也没去，移民到海外的有几个是能叫得响的？企业家如果失去了信念，这是最可怕的，下一步奋斗就失去了方向。往往这时候走出去的都是半吊子企业家，国内没有什么作为，一时看不到中国整体发展。

## 开放倒逼政府从管向服务转变

**政能亮**：面对中国新一轮对外开放战略，企业应该怎么样更好抓住机遇？

**魏建国**：要实行走出去战略，任何一个企业要始终以互利共赢为原则，选择好一个市场，选择好一个项目，选择好一个合作伙伴。

我们很多企业在走出去的过程中，一看到有利可图，往往就失去目标。华为之所以成功，就在于没有像其他公司在国外购置地产，还始终把 7% 到 10% 以上收入投入研发。围绕目标，还要有恒心和毅力，就一定能从国内企业转型到国际化企业。

如果说前 40 年改革开放造就了一批有作为、有才华的企业家，那么后 40 年就要转型升级，企业转型升级，首先是企业家的转型升级，关键是理念的转型升级，必须用国际标准，在全球视野来看

待产业。从国内到国际虽然一字之差，但台阶是无数的。

**政能亮**：对国内政府来说，应该怎么样更好地抓住新对外开放机遇？

**魏建国**：最大的转变还是理念的转变，政府的管要换成服务。对民营企业而言，很关键的一条要督促政府尤其是主管部门改变观念，促使政府拿出更多实招支持企业发展。

不得不承认，政府在支持企业、维护企业利益方面，西方国家比我们做得要好，敢给企业代言，为企业打通国外渠道，我们的政府应该在这方面有更大作为。

（2017 年 4 月 17 日）

# 金融改革要防范"一管就死、一放就乱"

刘晓忠

五年一次的全国金融工作会议刚刚闭幕，各界的解读就雨后春笋般地绽放。放在当前国内外经济金融形势下，这次全国金融工作会议的现实意义不同凡响，直接影响着未来五年内的国内金融工作重心。

全球金融危机以来，中国经济金融在近十年内，一直处于积极主动的加杠杆扩展状态，这使国内经济金融体系积累了大量经济金融风险，暴露了国内金融监管系统的短板，给国内经济金融安全带来诸多挑战。如何防控好风险、补足监管短板、服务实体经济、提高经济金融安全，处理好改革发展与稳定的关系，无疑是决策层关注的重点。

这次会议提出新设国务院金融稳定发展委员会，明确功能监管和行为监管思路，经济去杠杆和地方债终身负责制等，都是对当前国内经济金融市场中出现的问题的一种策略应对，显现出国内制度对经济社会的敏感性适应能力。

当前要更好地发挥制度的敏感性适应能力，需要清晰合理地厘清金融市场活动与金融监管的关系，推动金融领域的"放管服"改革，防范"一管就死、一放就乱"等俗窠。

当前各界既担心近年来经济金融体系内存量风险决堤，又担忧

过度收紧金融监管口径导致次生灾害，不免有些投鼠忌器。而造成这一痼疾的深层原因就是金融市场与监管层面的信任缺乏。唯有在金融市场与监管层面营造一个信任场域，推动金融监管的"放管服"改革，才能从根本上摆脱"一放就乱、一管就死"之虞。

目前的金融市场承担了防风险促增长的双重重任。在经济金融体系沉淀了大量存量风险，尤其是大量僵尸企业存在等背景下，整个经济在去杠杆与防风险上出现两难选择。

目前政策偏好排序放在了防范经济金融风险上来，因为实体去杠杆、清理僵尸企业，意味着存量风险的暴露、处理和核销，而在消化和最终埋单这一风险的分担机制尚未有效建立起来，并妥协出了一个次优的短期策略，通过信用在金融体系内空转等方式，暂时捂住实体经济中出现的存量风险敞口成为次优的权宜之计，是为近年来金融体系出现银监会揭露的"三违反""三套利""四不当"和"十乱象"的成因之一。

而偏宽松的"中性"货币政策，分业监管带来的监管跨市场套利空隙，"一行三会"部际联席会议的软约束，及防范经济金融风险等，使监管层对金融市场出现的不当创新、信用表外输出和刚兑风险等的处理陷入两难：强化监管易拨动风险引线，静观其变又加剧风险跨市场串联。

这种两难抉择，源自金融市场与监管层所面临的信任缺失环境，监管层在没有找到稳妥的降风险方案前，只能采取市场混同均衡的次优策略，不断通过政策打补丁方式，监控各种可能出现的风险隐患。其效果是，金融市场通过金融不当创新等转移和藏匿风险受到一定限制，经济金融体系内存量风险敞口再度隐现，使监管与金融活动陷入边际紧平衡，限制了双方的行动自由。

同时，在市场混同均衡博弈格局下，金融市场无法进行有效的市场分离均衡，对不同市场主体进行质量排序，导致整个经济体系的实际融资成本高企，无法回归到自然利率的水平，大量质地不错的优质企业，因为身处市场混同均衡博弈格局下，不得不支付额外的混同溢价成本，加重了国内经济金融体系的债务紧缩风险。

当前设立国务院金融稳定发展委员会，明确实体经济去杠杆，及要求对地方债务实行终身负责制等，如果是为金融市场走出混同均衡博弈，推动市场分离均衡出清提供了基础性制度保障；那么，接下来，就是要为这些改革举措的落实在机制设计上营造可行空间，即构建金融市场与监管层的信任场域。

这首先需要适时推出信贷转让市场、债转股市场，完善多层次资本市场建设，通过市场化的金融资源再配置等，分散经济金融风险过度集中于银行体系的问题，推动风险的市场化管理和资源的优化配置等。

其次，充分利用金融科技等力量，推动市场分离均衡效用的有效发挥。当前需要充分利用区块链技术、P2P技术，及其他智能化深度学习技术等，在技术上构建基于信任的交易机制和框架，完善信息的即时、动态披露和报告制度，落实信托责任模式，走出信用表外输出的现行资管模式，真正实现受人之托、代客理财和勤勉职守，打破刚性兑付，让经济金融体系内的存量风险，能够在公开、透明、可追溯的基于信任机制的市场场域下，实现市场化的资源和风险再配置，以充分利用整个市场和社会的风险承载能力，真正实现风险的社会化疏散。

最后，在金融监管上，完善功能监管和行为监管体系，实现可穿透的监管秩序，推动程序化监管，积极推进金融体系的"放管服"

改革。基于功能监管和行为监管的新兴穿透监管体系，需要的是金融活动的穿透运营场景，基于现行金融科技等构建和完善基于信任的金融市场交易秩序，为金融活动的穿透运营提供了技术保障，有助于护航和完善功能监管和行为监管体系。当然，功能监管和行为监管体系的完善，根本上还需厘清政府与市场的边界，实现恺撒的归恺撒，上帝的归上帝，贯彻负面清单管理理念，在监管上以"正确地做事"定规立矩，走出过去以"做正确的事"为理念的行政方式。

　　总之，正如李克强总理最近指出"人类的重大科学发现都不是'计划'出来的"，金融市场亦然，单靠严刑峻法及监管对金融市场实质内容的深度介入，很容易陷入"一放就乱、一管就死"的陷阱。唯有在厘清政府与市场边界，通过营造监管与市场的信任场域，推进"放管服"的改革，才能真正有效利用市场巨大的风险可承载能力和纠错能力，有效化解经济金融体系内的风险，促进经济金融体系健康发展。

（2017 年 7 月 18 日）

# 正确地做事，提升制度的敏感适应能力

刘晓忠

最近 IMF 工作小组在华结束了关于中国经济的年度第四条款磋商讨论工作，2017 年年内第二次上调中国当年的 GDP 增速至 6.7%，并提出了通过在更广泛的领域深化改革，推动中国继续转向更可持续的增长路径的期许，以及表达了对中国深化改革、挖掘中国内生增长潜力的信心。

当前中国通过政策支持，如依赖扩展性的广义信贷政策等主导的投资和债务增长模式，实现了短期的稳增长与防风险目标的平衡，继续成为金砖国家乃至全球经济的主要亮点之一。IMF 再次上调 2017 年中国经济增速，一定程度上反映这一短期政策支持，增强了国内外各界对中国经济增长的信心，提高了中国政府管理经济方面的国际声誉。

不过，需要指出的是，政策支持对经济金融的促进作用尚带有明显的短期效应，属于权宜之计，而非长久之策。特别需要指出的是，近年来单纯依靠"扩展性"的广义信贷和积极财政政策，不可避免地抬高了中国经济的整体负债率，导致了金融体系内的信用空转套利、监管套利和关联套利以及不当创新等，加剧了国内经济金融系统内的风险敞口。

最近几个月内，一行三会在金融体系内展开的一场监管风暴，

显示出决策层已认识到这一问题，并已开始着手处理这一风险隐患。当然，就目前来看，当前的监管应对举措还更多是政策性的，同样带有权宜之计的阶段性特征。治本之策还需要从制度上加快推进改革，制定长效性风险政策目标和风险缓释政策，增强制度对经济社会的敏感性适应能力，推动中国经济社会成功转型。

当前中国在经济社会转型方面积累了相当丰厚的基础。现代经济发展理论揭示，经济增长的秘密和利息的起源来自全要素生产率的提高，即索洛剩余。而根据诺贝尔经济学奖得主阿马蒂亚·森的研究，全要素生产率的提升，主要来自教育及教育普及带来的存量知识的提升。当下，国内民众的受教育程度获得了显著提升，人力资本的质量的竞争优势凸显，长期以来对英语教育的重视，使中国民众更容易、更方便地接触到并可充分利用英语世界庞大的存量知识基础，同时现代信息技术的快速发展，极大地提高了中国民众分享英语世界存量知识的成本，为中国聚敛了较为可观的内生增长动力之基础。

因此，目前对中国而言，更为重要的就是提高现有制度对经济社会变迁的敏感性适应能力，以便充分发挥当下中国经济社会正在不断聚敛的内生增长潜力。这需要以正确的姿态厘清政府与市场的边界，以负面清单管理的理念，对权力实现"法无授权不可为"，保障权利的"法无禁止即可为"，推动"放管服"的行政体制改革，真正将权力关在法治的笼子，真正降低制度性交易成本。

对于如何厘清政府与市场边界问题，一是权力的公共服务要施政于公共外部性的治理，二是通过制度改革严控权力或直接或间接地参与市场和社会独立主体间的交易，严防出现权力与权利发生交易的问题，一旦出现权力与权利或直接或间接地发生交易，制度将容易失去对经济社会的敏感性适应能力，妨碍经济社会的转型和发展。

这首先需要政府构建完善透明性担保体系。通过透明性担保既保障权力的合法使用，又保障权利在程序正义的框架和秩序下运行，如构建完善而畅通、透明的政务程序监管体系，完善清晰的产权保护体系、反垄断体系，加快国企改革，使国企真正成为合格的市场交易主体等，为经济社会的运行提供一种基于程序正义的秩序，使权力和权利都能遵循程序正义正确地做事。

其次，政府应致力于构建和完善防护型保障体系。完善的防护型保障体系，主要是通过构建基础性公共服务社会保障包系统，在经济社会提供免予恐慌的自由，通过完善独立的司法裁判体系，公正合理地调节经济社会的纠纷，防范各种侵权行为等；同时，充分利用市场的内生自律自治能力，社会内生的自律自治能力，提高市场和社会的自治水平，提高经济社会效率，降低经济社会的运行成本等。

以当下的金融市场为例，三空转、三违反、四不当以及或隐或显的刚性兑付等问题，从制度和技术角度上看，就是国内金融机构在用间接融资的模式从事基于信托责任的直接融资活动，导致当前的大资管变成了金融机构信用的表外输出，使"书不同文、车不同轨"的分业监管成为了不当创新和套利的热土。因此，要真正从根本上消除金融体系的诸多乱象，不应过度倚重行政禁止的政策，而是要深化制度改革，完善政府对金融市场的透明性担保和防护型保障体系及能力，为真正搭建一个符合直接融资市场发展的基于信任交易的机制，提供制度保障，使直接融资在信任交易的环境下，真正基于信托责任各司其职、各担其责等。

　　总之，当前中国在短期的稳增长和防风险方面成效显著，但这是一剂止痛剂，是以经济社会体系风险不断聚敛为代价的。因此，必须通过制度变革构建公平合理的经济社会风险分散、管理和分担机制，厘清政府与市场的清晰边界，完善政府的透明性担保和防护型保障职能体系，经济社会的转型才能真正有效推进。

　　对此，我们看到政府正在以正确的方式寻求重新打开施政理念和行政职能的方式，这恰是向国内外关注中国经济社会转型的人输出足信允诺的信心。我们期许政府主导的改革能够继续行走在正确地做事的路上，而避免误入做正确的事的误区，因为把做正确的事作为治理理念，最终驶向的是致命的自负。

（2017 年 6 月 17 日）

# "以文件落实文件"的怪胎该打掉了

王 琳

日前，新华社记者在一些国企采访时了解到，有的企业有时一天能收到来自上级部门的二三十份文件，件件要求企业"一把手"对某项工作"负总责""抓落实"。该企业负责人说，这二三十个文件有时看都看不完，何谈负总责和抓落实？

饱受文牍主义之苦何止是企业，一些基层党政机关对此更有切肤之痛，也有些地方和部门一边痛斥文山会海，一边又忙不迭地制造文山会海。网上曾流传一份红头文件的图片，标题赫然是"关于转发某某市关于转发某某省关于转发……的通知的通知的通知"，绕口令式的转发在民间舆论场上沦为笑柄。而"以文件落实文件，以会议贯彻会议"式的击鼓传花，使真正要落实的工作在文件之外空转，最终沦为民生之痛。

中央八项规定明确，"没有实质内容、可发可不发的文件、简报一律不发"。这边是禁令高悬，那边是懒政依旧。都说此风当刹、这种形式主义要不得，问题在于，为什么仍有一些地区和部门热衷于"以文件落实文件"？甚至一些受害者也要争先加入到转发的行列？

从发文主体的角度考量，最重要的原因恐怕还在于：转发文件等形式主义真的有效。应对上级，拿出转发的文件可以说，"我落

实了!"应对下级，拿出转发的文件又可以说，"我部署了!"当转发文件事实上成了一些不作为、不担责的官员的"免责金牌"，也难怪一些地方和部门会趋之若鹜。

发文是一种工作，转发也是一种工作。但发文和转发都替代不了实际工作。"一分部署，九分落实。"发文和转发只是一种工作部署，尤其是简单重复、照抄照搬地转发，在具体工作的落实上，可能还占不到"一分"，没有其他九分，转发就是在敷衍塞责。

面对屡禁不止的"以文件落实文件，以会议贯彻会议"，关键是从上到下要反思：上级检查、督查、考核等工作，是不是存在只看文件不看举措、只看转发不看实效等形式主义？上有所好，下必效焉。上级的作风简单粗暴、脱离群众，下级的应对就很可能也滑向脱离实际、不负责任。

一个多年来被吐槽无数的"以文件落实文件，以会议贯彻会议"，它的背后是多年来难言科学的检查、督查、考核工作。尤其是对下级的穷通升降有决定作用的考核机制，有必要减少会议、简报、发文等作为落实工作的权重，着重考查被考核对象做多少实事、取得了多少实效。

下级的"实绩"要符合实际，还必须改变由下级自说自话、自评自报的"自我评定"，加大引入第三方评议，尤其是群众评议的分量，在工作落实的考核上形成正向引导，从而鼓励地方和职能部门从"字面"走向"地面"，从会场走向一线，把多数的时间和精力真正放在发现问题和解决问题上。

（2017 年 6 月 13 日）

# 多想"如何办"，才能摆脱懒政思维

斯　远

前不久，随着反腐电视剧《人民的名义》热播，"宇宙区长"孙连城也火了。他不贪、不贿，也不想升官，但工作却敷衍了事、有一搭没一搭、得过且过，成了社会公众热议的"为官不为"典型。

现实生活中，类似"孙连城"这样的官员并不鲜见。这样的"为政之风"显然是要不得的，也不符合现代政府的行政伦理。有鉴于此，甘肃省委书记林铎2017年4月26日在省委理论中心组学习会上提出，党和人民把岗位、权力交到我们手里，我们就要担起该担的责任，把工作当成事业，把实干作为追求，少讲"不能办"，多想"如何办"，定下的事情就马上干、抓到底，为官一任就要成就一番事业、造福一方百姓。

官员掌握着这个社会最为重要的公共资源配置权力，理应主动作为，积极行政，以舍我其谁的担当、以民胞物与的情怀，做好每一件事情。在这个问题上，没有任何讨价还价、犹疑彷徨的余地，而是一种为官、为政的本分。若是在其位，就必须谋其政；即便千难万难，也应该勠力前行。不然，老百姓若自己能够解好一应事宜的话，为何要让渡权利、花费金钱供养政府？

任何事务只有好办不好办、办好办不好的分别，而绝无"不能办""不去办"的选项。一个公民既然选择投身公共事务，无论

职务高低、责任大小，均应该不惧繁难、直面问题，官员的人生箴言，只应该是兢兢业业、克己奉公，而不能动不动就"难得糊涂""随波逐流"，也就是说，没有任何理由"不能办"，而应想方设法"如何办"。

客观而言，这些年来，随着市场经济的渗透，不少官员把从政看作一门生意，将商品交换原则带入党内政治生活，既想做大官，又想发大财，一旦做不成大官就意志消沉，以仕途出现"天花板"为由，或者疯狂聚敛，或者万事皆休。这样的为官不为并不在少数，也因此极大损害了政府在社会公众中的权威和公信力。为什么"孙连城"会引起广泛吐槽？因为现实中公众见多了这样的官员。

这样的精神状态，这样的党风政风，不仅不符合中央全面从严治党、优化政治生态的要求，也与社会公众对政府的热切期待背道而驰。这样的官员，非但不能成就一番事业，也不会造福一方百姓，必定会被时代的洪流抛弃。

当下，中央三令五申转变作风，李克强总理在 2017 年的政府工作报告中也提到，"少数干部懒政怠政、推诿扯皮，一些领域腐败问题时有发生。我们一定要直面挑战，敢于担当，全力以赴做好政府工作，不辱历史使命，不负人民重托。"在 2016 年的政府工作报告中，总理也强调，要"坚决整肃庸政懒政怠政行为，决不允许占着位子不干事"。

如何才能让官员少讲"不能办"、多想"如何办"？不少人会本能寄希望于多一些林铎这样的地方主政官员，以"一把手"的身份和认知，高度重视并积极推进。这确实立竿见影，效果明显。

不过，长远看，更应在制度上发力。具体而言，首先要"零容忍"，即以严格的制度体系，严肃问责庸政懒政怠政官员，让不干事的官员挪挪位置，主动让贤。若是发现给国家和社会造成损失的，还要根据党中央《关于实行党政领导干部问责的暂行规定》《推进领导干部能上能下若干规定（试行）》，追究相关责任。

其次，要"紧发条"，任何工作一经部署，就应该马上干、抓到底，而不能以任何理由推诿卸责，乱找借口。即便发现存在问题，也应该积极主动反馈，而不是抱着看热闹的态度作壁上观。从2015年起，国务院开始通过严格的督查制度，倒逼政策落实，从听取来自第三方的政策效果评估，到日趋常态化的督查问责，"抓落实"已经成为国务院一项重要工作。各地各部门也应积极跟进，狠抓落实。

其三，从官员自身而言，尤其应该转变观念，"接地气"，寻找破解问题的良方。公事当然难办，这也是实情，但不能因为难办就不办。官员理应有着比其他人群更多的"危机意识"和"本领恐慌"，并时时处处注意学习提高。这其中，个人的态度至关重要。如果不能高站位、高视野，并深入实际、体察民情，必然会步步维艰，事事不顺。

说到底，为政也是技术活儿，既要敬畏民众，又要恪于职守；既要马上去办，又要找到最佳路径。如此，才会成为一个"信念坚定、为民服务、勤政务实、敢于担当、清正廉洁"的好干部。

（2017 年 5 月 6 日）

# "一禁了之"是消极懒政思维

于 平

云南省贡山县独龙江乡"全乡禁酒"引发广泛关注，独龙江乡政府日前回应称，该文件还处于征求意见阶段，并未开始实施。而早在 2016 年，独龙江乡就曾提出"禁酒令"，根据当地官员的说法，当时只是倡导，并没有以文件形式下发。

独龙江乡此举遭遇了强烈抵制，可见这一做法不得人心。"全乡禁酒"的违法性质毋庸置疑，买酒卖酒在法律上合法，一个乡政府无权干预。法治社会，公权力要谨守其边界，再好的初衷也不能成为随意侵犯私权的"通行证"。

当然，独龙江乡"全乡禁酒"，其问题不仅是"违法"而已，它所暴露出的，是一些地方政府"粗暴治理"的思维。也就是说，在面对一些棘手的社会问题时，地方政府首先想到的是"禁""限"等粗暴蛮横的做法，而不是以"善治"的思维去化解。

能走到"全乡禁酒"的地步，不难想象独龙江乡当地的民众酗酒问题有多么严重。得承认，独龙江乡政府所称，当地因酗酒造成贫困、交通事故、意外伤害等问题并非虚言。但问题是一定要通过"禁酒"的方式来解决问题吗？除此之外难道别无他法？

稍微分析一下，"非禁酒不可"的治理思路显然是站不住脚的。

例如，酗酒造成贫困，政府只要在扶贫政策上进行调整即可。如果有家庭因为酗酒造成贫困，或者脱贫后返贫的，这些家庭所能享受到的扶贫优惠政策就该打折扣甚至取消，决不能把扶贫资金变成一些人的买酒钱。扶贫不是撒钱，不能养懒汉，如果政策能这样明确宣示，那些酗酒的贫困户恐怕也不会毫无忌惮。

酗酒造成交通事故、意外伤害，同样如此。如果执法机关对于酒后驾车、酒后滋事等违法行为零容忍，在日常执法上保持高压态势，发现一起，严厉处罚一起，而不是和稀泥。如此一来，有多少人胆敢酗酒后驾车、滋事？所以，如果独龙江乡当地存在大量酒后驾车、滋事等现象，当地执法部门的工作显然不称职。

李克强总理多次强调，要强化督查问责，严厉整肃庸政懒政怠政行为。2015 年 3 月 5 日，李克强在政府工作报告中提到："大道至简，有权不可任性"。这句话，是悬在公职者们耳旁的警钟。

一个地方的治理，动辄就以"禁""限"的手段解决社会问题，只能说是治理的失败，这是地方政府无能的表现。社会的治理，是一种精细化的活，想靠几条禁令就能毕其功于一役，未免太天真。事实上，独龙江乡禁酒，且不论其违法和粗暴，即便禁酒令真的执行了，政府能管到每家每户的餐桌？一条禁令真的能让酗酒造成的种种社会问题烟消云散？

出现问题"一禁了之"，这似乎已成为一些政府部门的惯常思路，摩托车电动车有交通安全隐患，就禁摩禁电；机动车增长过快造成交通拥堵，就禁行限行；摊贩摆摊影响市容就禁止摆摊……各种以禁代管的做法可谓屡见不鲜。

一禁了之，是对民生、对民众权利的粗暴处置，它是一种消极

行政的姿态，是懒政的思维。"全乡禁酒"固然在舆论的关注下叫停了，但"一禁了之"的粗暴治理思路在地方政府依然有很大市场，这个问题，要比一纸"禁酒令"更值得警惕。

(2017 年 7 月 7 日)

# 督查"利器"剑指庸政懒政

小　麦

国务院日前部署开展第四次大督查。大督查的重点包括五个方面内容：推进供给侧结构性改革，适度扩大总需求，推动新旧动能转换，保障和改善民生，防范重点领域风险等。

2017 年 7 月中旬，国务院督查组将选择重要经济指标排名靠后、重点工作任务进度滞后、有关问题相对集中的部分地区实地督查。

多年以来，中央政府施政一直存在政令不通的问题，这也被坊间称为"政令出不了中南海"。其中，层层叠叠的文件运转流程繁冗拖沓是一个原因，而各地各部门由来已久的庸政懒政怠政也严重阻塞了政令下行。

特别是，自从中央强力推进转变作风、反腐倡廉以来，相当一部分官员中间出现"不作为"现象，"不求有功但求无过"风气蔓延，在损害政府权威的同时，也严重影响了民众的改革获得感。

从 2014 年本届政府开展第一次大督查至今，"大督查"已成为国务院抓落实、促发展的"利器"，不仅可以使国务院领导更多了解到各地各部门工作推动的实际情况，凌厉的问责也产生了强大的震慑作用，极大调动了广大干部的积极性和主动性，久困于基层官员庸政懒政怠政的公众为之拍手称快。

　　这一次，国务院的督查重点，除了以往持续关注的推进供给侧结构性改革与保障和改善民生之外，也有一些新的变化，比如"防范重点领域风险"，就是 2017 年督查的新重点，剑指金融领域，旨在严格规范金融行业秩序、保证国家金融安全。这既是国家当下迫切关注的重大问题，也是民众普遍关心的热点领域。

　　无论是化解不良资产风险，推进地方政府存量债务置换，查处违法违规融资担保，防范、处置和打击非法集资，开展互联网金融风险专项整治等，均关系到政府的"钱袋子"、老百姓的"钱罐子"。此前山东等地爆发出来的民间借贷乱象，已经给政府提了一个醒，而如何防患于未然，降低风险，迫切需要政府与有关部门积极作为，未雨绸缪。

　　国务院督查的威力，首当其冲体现在严厉的问责处理上。针对一些普遍存在的问题，特别是基层的"不干、不为"顽疾，"不作为""慢作为"乱象，国务院督查组在地方、部门自查自纠的基础上，明确追究责任，既抓负面典型，也强调普遍性的问题解决；既处置一般官员，更追究相关主要领导干部的责任。这样，由点及面、标本皆治，能够尽快扭转被督查地方部门的工作作风。

　　从目前的后续处置情况看，也呈现出逐渐加力的趋势。据披露，第一次督查之后，经监察部审核，辽宁、吉林、安徽等 7 省的 59 名干部在审批、决策和监督政策执行过程中存在懒政、怠政、失察、失职、渎职等不作为问题，相关责任人被给予党纪政纪处分，个别违法者受到刑事处理，其中涉及地厅级 5 人、县处级 20 人。

　　2015 年 8 月至 12 月，针对国务院第二次大督查发现的财政资金沉淀、土地闲置、项目拖期、保障房空置等问题，国务院办公厅会同有关部门分三批开展督查问责，共依法依规问责 382 个突出问题，问责处理 1456 人。

2017 年 2 月至 5 月，国务院办公厅针对第三次大督查发现的中央预算内投资项目拖期、财政资金沉淀、"放管服"改革落实不到位、涉企乱收费、公租房空置、医保资金管理使用不到位、套取挪用侵占保障房资金和扶贫资金等 117 个问题，会同各有关地区和部门分别进行了核查问责，1089 名相关责任人受到处理。

此外，督查的目的也在于促进工作开展、转变工作作风。问责之外，对于一些做得好的地方和部门，也要予以褒奖。唯有奖惩并举，才有可能实现良性治理，从而理顺行政体制。

也就是说，问责不是目的，督查的关键在于用问责唤醒责任、用责任传导压力，从而切实解决施政"最后一公里"的问题。唯有让失职懒政者"官不聊生"，则国务院的政令才能畅通地传导到基层，并作用于经济社会。如果官员依然四平八稳，依然滥用手中的权力，延宕改革发展的步骤，等待他们的将不再是"太平官椅"，而只能是让出"位子"、腾开"椅子"。

实际上，早在 2013 年 10 月，李克强总理便在国务院常务会议上提出要求，要加快实施政府职能转变，扭转政令不畅的"堰塞湖"现象，克服拖延应付和打折扣、搞变通的行为。2014 年 6 月，李克强将"为官不为"的问题严厉地向部委官员提了出来，甚至放狠话"庸政懒政同样是腐败"。

可以说，督查本身也是简政放权、转变政府职能的一个重要环节。任何在政令下行过程中的"庸、懒、怠"都是不可原谅的，也不符合人民的利益。占着位子却无所作为，甚至胡乱作为，这样的

官员就该受到党纪政纪法纪的惩处，相应地，这样的部门机构也应该彻底整改。治国理政首在治官，这是公共权力运行的必然，也是民众权利实现的便捷路径。

（2017 年 6 月 12 日）

# 杜绝制度性交易成本出现"死鱼跳"

刘晓忠

2017 年 6 月 7 日，国务院总理李克强主持召开国务院常务会议，在决定推出新的降费举措，兑现全年为企业减负万亿元承诺的同时，要求国务院主管部门在 7 月 1 日前上网公布中央和地方政府性基金及行政事业性收费目录清单，实现全国"一张网"动态化管理，从源头上防范乱收费，杜绝已"瘦身"的制度性交易成本死灰复燃等。

这次调降建筑领域工程质量保证金预留比例上限等四项费用，预计每年可再减轻企业负担 2830 亿元，结合前四批出台的累计7180 亿元政策性减税降费举措，使 2017 年为企业减负超过万亿。

在地方政府财政收入增速边际偏弱等背景下，国务院加大对企业减税降费力度，确实面临突出压力，防范这些制度性交易成本死灰复燃正当其时。这一方面需要改革的果敢和坚持，另一方面也需匹配好中央地方的财事权关系，通过开正门、堵偏门的政策平衡和补偿机制，杜绝制度性交易成本出现"死鱼跳"现象。

相对法定的税而言，灵活性较强的政府性基金和行政事业性费用等在法律层次上较低，随意性较大，各地标准也不尽一致，通过公开各级政府的这些收费目录清单，对防范乱收费现象具有积极的效用。

当然，要彻底从根源上防范乱收费，杜绝已"瘦身"的制度性交易成本"死鱼跳"，还是要加大力度采取清费正税的财税体制改革，将一些本来纳入法定税种的行政性和政府性基金等行政收费，通过立法整合进相关税种，彻底根治税外费这一现象。毕竟，从税法法理上看，私人部门向政府纳税是交换政府为私人部门提供的公共服务，税收的法定具有显著稳定性，用法定税取代税外费，可根本上杜绝行政性收费的随意性；从朴实的情感上看，税外加收费总不免给人以私人部门重复购买政府公共服务之嫌。

因此，清费正税是杜绝制度性交易成本反弹和"死鱼跳"的最基础性保障，更可以向社会允诺政府对这一问题的果敢决心，这如同给整个社会安置了一个稳压器，减少私人部门担心当下减税降费是权宜之计的忧虑，激励私人部门布局设备投资等长期生产性投资，为正在进行的"双创"提供制度护航和保障。

此外，在推动当下行政式减税降费升级为立法式减税清费的同时，还需决策层启动相应的配套性行政和财政体制改革。这方面，至少包含以下两个方面的护航式改革：

首先，加快推进中央地方财事权、财政预算体制和财政转移支付体制等改革，进一步明确中央地方财权与事权边界，避免财权上收、事权下放的财事权不匹配问题。长期以来，地方政府乱收费，一方面与地方政府不合理、软约束的财政预算收支等有关，另一方面也与地方政府事权过多而财力有限有关。政府间财事权一旦出现失当，容易引发地方政府扰民现象，20世纪90年代中后期地方政府出现了"三乱"现象，当引以为戒。

在明确减税降费的改革目标下，接下来应根据各级政府的事权结构，合理分配财权，避免出现既不让马儿吃草，又让马儿跑得快的负效应。为此，权宜之计是完善中央地方财政转移支付制度，治本之策是通过立法推动财税体制改革，实现一级财权一级事权，并参照 2013 年的"383 改革建议方案"，在中央层面构建公共服务社会保障包计划，实行公共服务均等化，在财权适度上收的同时，事权等比例上收。

其次，加快推动行政管理体制改革和行政理念转型，有效约束好政府的事权，清晰厘清政府与市场、社会的合理边界，从严格约束政府事权的基础上，遏制部分行政机构乱作为、不作为等现象。政府事权的认定标准应从政府的公共服务职能等视角审视，能恰到好处地为私人部门提供公共服务和公序良法，再多的行政事权就是浪费性制度交易成本，对经济社会而言就带有一定的负外部性成本。

因此，基于负面清单管理的行政理念，明确政府事权集中在为经济社会提供公序良法的透明性担保和防护型保障体系内，严格限制行政事业部门超越这一边界，直接或间接参与经济社会交易，将有利于节约整体性行政成本，缓解政府财事权不匹配压力。同时，利用新兴数字信息技术，完善电子政务服务体系，为政府阳光行政提供基础性技术保障，有助于提高部分政府部门制度性交易成本反弹的发现成本等。

总之，杜绝制度性交易成本反弹和"死鱼跳"，是一个系统性工程，需要政府财事权改革、财税体制改革、行政体制改革、行政理念转型等多个配套改革的紧凑配合。唯有如此，方能给市场以清晰的预期，让私人部门看到政府的足信允诺。

（2017 年 6 月 8 日）

# 福建自贸区"样本"正在成为"标杆"

钱智俊

2015 年 4 月挂牌至今，福建自贸试验区建设已满两年。

作为"改革创新试验田"，福建自贸区兼具"自贸区"和"实验室"的双重职能。两年间，以制度创新为基础，以金融改革为重点，众多创新举措在福建自贸区得以实践和验证，为全国提供了前沿性的参考样本。

真理源于实践，创新起于探索。在国内"新常态"叠加国际"乱纪元"的复杂形势下，福建自贸区探索出了金融服务实体经济的新模式。从两个层面出发，这一样本将对中国经济转型升级产生全局性的示范作用。

首先，金融创新推动供给侧结构性改革。2017 年 4 月 25 日，中央政治局会议再次明确，要坚定不移推进经济结构战略性调整，确保供给侧结构性改革得到深化。根据供给学派理论，要素供给优化是产品供给优化的前提，制度供给优化则是要素供给优化的基础。

遵循这一原理，福建自贸区打造了"三步走模式"：以制度创新推动金融创新，通过资本要素供给的改善，最终实现供给侧结构性改革的深化。

第一步，福建自贸区有效突破了一系列制度性、政策性瓶颈。

2015—2016 年，自贸区落实制度创新 160 项，"证照分离"等 63 项创新开全国之先。

第二步，基于制度环境对金融机构的强力吸引，自贸区迅速构建了多层次金融服务体系，为实体经济提供了多样性的创新金融服务和特色金融产品。从总量上看，截至 2017 年 2 月，自贸区内金融及类金融企业达 1616 家，较挂牌前增长 5 倍。从类型上看，自贸区现有金融服务已涵盖产业基金、融资租赁、互联网金融、股权债权交易等关键领域，并为小微企业和新兴产业量身打造了普惠性的融资渠道。

第三步，得益于有力的金融支持，两年来自贸区新增企业逾 5.8 万户，高端制造业、现代服务业产业集群在自贸区迅速崛起，对区域供给侧改革发挥了强劲的推动作用。

其次，人民币国际化携手实体经济"走出去"。近年来，人民币国际化进程逐步放缓。2015 年 9 月至 2016 年年末，人民币国际支付的全球份额从 2.45% 下降至 1.68%，香港人民币存款规模缩减 38.9%。其主要原因在于，2012—2015 年期间，人民币国际化与实体经济未能深度结合，跨境套利投机造成了人民币国际化水平的"虚高"。"811 汇改"后，随着单边投机行为遭到抑制，"投机水分"被挤出，导致人民币国际化放缓，并约束了实体经济"走出去"的便利性和稳定性。

有鉴于此，人民币国际化与实体经济"走出去"的紧密结合，是推动两者加速发展的关键。作为"丝绸之路经济带"和"21 世纪海上丝绸之路"的枢纽，福建自贸区在这一方向上取得了显著的进展和宝贵的经验。

一方面，自贸区大力发展跨境人民币融资服务，人民币境外融

资渠道不断拓宽，跨境双向人民币资金池业务的门槛持续降低，破除了中资企业"走出去"的融资障碍。例如，截至 2017 年 3 月末，区内开展跨境双向人民币资金池业务的企业达到 22 家，累计流入 7.24 亿元，流出 8.16 亿元。

另一方面，借力自贸区的政策优势，跨境人民币结算业务取得连续突破。至 2017 年年初，自贸区内已实现产权交易跨境人民币结算，以及个人经常项下和直接投资项下的人民币跨境结算业务。

基于人民币融资和结算的便利性，福建自贸区已成中资企业"走向"东盟的孵化园和桥头堡。此举不仅紧密连接了人民币国际化和实体经济"走出去"，更为两者的加速推进注入了新动力。

（2017 年 4 月 29 日）

# 环保执法更应督查对抗法者的制裁

王　琳

环保部日前通报京津冀及周边地区大气污染防治强化督查情况。通报称,2017 年 5 月 19 日,23 个督查组共检查 327 家企业（单位），发现 242 家企业存在环境问题，约占检查总数的 74.0%。

尤令舆论关切的是，此次督查已发生多起拒绝督查组检查的事件，各地相关部门已进行调查处理。近期，从各督查组反馈情况看，又出现 7 起拒绝检查、阻碍执法事件，其中邯郸市 3 起，衡水市 2 起，石家庄市 1 起，焦作市 1 起。

拒绝检查、阻碍执法不但会妨碍执法目的的实现，还直接伤害了法律尊严和执法权威。明朝张居正曾说:"天下之事，不难于立法，而难于法之必行。"法治是包含从立法到执法到司法再到守法的全过程。有良法可依只是法治的第一步，如果有了良好的法律却束之神坛，眼见其成为"纸面上的法"，而就是不能成为"地面上的（行动中的）的法"，那么，制定了再多的法律也无济于事。有法不依、执法不严还不如无法。

法律不应是"纸老虎"。为了防止阻碍执法的情形出现，执法保障机制往往在立法时就已有考量。如《大气污染防治法》第九十八条规定，对拒不接受监督检查的，"处二万元以上二十万元以下的罚款"。另依《治安管理处罚法》第五十条，对阻碍国家机

关工作人员依法执行职务的，构成违反治安管理行为情节严重的，"处五日以上十日以下拘留"。作为最终的惩治手段，《刑法》第二百七十七条还对"以暴力、威胁方法阻碍国家机关工作人员依法执行职务，构成妨害公务罪的"，规定了"三年以下有期徒刑、拘役、管制或者罚金"这一组合式刑事责任体系。

法律的生命力在于实施，法律的权威也在于实施。全面推进依法治国，关键就在确保法律得到严格实施。拒绝检查、阻碍执法屡禁不止，原因并不在无法可依，更不在执法保障机制的不健全。只要违法成本足够高，执法对象就不可能不计成本地去拒绝检查、阻碍执法。以前提及环保执法中的公然抗法，地方保护主义是个绕不过去的老大难问题。

从法理上说，守法也是政绩，但有些地方党政领导却错误地将守法和政绩对立起来，宁要违法的 GDP，也不要守法的尽本职。当这样的政绩观影响到执法和司法，企业拒绝检查、阻碍执法的胆子自然就大了起来。

另一方面，一些违法企业宁愿千方百计对抗检查，也不愿具体落实在防治污染上，仍是违法成本和违法收益的考量。修正后的环保法被称为"史上最严"，正是为了解决执法实践中的"违法者得利、守法者反吃亏"之怪现状。

这更对严格执法的实现提出了高要求。对违法行为的制裁，必然会触动利害关系。反复出现的拒绝检查、阻碍执法让人并不感到意外，这恰恰是"史上最严"执法所带来的效果——对于执法者来说，除了要继续加强对企业的检查和督查之外，更应督查对抗法者的制裁。

只有让拒绝检查、阻碍执法者受到更严厉的法律惩处，法律权威和执法公信才会得到恢复和重树，大气污染防治的目标也有可能更快更好地实现。

（2017 年 5 月 23 日）

# 更高水平对外开放，要颜值更要气质

郑　慧

各地要严格贯彻执行国家法律法规和政策，规范审批、备案流程，督导促进对内外资企业一视同仁、公平竞争。

"要研究出台措施，取消或放开制造业和服务业一些领域外商投资股比限制，进一步解放思想、扩大开放！"李克强在 2017 年 7 月 28 日的国务院常务会议上表示，"这会真正释放扩大引进外资的强烈信号，也会激发中国企业更大的竞争热情。"

当天的会议，部署加大引进外资力度，营造更高水平对外开放的环境。

改革开放以来，我国始终坚持对外开放基本国策，坚持统筹国际国内两个市场，利用国际国内两种资源，为我国经济社会发展注入了强大动力。我国主动参与全球化进程，积极参与全球经济治理，坚持多边贸易体制，对外开放层次不断深入，领域不断扩展，新的对外开放格局正在形成。

## 我国吸引外资面临着国际引资激烈竞争的挑战

国际金融危机后，世界经济复苏动力明显不足，全球经济和贸易增长乏力，经济增长新引擎尚未形成。国际结构性改革尚在推进，主要经济体走势进一步分化。新一轮科技革命和产业革命蓄势待发，产业格局面临重组。人工智能、3D 打印等新技术不断涌现，大数据、互联网和物联网的应用引发产业变革，新的社会分工格局正在形成，全球价值链正在重构。国际力量对比出现重大变化，贸易保护主义抬头，反全球化思潮泛起，国际地缘政治多变，国际经济环境不确定性上升。

我国经济发展进入新常态，在新发展理念指引下朝着更高质量、更有效率、更加公平、更可持续的方向发展。劳动力、土地等要素成本上升，能源资源和生态环境约束强化，参与全球化的传统竞争优势弱化。我国吸引外资面临着国际引资激烈竞争的挑战。美国等发达国家制定"再工业化战略"，吸引制造业回流，重塑其制造业优势。东南亚国家、印度等发展中经济体凭借低廉劳动力成本优势对外资产生较强的吸引力。我国处于前有阻力、后有压力的态势。2016 年全国实际使用外资金额同比增长 4.1%。2017 年 1—6 月，全国新设立外商投资企业 15053 家，同比增长 12.3%。实际使用外资金额 4415.4 亿元人民币，同比下降 0.1%。

## 吸引外资有制约因素也有较大潜力

"订单东南飞"，不少投资者瞄准了用工成本更低的东南亚，这种趋势在劳动密集型企业较为明显。

虽然我国吸引外资面临一些制约因素，但也有进一步提升的空间和潜力。

随着国内外环境变化，我国扩大吸引外资面临一些制约性因素。土地和劳动力成本持续上升，劳动密集型产品的国际市场竞争力降低，外商投资动力下降。东南亚、非洲等地的发展中国家工业化进程加快，有时其人工成本更具优势，分流了我国部分中低端制造业的外商投资。

相对于发达国家，我国服务业开放不够。国际法层面的保护尚待完善，目前我国已签订的自贸协定和双边投资协定，并未将国企、环境保护、投资仲裁机制等国际法规则纳入其中。发达国家力推再工业化计划，叠加美元加息及为企业降税等举措，增强了其对国际资本的吸引力。2016 年全球半数以上的外商投资重返发达经济体，包括我国在内的发展中国家外资流入量受到影响。

然而，我国在资源禀赋、经营环境等方面具有较强的吸引力，仍是跨国公司首要投资目的地之一。随着改革的深入和开放的持续推进，我国会为外资企业提供更加优越的营商环境和良好的投资机会，继续成为外商投资的沃土。

经过多年培育，我国资本密集型产业、高新技术产业以及高技术服务业的竞争优势正在形成，成为吸收外资新热点。"一带一路"建设持续推进，中西部地区的投资环境逐步优化，吸引外资比重提高，自贸试验区大力推进体制机制创新和开放领域扩大，已成为外商投资新区域。

## 加大引进外资力度，营造更高水平对外开放的环境

面对发展环境变化，必须牢固树立创新、协调、绿色、开放、

共享的发展理念，紧紧围绕供给侧结构性改革主线，站在统筹国内国际两个大局的高度，实行更加积极主动的开放战略，坚持以开放促改革促发展，着力构建全方位对外开放新格局，推动形成新一轮高水平对外开放。

2017年1月，国务院印发《关于扩大对外开放积极利用外资若干措施的通知》，提出20条措施，进一步扩大对外开放。7月28日，国务院召开常务会议，部署营造更高水平对外开放环境。

第一，加强制度环境建设。进一步创新利用外资管理体制，改革对外投资管理体制，简化通关程序，提高口岸通行效率。在全国推行已在自贸试验区试行的准入前国民待遇加负面清单管理制度。各地要严格贯彻执行国家法律法规和政策，规范审批、备案流程，督导促进对内外资企业一视同仁、公平竞争。梳理已出台的地方性法规，取消对外商投资单独设置的附加条件和歧视性条款，加快健全公平开放透明的市场规则，营造权利平等、机会平等、规则平等的投资环境。政府要提供服务，把知识产权保护放到重要的地位，把提供公平待遇和调整产业结构有机结合起来。

第二，完善配套体系。随着科学技术的进步以及产业间、产品内分工的细化，企业的研发、设计、生产制造、加工组装、物流配送、售后服务等生产经营活动日趋全球化，对商品、资金、技术、人员等跨境流动的自由化和便利化要求越来越高。要适应全球产业布局和分工体系变化新形势，提升我国产业对高端技术和高端产业的配套生产能力。

第三，优化开放布局。协同东中西部对外开放，逐步形成分工协作、互动发展的开放型经济新格局。支持东部地区发挥引领作用，提升服务业国际化水平。鼓励内陆地区依托本地的优势，提高

吸纳国际国内产业转移的能力。重点加强对中西部地区和边远地区、老区、少数民族地区、落后地区的基础设施投入力度，改善外商投资的硬环境。

第四，扩大开放领域。积极放宽服务业等领域外资准入限制，支持外资参与创新驱动发展战略实施、制造业转型升级。在审慎监管的前提下，鼓励金融、证券、期货、保险机构等服务业领域外资进入。逐步放开会计审计、建筑设计、评级服务等领域外资准入限制。推进电信、互联网、文化、教育、交通运输等领域有序开放。外商投资企业同等适用"中国制造2025"战略政策措施，引导外商投资企业投资高端制造、智能制造、绿色制造。

第五，提升开放层次。坚持引资、引技和引智并举，提高吸引外资的质量和水平，提升我国在全球配置要素资源的能力。同时，借鉴发达国家的经验和做法，建立健全有关法律和政策体系，以及相应的监督机构。规范外商投资，对外商投资的产业准入、技术标准、金融监管等做出制度安排。

可以说，新一轮高水平对外开放，既要有数据指标好看的"颜值"，更需要营商环境对中外企业一视同仁的"气质"，进而使得中国经济在世界经济 T 台秀上表现不俗。

（2017 年 7 月 31 日）

# 24 项激励措施"加减乘除"促改革

缪一知

2017 年 5 月 5 日，国务院新闻办公室举行表扬激励落实重大政策成效明显地方例行吹风会。国新办新闻发言人袭艳春介绍：国务院办公厅近日印发通报，对 2016 年落实推进供给侧结构性改革、适度扩大总需求、促进创新驱动发展、保障和改善民生等有关重大政策措施真抓实干、取得明显成效的 26 个省(区、市)、90 个市(地、州、盟)、127 个县（市、区）予以表扬，并相应采取 24 条措施予以激励支持。

通过梳理我们可以得知，主要形式为财政资金的奖励性支持和政策灵活性赋予。具体来说：

激励途径一是对稳增长措施得力的地区予以资金支持，做"加法"，涉及中央预算内投资项目开工率、完成率及地方投资到位率高者。但统筹资金支持并不是无指向地鼓励固定资产投资，而是重点投向支持补短板、惠民生项目的建设。

激励途径二是鼓励化解钢铁、煤炭过剩产能，做"减法"。但"减法"中又包含了"乘法"，即对超额完成目标任务的地区，给予额外的梯级财政奖补。超额完成目标任务量 5% 以内到 10% 以上的不同地区，可以获得超额比例 1 倍到 1.5 倍的不同奖补。虽然财政奖补是较为简单的形式，但这种阶梯化的奖补区分，灵活实现了结

构性调整的目的。

激励途径三是支持市（州）、市辖区的当地企业债券发行和自融资机制，利用非财政资金做"乘法"。如果该地社会投资健康发展、企业债券发行、金融创新和风险防范等工作成效较明显的，则从 2017 年起两年之内，对其行政区域内企业申请企业债券实行"直通车"机制，即在审批上给予更快捷的便利。出于可以理解的原因，这一类奖励主要适合民间资本较为发达的地区，政策导向是让有能力自己筹集资金、并通过企业债券这一市场化融资评估机制来检验和制约的区域在资本市场中自谋发展，而不受到太多行政审批的文牍成本与负担的掣肘。值得注意的是，这一政策暂不适用于金融深度相对较低的县域单位，也不按省级单位来施加，从而得以最大程度地因地制宜，挑选出适合此项政策的特定地区。

激励途径四是让"大众创业、万众创新"实施较好的地区获得更多资金和政策空间，这种挑选一部分的择优鼓励，可谓"除法"。"双创"政策推行数年来，其实施效果很自然地在不同地方出现了分化。经济发展和市场经济薄弱的区域的双创能力较低，固然是难以在短时间内改变的现实。但对于双创潜力较强、地方支撑平台得力、已经形成了一定的双创发展生态的区域，自然有必要帮助它们获得更好的提升。故国务院提出，对于双创能大胆探索、勇于尝试、成效明显的省市，2017 年优先支持建设双创示范基地，中央预算内投资予以重点倾斜；优先支持举办"创响中国"等重大活动，将有关成果在"双创"活动周主会场中予以重点展示；对大力培育发展战略性新兴产业、推动特色优势产业转型升级成效明显的市，2017 年优先支持战略性新兴产业集聚区建设，在重大政策先行先试、重大产业布局和重大项目落地上予以倾斜，在转型发展、"互联网+"等有关工作或项目申报中予以优先支持。

24 项激励措施的推出是 2017 年经济工作的一项大手笔，也体现了今后工作的重要思路。其既包含了对"三去一降一补"的"减法"的坚持，也涉及对"双创"之"加法"的加持，更机动通过"乘法"和"除法"的灵活运用，有望继续全面深化推进市场化经济改革。

（2017 年 5 月 6 日）

# "灯光经济学"里的中国改革

刘　英　王邵哲

"中国新出炉的经济数据，对我们是一个意外而又积极的惊喜！"

国际货币基金组织（IMF）总裁拉加德在 2017 年 5 月 14 日与李克强总理的会见中高度评价中国经济。她说，"过去几个月，中国不仅国内经济活动增长表现良好，对于世界经济增长也发挥了重要作用。"

李克强表示，"希望国际货币基金组织对中国经济转型升级过程继续给予支持，向国际市场发出积极信号。"

## 中国经济的稳定器和引擎作用

2017 年一季度中国 GDP 增速达到 6.9%，这一方面源于外需回暖进出口高速增长，另一方面是投资和消费给力拉动经济回到增长轨道。

而从供给侧结构性改革来看，经过"三去一降一补"与"大众创业、万众创新"，培育发展了经济增长新动能，中国经济从 2013 年起，已经逐渐转向以服务业为主拉动经济增长的新的产业结构，服务业已经成为拉动经济增长的"火车头"。

中国虽然进入结构调整转型升级的新常态，但是由于中国经济尚处于工业化后期阶段，中国经济一季度增速还是远高于刚刚发布的美国的一季度的 1.9% 的同比增速。

中国经济增长已经成为世界经济增长的发动机，2016 年中国对世界经济增长的贡献率超过了 30%。2008 年金融危机期间中国对于世界经济增长的贡献率超过了 50%。

当然，中国供给侧结构性改革还在路上，不能轻言成功，当前世界所面临的各种不确定性、不稳定性、不平衡性还很多，在产业结构调整的同时，还需要把防风险放在更加重要的位置上，推动中国经济的创新增长仍然任重而道远。

# 如何给中国经济"打分"：中国经济增速被低估了

国际货币基金组织（IMF）总裁的观点，其实涉及一个非常重要的问题，即如何为中国经济"打分"？

"灯火家家市，笙歌处处楼。""灯光恰似月，人面并如春。"古往今来，灯光往往和繁华联系在一起。

近年来，不少经济学家已经在研究中证明，针对一个地区灯光的卫星观测数据，能揭示当地的经济发展水平。

改革开放以来，中国经济取得了连续多年双位数增长的奇迹，特别是 2001 年加入世贸组织后，中国 GDP 更加保持了高速增长势头，这体现出中国经济蓬勃发展的动力和潜力。特别是在亚洲金融危机和本轮金融危机期间，中国经济对世界经济增长起到了稳定器的重要作用。

但与此同时，世界部分地区的市场参与者对中国 GDP 统计精度产生怀疑。这种疑问使得外界编制出一系列代理变量，用以替代中国 GDP 官方数据，供世界部分市场参与者分析和使用，如彭博指数（Bloomberg index）、巴克莱指数（Barclays index）、CAP 指数、朗伯德街指数（Lombard Street index）等。这些指数的分析结论趋同，即中国的真实 GDP 低于官方统计数据。

不过，2017 年 4 月，美国全国经济研究所（NBER）的一篇论文 *CHINA'S GDP GROWTH MAY BEUNDERSTATED* 则得出相反的结论：中国经济不仅没有被高估，反而被低估了。这一分析引起了广泛关注。

来自纽约联邦储备银行等的研究人员，通过美国防卫气象卫星计划 DMSP—OLS 卫星项目提供的全球包括中国夜间灯光数据分析发现，中国经济发展状况不但没有被高估，反而被低估了，而此前对于中国 GDP 代理变量的编制，也存在一些问题。本文即从该论文出发，分析讨论中国 GDP 统计口径及数据精度的问题。

## 用灯光分析得出中国经济被低估的逻辑

GDP 是目前衡量一国经济水平最广泛使用的指标之一，但据认为 GDP 编制中环节复杂，不利于直观分析。为形象直观反映经济状况，2007 年曾出现用耗电量、铁路运输量和中长期贷款量来衡量经济状况。

如果耗电量能够反映出一个地区的工业活动和企业活跃状态；铁路运输量则从物流角度反映贸易及生产生活的整体状态；中长期

贷款情况既可以反映出市场风险变化，又体现出对于未来经济走势的预期。换言之，通过赋予三个变量不同的权重，来研究经济整体变化情况。

通过此前对于三大变量的应用和分析，能够发现其走势同GDP相符但是敏感性更强，彭博指数等对中国GDP数据的代理变量的编制，也是通过赋予这三个变量不同的权重来实现。

根据纽约联邦储备银行等的研究人员观点，以往计算中国经济增速的文章都依赖一个重要假设：经济活动同其所应用的宏观经济指标有相关性，但其中很多关系是难以量化估计的。因此，研究人员试图通过中国夜间灯光强度变化率这一变量进行数据修正。

由于灯光数据的误差来自于天气和卫星状态，同宏观变量的测量误差无关且同GDP本身密切相关，因此通过这一变量，一方面可以对已有的变量质量进行检测，另一方面可以对影响因变量的自变量进行最优无偏估计，得到相应的计量权重。

通过剔除卫星更换干扰、省际面板差异和时间效应，报告通过计量分析，发现彭博指数、巴克莱指数等指数使用的变量系数统计意义不合理，最后得出结论：中国的真实GDP没有被高估，反而被低估了。

## 中国 GDP 被低估的原因

对于出乎意料的分析结论，文章的模型本身无法讨论其背后的机理，但作者对结论做出了合理的分析，即：中国GDP低估的原因，主要在于忽视了服务业的发展。

文章认为，随着服务业占中国经济的比例不断增大，已有 GDP 计算方法将逐渐低估 GDP 的真实水平。近年来，伴随中国政府力推的简政放权和商事制度改革，中国服务业正呈现出爆发式的增长。一季度数据显示，消费对经济增长的贡献率已升至 77.2%、服务业占 GDP 比重达到 56.5%。原有的 GDP 计算指标更侧重于工农业生产，服务业产生的经济效应未能充分考虑。

此前已有观点认为部分发达国家在向新型服务业（电子商务等）转型的过程中，GDP 将逐渐被低估，论文中的观点同上述看法相近。

# 中国 GDP 统计口径的探讨

中国的 GDP 核算体系与西方是相同的，中国在测算 GDP 时常常从需求侧使用"三驾马车"：投资、消费、净出口，政府购买量在计算时也一并归入"三驾马车"当中，这种核算方法来自于西方经济理论，因此其测算体系和西方国家不存在差异。

中国经济在以往的发展过程中，由于以往体制上的一些漏洞，偶尔有 GDP 原始统计数据造假现象，这同中国当时发展阶段和个别地区有关，但伴随改革的深入及《统计法》的实行，特别是伴随着互联网技术的普及应用，来自企业的统计数据都越来越多的是通过网络直报到国家统计局的统计数据，统计中的数据失真问题正在迅速降为零。

而从 GDP 本身的口径来看，服务业的兴起和发展对于经济发展也起到了越来越重要的作用，但这种拉动效应无法充分体现在

GDP 测算当中，因此从这篇文章的工具修正结果看，中国的真实 GDP 增速实际上是高于其他市场参与者的悲观预测，也是明显高于中国本身的官方数据。

因此，从灯光变化率分析中国经济的增速有其统计上的合理性，中国经济增长的 GDP 确实存在被低估了而不是被高估了的可能性。

（2017 年 5 月 17 日）

# 总理考察威海港，释放三重信号

钱智俊

2017 年 4 月 19 日，国务院总理李克强考察山东威海港。考察过程中，总理指出，中国作为贸易大国从不刻意追求顺差，而是希望贸易更加平衡。既要扩大出口，又要加大进口；既要进口高技术产品，还要进口高质量产品给消费者更多选择，倒逼国内企业升级。

不谋全局者不足谋一域。此次考察，总理话落威海，意指全局。从全球看中国，从中国看威海，此次讲话释放出三重关键信号，进一步明确了中国推动全球经济治理变革的全局思路。

首先，中国将积极承担全球治理的大国责任。

2016 年至今，以国际贸易为焦点，全球经济治理已陷入困局。随着全球经济复苏的长期疲弱，保护主义和孤岛主义在全球泛滥，以邻为壑的利益博弈日益加剧，地缘政治冲突和贸易摩擦不断升温。据 IMF 统计，2016 年世界商品贸易出口总额同比下降 3.3%，进口总额同比下降 3.2%。并且，IMF 强调，贸易政策的不确定性将是抑制 2017 年全球贸易的首要原因。

面对这一全球困局，中国主动表明不追求贸易顺差，兼顾出口和进口的共同增长。这一举措切中时弊，为国际社会提供了"定心丸"。这不仅践行了中国维护全球共同利益的大国责任，更将发挥中国作为第一出口大国的示范作用，打破贸易摩擦和经济失速的恶性循环，引导全球经济治理回归包容互惠的正确轨道。

其次，中国经济将提供全球贸易的增长动力。

对于稳定全球贸易，中国不仅有行动意愿，也有行动能力。根据总理的此次讲话，中国经济将从两个方面为全球贸易注入新动力。一方面，中国"消费崛起"拉动全球贸易。在全球乱局中，中国居民收入依然保持稳健增长。据 IMF 测算，2016 年中国经济增速高达 6.7%，在全球主要经济体中仅次于印度。与此同时，中国城乡居民的消费结构不断升级，消费需求由中低端向中高端迅速转变。因此，在"十三五"期间，中国居民的消费需求将实现跨越式增长，成为全球贸易的强劲引擎。

另一方面，供给侧结构性改革推动对外开放。引入高质量产品进入中国市场，将形成显著的"鲶鱼效应"，促使中国企业淘汰过剩产能、加速产业升级。2017 年，产能的"去旧育新"正是中国供给侧结构性改革的突破重点。因此，对内改革的需求将扩展对外开放的空间，产业升级与贸易平衡相互促进，从而为中国与全球经济的深化合作提供持续保障。

最后需强调的是，中国将持续坚持"一带一路"的正确理念。

在传统的全球经济治理模式中，零和博弈与大国利益优先的固有理念成为顽疾。随着"一带一路"倡议的实施，中国提出"开放包容、合作共赢"的新理念，致力于实现沿线各国的共同发展。截至 2016 年年底，中资企业的"一带一路"在建合作区达到 56 个，上缴东道国税费 10.7 亿美元，为当地创造就业岗位 17.7 万个。2017 年 5 月，"一带一路"国际合作高峰论坛将在北京举办。作为东北亚国际航运物流枢纽城市，威海则是"21 世纪海上丝绸之路"

的关键节点。

　　于此时此地，总理对贸易问题的阐述，再次验证了中国政府的合作理念，凸显出中国与沿线各国共商、共建、共享"一带一路"的殷切愿望。此举将坚定与会各国的信心，以本次高峰论坛为契机，共同搭建国际合作的新平台，携手开创互联互通的新局面。

（2017 年 4 月 20 日）

# 中德高层"老友记"诠释合作新典范

储 殷

新一季李克强与默克尔的"老友记"隆重上演。

2017 年 5 月 31 日下午，李克强总理在柏林总理府同德国总理默克尔举行中德总理年度会晤。李克强还将于 6 月初抵达布鲁塞尔，举行第十九次中国—欧盟领导人会晤。

从中欧关系等地区和全球性问题，到"中国制造 2025"对接德国"工业 4.0"等经济举措，再到与比利时首相共同出席吉利—沃尔沃新车展示会，以及"驾照互认"等具体的便民政策，李克强此访日程紧凑、议题满满。

德国是欧盟"领头羊"，默克尔总理任内已十次访华。而李克强此访，是他就任总理以来与默克尔的第 9 次正式会面，也是他 4 年内与欧盟领导人的第 5 次正式会晤，与比利时领导人的第 4 次会面。

自 2013 年担任总理以来，李克强每年都与默克尔会面，双方也成为无话不谈的"老朋友"。

在本次年度会晤中，李克强表示，在当前国际形势不确定因素依然较多、"逆全球化"思潮和保护主义倾向抬头等背景下，中德应继续秉持相互尊重，平等相待，巩固互信，深化合作，密切交流，促进贸易投资自由化便利化，维护世界贸易组织规则，以中德

关系与合作的稳定性应对外部的不确定性，共同为地区和世界注入稳定、合作、发展的积极信号。

默克尔表示，德方愿同中方本着互利双赢的精神，进一步加强贸易投资、金融、新能源汽车、医疗、人文等诸多领域的交流与合作，落实好德国"工业4.0"战略与"中国制造2025"的对接，在二十国集团框架内扩大合作。

可以说，在出访第一站，李克强总理的话里传递出明确而清晰的信号：坚决反对"贸易保护主义"杂音，"合作共赢"才是中欧关系健康发展的主旋律。

近段时间，中欧关系出现摩擦不断。2017年5月12日，欧盟委员会发布公告称，对原产中国的无缝钢管作出反倾销最终裁决，对一系列中国钢管生产企业征收29.2%至54.9%的反倾销税。

中国则向世界贸易组织"状告"欧盟。原来，中国加入WTO后，美国、欧盟等对中国反倾销调查中一直使用"替代国"做法，即以第三国某产品生产成本、价格等标准裁定中国产品是否倾销。这样一来，只要随便找一家生产成本高的发达国家做"第三国"，中国产品就构成"倾销"。这些年来，中国企业屡受"反倾销"的窝囊气，基本上都是这个原因。但这一做法有个期限：15年。2016年12月底，15年大限已到，今后要对中国搞反倾销调查，可以，但要以中国本土的标准为参照。但是，欧盟此次对华"反倾销"调查却依然如故找"第三国"，"契约精神"不知跑到哪里去了。

其实，作为自由市场经济的起源地和最早的倡导者，欧洲人自己很清楚自由贸易的进步意义以及"保护主义"的"鼠目寸光"。默克尔自己也说，保护主义和孤立主义短期或有些许甜头，但中长期将削弱本国创新能力和发展潜力。

欧盟在对华贸易问题上的"明知故犯",是当前贸易保护主义抬头的明确信号。全球经济疲软,增长乏力,大家生意都不好做,把竞争者挡在外面,争取"贸易保护"很容易成为一些商家投机取巧的选择。但"大萧条"的历史已证明,以邻为壑转嫁危机的做法,最终会让"蛋糕"越做越小,把大家坑得更惨。

钢铁产能过剩问题,过去两年来一直是中欧经贸关系中的难点问题。有论者称,欧盟形成一个漏洞百出的逻辑链条:"中国钢铁产能过剩—中国钢铁产品倾销欧盟市场—欧盟钢铁行业遭遇不公平竞争损失—大量钢铁工人失业—欧盟官方必须介入给中国施压"。实际上,在市场经济条件下,一国特定产能过剩实属正常;倾销的认定应是出口到对方市场的价格明显低于成本价或国内销售价,而中国钢铁产品在欧盟市场的价格并不低于国内市场价格;中国对钢铁行业的补贴都是在世贸组织规则下允许的补贴;再者,欧盟钢铁行业面临困难并非中国出口产品所致。

举世瞩目的事实是,近年来,中国在煤炭钢铁行业去产能的决心和力度非常大,堪称"凤凰涅槃"。人社部披露,中国钢铁和煤炭行业化解产能过剩,涉及180万职工的分流安置。其中,煤炭系统约130万人,钢铁系统约50万人。国家发改委曾提出目标:2016年去掉煤炭行业产能2.8亿吨,安置员工70万人;去掉钢铁行业产能4500万吨,安置员工18万人。

而整个欧洲的钢铁行业人员总共才33万人。由此可见,欧盟对中国的相关指责,无论从逻辑上还是从现实上讲,都是说不通的。

中国自加入WTO以来,积极参与全球自由贸易,是经济全球化的重要推动力量。从贫穷落后的状态一路走来,中国的发展成

就，是自由贸易普惠世界的最有力证明。

欧盟是中国最大的贸易伙伴，中国也是欧盟第二大贸易伙伴。李克强此次访问，签署了一系列合作协议，这说明合作共赢才是中欧双边关系发展的方向。

中德在经贸投资领域存在一些不同看法，也属正常。中国驻德国大使史明德称，应辩证看待中国的市场开放。首先，中国是发展中国家，其开放是渐进有序的过程。其次，同德国相比，中国对外开放、市场准入的水平本就不在同一起跑线上。要求双方绝对对等，既不合理，也不现实。最后，中国开放的领域在不断扩大，速度在不断加快。不少中国企业反映德国市场也存在准入以及不公平竞争问题。

值得一提的是，美国是欧盟最大的贸易伙伴，然而新任总统特朗普在竞选时就提出"美国优先"，并提出一系列贸易保护主义主张。

在美欧贸易前景不确定性增强的大背景下，中欧理应携手维护自由贸易秩序，推动双边关系继续健康发展，使中欧贸易成为全球贸易关系的典范。这不仅对中欧关系未来至关重要，更关乎世界经济稳定，避免重蹈覆辙。

李克强总理此次访问，展现出中国与欧洲正在成为捍卫全球化、推动世界开放的领导力量，中欧合作正在为这个不确定的时代带来确定的领导意志。

（2017 年 6 月 1 日）

# 中德自由贸易"二重唱"正当其时

陶短房

2017 年 6 月 1 日，正在德国访问的中国总理李克强和德国总理默克尔共同会见了记者，合作了一曲配合默契的"二重唱"。

"二重唱"的主旋律自然是自由贸易。李克强表示，中国将支持德国主办 G20 峰会，并以此向世界发出维护贸易自由化、投资便利化的积极信号；默克尔则表示，中德双方达成一致，在经贸关系等方面加强合作，共同维护自由贸易的国际规则。

在共同会见记者期间，默克尔称，两国都认可基于规则的国际贸易，支持 WTO 原则和规则。

"默克尔总理刚刚表示，要支持欧盟履行《中国加入世界贸易组织议定书》中第 15 条的义务，我们对此表示赞赏。"李克强说，"欧盟应当履行《中国加入世界贸易组织议定书》第 15 条条约义务，在针对贸易不公平制定有关新规则时也应遵循 WTO 原则。"

念念不忘，必有回响。宾主双方都感到默契和愉悦的"二重唱"，也是磨合出来的。此次访德期间，李克强与默克尔 24 小时内 3 次会面商谈。从 5 月 31 日下午举行中德总理年度会晤、当晚在默克尔郊外别墅共进私人晚宴，再到 6 月 1 日上午在德总理府举行小范围会谈，李克强 3 次就"履行第 15 条义务"与默克尔积极沟通，最终说服默克尔首次面向媒体做出上述积极的公开表态。

中德两国在此时此刻唱出如此协调的一曲"二重唱"，绝非偶然。

首先，尽管中欧间存在许多贸易领域的分歧、摩擦，但彼此间的共同利益更多且近年来正稳步增长。而在欧盟伙伴中，德国不仅是最大的经济体和中国最大贸易伙伴，也是屈指可数的出口大国，中德之间基本不存在所谓"贸易平衡"问题，同为出口国，双方在许多贸易问题上也更易互相理解。

WTO 议定书第 15 条条约义务、即所谓"替代国条款"，是欧盟针对中国出口商品"双反"的主要依据，也是对中国经济和就业稳定、对中欧经贸关系发展影响和牵制巨大的一道"坎"，能否翻过这道"坎"，对双边关系乃至全球自由贸易格局可谓关系重大。选择德国这个"大伙伴"作突破口，显然是富有深意的。

其次，如果说中国是近 20 年来 WTO 体系暨自由贸易原则全球范围内最大的受益国，那么德国则是自由贸易在欧盟范围内的最大受益国，对两国而言，在当前特朗普"美国优先"模式给全球自由贸易前景带来巨大不确定性的关键时刻，联袂登高一呼，旗帜鲜明地捍卫自由贸易原则，不仅是"救人"，也是"自救"。

此前，特朗普在其当选后首次重大外交出访期间先后在布鲁塞尔（北约峰会）和西西里岛（G7 峰会）与欧洲伙伴"对呛"，引发后者普遍不安和不满，默克尔当时便强调"欧洲要靠自己""寻找更多其他自由贸易伙伴"。而谋求欧洲各国普遍承认中国市场经济地位，正是中国多年来孜孜以求的既定目标，如果说此前彼此间尚存一些疑虑和沟通障碍，此时此刻，正寻求"自由贸易和声"的双方，无疑正期盼着对方歌唱自由贸易的歌喉。

中德自由贸易"二重唱"并非仅仅是"嘴皮子功夫"或"概念

游戏"，而是有许多深层次内容。此次两位总理在德国共同出席了
"中德论坛—共塑创新"论坛，并认真讨论了"中国制造 2025"和
德国"工业 4.0"深度融合问题，讨论了为外资营造更加宽松环境、
以创新为纽带强化中小企业合作等旨在进一步改善自由贸易环境、
氛围的改进方向，共同见证了两国间一系列双边合作文件的签署。

值得一提的是，这仅仅是开始：2017 年 7 月，G20 峰会将在德
国汉堡召开，中德这两个自由贸易的最大受益者，将再次获得一个
大好的、向世界演绎"自由贸易二重唱"的平台和"时间窗口"。

（2017 年 6 月 2 日）

# "强节奏"为中欧合作提供新动能

胡　黉

精彩剧情，看点连连。

2017 年 6 月 2 日，李克强总理与欧洲理事会主席图斯克、欧盟委员会主席容克进行第十九次中欧领导人会晤。在随后举行的新闻发布会结束时，容克抱怨耳麦故障，李克强用英语大声说，它"绝对不是中国制造"，容克回应"也不是来自布鲁塞尔"。

宾主互动，举座莞尔。

这样轻松幽默的剧情，在李克强与德国总理默克尔的互动中，更是数见不鲜。

李克强总理 5 月 31 日—6 月 2 日对德国、欧盟总部和比利时的访问，成果丰硕，给刚被美国总统特朗普"伤害"过的欧洲打入一针"强心剂"，给中欧合作注入新的活力，展现出中欧合作的"强节奏"。

从一些礼宾细节上就不难看出，欧方领导人对李克强此访的重视和期待：6 月 1 日晚，李克强刚刚飞抵欧盟总部所在地、比利时首都布鲁塞尔，就从机场直接前往欧洲理事会，出席理事会主席图斯克、欧盟委员会主席容克特意为他举行的小范围晚宴。图斯克、容克分别在下车处和电梯口迎候。晚宴后，两人将李克强一路送至楼下，在车前握手道别。

　　而相比之下，在特朗普欧洲之行期间，美欧领导人之间的会面就客套得多。此前更有传言称特朗普原本不愿意与欧盟领导人会面，只想在会议茶歇之际与他们"小叙一番"。怪不得容克作为卢森堡前首相放言，他"作为一个卢森堡人才不会害怕美国人"，直言"如今美国打算放弃其国际上的联系，中国就变得更加重要了"。

　　美国对于欧洲伙伴的疏离，固然给中欧关系带来新的发展契机，但中欧关系的发展归根结底在于中欧双方的努力。

　　而从李克强总理此次访欧的过程和结果来看，中欧合作所进入的"强节奏"并不依赖外部环境的催化，而是源于双方利益的交汇和对国际形势判断的趋同。中欧双方在坚守自由贸易、高度重视气候变化，坚持多边合作等诸多方面都有着广泛的共鸣。

　　中欧关系的发展离不开双方领导人的努力。自就任总理以来，李克强始终高度重视中欧关系。如他在本次访问中所说的，"中国一直从战略高度看待和重视欧盟，把发展对欧关系作为外交的优先方向之一。"

　　他与欧盟及各成员国领导人也早已是老相识。此访是其四年内与欧盟领导人的第 5 次正式会晤，与比利时领导人的第 4 次会面。而之前在德国与默克尔的会晤则可谓是老友重逢。这已是他以总理身份与默克尔在不同场合所进行的第 9 次正式会面。双方领导人之间的互信与坦诚相待，给中欧合作步上快车道增添了润滑油。

　　在双方领导人的大力推动下，在"和平、增长、改革、文明"的中欧四大伙伴关系的指引下，在过去几年里，中欧合作节奏渐强，在合作的内容、层次、影响等方面都有了明显的提升。

　　中欧合作的内容愈加多样。在本次中国—欧盟领导人会晤中，双方领导人就经贸、环境、安全等议题深入交换了意见，会晤后

则见证了投资、知识产权、海关、科技合作等 10 余项合作文件的签署。

这仅仅是中欧合作内容多样的一个缩影。迄今为止，双方已建立了近 70 个磋商和对话机制，涵盖政治、经贸、人文、科技、能源、环境等各领域，尤其在经贸、能源、气候变化、城镇化、文教、青年等领域都有高级别、机制化的交流。

中欧领导人年度会晤机制作为双方最高级别的政治对话机制，2017 年已是第十九届，其更是从制度上为双方促进合作、解决问题提供了保障。在此次会晤期间，"中国—欧盟蓝色年"的揭牌，标志着中欧双方在海洋这一综合性领域上的合作将大大加深。

中欧合作的层次愈加丰富。在坚定支持欧洲一体化的前提下，中国积极与欧洲各方面对接。

国家层面上，中国与欧盟机构、欧盟成员国都有着密切的合作，也在努力推动中欧次区域合作的开展，双方领导人就"一带一路"与欧方容克投资计划的对接也早已达成共识。

地方合作也是如火如荼。以德国为例，截至 2016 年年底，两国已建立 91 对友好省州（市）关系。就在不久前，德国执政党之一基社盟主席、巴伐利亚州州长基尔霍夫即到访北京、山东。

双方工商界、民间团体的交流更是丰富多彩，在布鲁塞尔期间，李克强就先后参加了第十二届中欧工商峰会和中欧中小企业合作对接会。

中欧合作的影响愈加深远。如李克强在中欧工商峰会上所讲的，中国与欧盟是维护世界和平与促进共同发展的两大力量。中欧之间的关系不仅仅是双边、地区间的关系，而是具有全球意义的，中欧双方需"以双边关系的稳定性、共同维护多边主义的一惯性，应对国际形势的不确定性"。

欧方领导人也认为，李克强此访为中欧双方"全球伙伴"的关系注入新的动力。双方在当前错综复杂的国际局面之下，只有抓住当前的合作机遇，克服双方关系中的难关，才能够为双边关系以及全球化的可持续发展打下更为坚实的基础。

当然，毋庸讳言的是，中欧关系在贸易和投资领域面临一些困难和摩擦。重要的是如何看待这些分歧和摩擦，以何种方式来解决。双方领导人时不时"串串门"，就是很好的契机：凝聚共识、增进互信、深化合作。双方之间相互理解与体认，会让分歧愈来愈小，让"同心圆"愈来愈大。

（2017 年 6 月 3 日）

# "刀刃向内"，制度创新推动科技创新

刘晓忠

国务院总理李克强最近在国务院第一会议室举行了一场"科学讲堂"，邀请中科院院士白春礼、潘云鹤、潘建伟和周琪等围绕世界新科技革命和产业变革的总体态势及人工智能、量子信息和基因编辑等专题，向国务院有关领导、各部门和部分央企负责人等做讲解。

当前新的科技变革正呈现出爆炸式增长状态，各种新事物、新技术、新业态层出不穷，决策层邀请科学家"科普"，不单是体现国务院对科技的高度关注，最主要的立足点是，更有效地了解当前科技发展的新特征，推动体制机制变革，探索出一个更符合科技发展规律的"放管服"改革，以便为中国科技发展提供更好的支持性制度框架体系。

李克强对相关部门负责人说，科研领域和高等院校也要深化"放管服"改革，这是一场刀刃向内的革命，再痛也要动刀。此语点出了这场"科技讲堂"的核心要义。

现代经济发展理论业已揭示，经济增长的秘密、利息的起源，都来自以科技进步为主的全要素生产率的增长，即科学技术是第一生产力，当前中国经济社会的转型和发展，更需要科技变革的支撑；换言之，当下的科技变革，为中国的转型和发展提供了难得的机遇。

然而，科技发展是在不确定性中探索"未知"的奇妙之旅。当前科技变革以跨学科融汇为基础，探索不是寻找规律实现趋同和归一的改造，而是尊重个体特性和个体身上承载的分散知识，为独特个体间的合作博弈营造可信、可行的场景，如量子信息、基因编辑等。为此，决策层了解当前科技发展的状况，是为了更好地为科技进步提供支持型的制度性框架，避免出现外行指导内行的决策错配风险。

这就需要我们尊重科技发展的规律，厘清权力与权利的边界，构建一个基于防护型保障和透明性担保的制度性框架体系，更好地服务于中国的科技发展。

首先，要为科技变革提供一套防护型保障体系，就是要为科技发展提供一个能试错容错的制度环境，充分尊重科研人员的能动性和创造性，为科研人员提供一套激励相容的机制，提高科研人员的报酬，充分尊重科研人员的科研自由度，改变过去那种科研经费的获取论资排辈的资源配置方式，实现基于科研项目的可行性和可信性合理分配科研资源，缓解资历浅但创新能力高的人才分享不到科研经费的问题。同时，将科研经费更多地投入到智本领域，而非所谓的科研固定资产，实现科研经费支持由补砖头转向补人头。

其次，需要搭建一个基于信任和共识的科研项目市场交易机制和环境，并完善知识产权保护体系等，为科技变革提供一套透明性担保体系。缺乏一个基于信任和共识的透明性担保体系，科研投入的分配就很容易滑落回论资排辈的传统资源配置方式，因为尽管论资排辈的科研资源分配存在种种弊端，但其在一定程度上解决了科研活动的信任问题，要打破论资排辈的分配方式，就需要一个公开、透明的科研项目筛选流程，通过同行评议、科研项目的可行性

等，为科研项目的遴选提供公开、透明的信任和共识机制，实现基于项目而非人的科研资源分配机制。

同时，完善知识产权保护体系，以保护科研人员的创造性成果，推动科研人员的成果智本化，并为可以商业化的科研成果提供有效的孵化服务体系。

此外，探寻和完善智本与资本合作的新路径和方式。当前智本作为一种生产要素，一直依附于资本之下，尽管很多企业通过股权激励、期权激励等方式，为智本进行远期定价，但智本的定价并不独立，智本依然未能获得与资本对等的地位，这客观上牵制了智本效用的有效发挥，而且在法律上智本也无法作为一种对价进行公司注册，公司依然是一种资合组织。

通过培育智本市场，基于智本的未来现金流贴现等培育智本的独立定价，推动智本作为一种资源可以直接用于公司注册，将更有效地促进科技发展；毕竟，最新的国民经济核算体系2008（SNA2008）已经将知识产权和科研投入作为资本，而非费用计入GDP核算，智本作为一种与资本对等的资源之权利理应得到满足。

总之，当前中央决策层对科技的重视，正在为中国经济社会的转型和升级提供了正确的选择，接下来需要的是构建防护型保障和透明性担保等制度支持体系，更好地为科技发展服务，而非用权力之手指导科技发展的航向。

（2017年6月26日）

# "创新体制机制"频被提及，有何深意

张德勇

2017 年 7 月 19 日，国务院总理李克强主持召开国务院常务会议。在"部署创建'中国制造 2025'国家级示范区，加快制造业转型升级"时，会议强调，在东中西部选择部分城市或城市群建设国家级示范区，要聚焦创新体制机制，与"互联网 +""双创"结合，破解制造业发展瓶颈。

这里，创新体制机制这一提法或类似提法，在国务院常务会议和其他不同场合多次被提及，也各有所指，比如针对制造业转型升级、"双创"活动、国企改革、科技创新等。盘点和梳理有关创新体制机制的表述，不难发现，其背后始终围绕着一条清晰的主线，即通过体制机制创新，减少或消除体制机制障碍，最大限度地调动市场主体的积极性。

考虑到长期以来政府存在的对市场主体的"父爱"情结，所以创新体制机制的主角，责无旁贷地应该是政府。创新体制机制的最终目的，自然是激发市场活力，推动经济平稳健康发展。因此，创新体制机制，最重要的是处理好政府与市场的关系。

当正式确定我国经济体制改革是建立社会主义市场经济体制的方向以后，党的十四届三中全会用"要使市场在国家宏观调控下对资源配置起基础性作用"来描述政府与市场的关系。随着经济体制

改革的深入以及我们对政府与市场关系的认识深入，党的十八届三中全会提出"使市场在资源配置中起决定性作用和更好发挥政府作用"。从"基础性作用"到"决定性作用"的转变，将市场在资源配置中的作用提到了前所未有的高度，其本身就是创新体制机制的题中之义。

就国情而言，要使市场在资源配置中起决定性作用，更好发挥政府作用具有十分重要的现实意义。毕竟政府这只"有形的手"存在于社会的各个角落，且由来已久。故而，管好政府这只"有形的手"，才能让市场这只"无形的手"发挥应有的作用，才能使市场在资源配置中起决定性作用。

从这个意义上，创新体制机制，根本途径就是政府自我革命，就是"要削手中的权、去部门的利、割自己的肉"。当下正在进行的"放管服"改革，正是创新体制机制的最大推手。也可以这样说，创新体制机制，都可以通过"放管服"改革来实现，减少政府不必要的干预，创造便利的营商环境，从而激发市场活力。这对于化解当下依然存在的经济下行压力而言尤其重要。

可以说，创新体制机制也是一场深刻的政府自我革命，其最大的难点和痛点自然在政府这边。鉴于此，只有政府勇下决心，敢出真招、实招且重在落实、落地有声，创新体制机制才能结出硕果，由此释放改革红利，新常态下中国经济才能实现稳中求进、稳中向好。

（2017 年 7 月 20 日）

# 旧邦新命，总理开封之行看到了什么？

黄羊滩

2017 年 5 月 8 日，冒着淅淅沥沥的小雨，李克强总理来到河南开封。走街区，探棚户；进滩区，访农民；入片区问自贸区，进工厂登拖拉机；经济数据走势如何？审批程序有无简化？总理细看、深问，具体而微，小话题有大关切。古老的开封，成了观察本届政府施政得失、改革走向的风向标。

今日之开封，曾有过"清明上河图"的绝世华章，要知道，那可不只是画家张择端画功了得，多有"神来之笔"，而根本上在于彼时的开封经济极度繁盛，"风流"之下自不乏"文采"，"文"与"实"交相辉映，才成就一段传奇，画家所绘不过市面之万一。然千年以降，风尘鸿洞，古老的开封只能在遥想追慕中搞些复古旧观，而历史上那个大城却也渐渐湮没了。

不是没有努力，也不是没有进境，只是在中原大地的城市竞逐中，不沿海、不沿边，又非交通枢纽的开封要想突围，穿越千年沧桑接续古老传奇，殊非易事。

事实上，开封的发展困境，其实也是国内诸多内陆城市共同面对的问题。一边托着厚重的历史，这历史也不仅仅意味着荣光，还有棚户区这样沉甸甸的包袱，还有未强先衰的工业部类；一边却被裹挟着走向未来，尽管这未来也许并不清晰，但却无法拒绝、不能

耽搁，只能一路向前。

好在开封赶上了一个虽不确定却也充满无限可能性的伟大时代。"周虽旧邦，其命维新"。随着中国（河南）自由贸易区的获批，开封作为三个片区之一，既面临着巨大的挑战，更迎来了难得的机遇。用总理的话说就是，开封过去以"古"闻名，今天通过自贸区要以"新"出彩。

今日开封之"新"，不是一个自贸区的新称谓，而是"中原突围"的绝地求生。据披露，河南自贸区开封片区大胆改革，先行先试，敢闯敢试，在"三证合一、五证合一"基础上，按照国务院多证合一的要求，整合为"二十二证合一"，以"减证"带动"简政"。

目前，这里已经形成了具有开封特色、在全国具有超前性和开创性的"放管服"改革举措："四个五"行政审批服务新模式。商事制度五大类（许可默认备案、信用承诺即入、证照脱钩助推、专家团队帮扶、特色套餐服务）；投资建设项目"五个一"（一口受理、一体审查、一文批复、一链监管、一网运行）；提高投资建设项目效率五项保障措施（以规划代立项、多规合一、整体评勘、联合图审、统一验收）；提高投资建设项目服务的五项措施（"帮办服务"、"缺席默认、超时默认"、容缺预审、联合踏勘、二次退件报告）。

尽管在外人看来这些"四"和"五"不无繁琐，甚至可能被疑为有拼凑之嫌，但"繁琐"的另一面恰恰是为行政权力划定了明确的边界，而惠泽企业主体的"拼凑"，本身就是一种宽容与善意的体现。这样，本届政府高度关注的简政放权、放管结合、提升服务，在这里均找到了稳固的落点。若能真正落实到位，激发市场的活力和社会的创造力，又有什么不好？

据披露，当地通过"放管服"改革，新登记注册企业时间缩短

4/5。截至 2017 年 5 月 5 日，自贸试验区开封片区一个多月新增注册企业 586 家，新增注册资本 260 亿元。难怪总理称赞，创建自贸区目的是打造改革开放高地，最终要让审批程序越来越简，监管能力越来越强，服务水平越来越高。

而以自贸区为牵引，开封工业企业的发展也多有可观。总理在考察中联重科开封工业园时，不仅登上一辆自主生产的 230 马力拖拉机，还在企业开发的工程机械物联网云平台大屏幕前驻足良久。前者事关中国制造，而后者则关系到大数据、云计算、物联网的广泛应用，并直接助力宏观决策。

制造业是国民经济的主体，是科技创新的主战场。2016 年 5 月 23 日，李克强在湖北十堰东风商用车重卡新工厂亲自为新型重卡加油。总理说，这不仅是为东风加油，也是为中国制造加油！此次在开封又登上了中国造大马力拖拉机，其对中国制造的深切期许自不待言。而大数据、云计算、物联网的广泛应用，也为传统产业转型升级、新旧动能转化提供了强大动力。

此外，总理此番走访开封，不仅走进了老城区的棚户区，也冒雨探访了黄河滩区的农户。在棚户区，总理再度强调老城区居住环境改善是迫切需要。这也让人想起，前不久总理在济南市走访棚户区时的表态，他说，棚户区是城市"洼地"，我们一定要把这块洼地垫高，尽最大努力，早日让你们住上新楼房，过上新生活。

而在黄河滩区一户居民家，总理还与地方负责人算了笔细账，"这个房子成本多少、补贴多少，财政资金能不能平衡？"总理说，黄河滩区群众迁建能给百姓带来实实在在的好处。

无论是简政放权的政府改革，还是棚户区改造、黄河滩区农民迁建，抑或是中国制造与物联网，总理心心念念牵系的，始终是中

国偌大疆域的均衡发展，以及此一背景下民众福祉的均等化。民之所往，施政所向。尽管在不同的地区关注点可能有所侧重，但其民生情怀的底色是一致的，强调民众获得感的导向是无疑的。

从这个意义上讲，总理开封之行，或可视为一次接地气的"解剖麻雀"，所有的关切与努力、焦灼与欣慰，都将外化为对现实问题的破解之道。

（2017 年 5 月 9 日）

# 二、信息公开论

# 地方党报"九问"高铁线路的决策之争

王 琳

近日，一则地方党报河南省《濮阳日报》"九问"高铁线路设站的消息，备受关注。

具体来说，京九高铁途经濮阳却不在濮阳设站，点燃了濮阳人的委屈火药桶，各种"不答应"此起彼伏。那条据称在某个讨论会上被"敲定"的路线"完美避开了濮阳"。从网上流传的一张规划图来看，高铁若经濮阳，线路顺直，亦无山川阻隔，应有利于工程建设。而绕过濮阳的路线的确显得奇怪，若没有合理的解释说明，濮阳人义愤填膺、奔走喊"不"实是自然，也足以吸引来自旁观者的更多同情。

这一事件其实不仅仅关乎濮阳长达33年无客运火车站的历史，更关乎新的线路规划在决策上是否理性、科学。有媒体披露了某次讨论会视频所展示的一幕：铁总负责人王某华拍着桌子对与会的濮阳副市长说："铁路不可能修到每个人家门口"，副市长立即反呛："可以修到你临清家门口。"

这幕场景似乎佐证了传说中的"因人划线""因人设站"，其背后仍指向一个能否彰显公平与公正的决策机制。铁路的确不可能修到每个人家门口。换句话说，高铁线路规划不可能让每个人都满意。对线路规划的意见，也得言之有理才能成为真问题。而"可以

修到你家门口"的诘问，并不是单纯在为本地抱不平，而是暗示出线路规划背后可能存在利益关联，损害了不同地区之间在享受资源配置上的不公平。

目前尚无法判断，濮阳人的委屈是否就是源于有人利用权力干涉了线路走向。这需要决策者根据线上线下的舆情指向，主动回应社会关切。对公众基于有限的信息公开产生的合理怀疑，也得给出合理的解释。全媒体时代对政务信息公开和决策危机应对工作最大的改变，就是通过压力传导和便捷的互动平台，构建了一个"回应型"舆情生态良性互动才是时下这座舆情迷宫的出口。

当然，要实现与民意的良性互动，科学决策、理性决策是前提。决策者才是舆情应对的第一责任人，这个角色在实践中常常被抛给各机关、各部门负责宣传或公关工作的人员。"巧妇难为无米之炊"，没有科学、理性的决策，再好的公关也难以平息民意的批评和舆情的诘问。

树立科学决策意识，健全决策机制，完善决策方式，规范决策程序，这些都不能算是新要求。科学决策的意义主要在于降低决策的风险和成本，提高决策的质量。民意常常批评的"拍脑瓜决策"，就是因决策的盲目性和随意性，而往往导致劳民伤财的后果，并践踏社会公平公正，妨害社会发展和民众福祉。

决策的失误是最大的失误。在改革已进入"全面深化"的关键时期，社会结构深刻变化，利益格局深刻调整，人的思想价值观念也日益多元化，经济运行中一些长期积累的矛盾和问题没有得到根本解决，要统筹兼顾各方面利益殊为不易，不但决策的作出和执行变得艰巨而繁重，决策的风险和难度也在不断加大。决策科学与否，或关系一项工作的成败或关系一个地方发展的好坏。

　　因此，从决策开始，就要融入民主决策的程序和机制，自觉遵循科学思想，充分尊重事物的客观规律，并做到决策程序的信息公开与透明，通过强化决策责任，来保证决策的理性与有效。

（2017 年 8 月 9 日）

# 工业渗坑存在多年，何以今天才被"发现"？

麦　田

2017 年 4 月 18 日，民间环保组织"两江环保"披露，在河北省廊坊市大城县赵扶镇和天津市静海区内，发现面积均超过 15 万平方米的工业污水渗坑。4 月 19 日下午，环保部表示将会同河北省政府组成联合调查组，赶赴现场进行调查。而据中国环境报报道，2013 年，大城县另一乡镇也曾被发现存在 4 个巨大的"无主渗坑"，经长年累积，总面积超过 20 万平方米。

俯瞰两江环保组织提供的污染地图，苍茫的天底下，几个巨大的污水坑，排列有序，边沿有致，居然呈现出深邃的蓝色、淡淡的玫瑰红，以及富有层次的铁锈红……它们与周边的工厂、村庄共存于同一个世界，平静而祥和。如果不讲明这片片深邃、浩浩淡红乃是多年来工业排放的污水，恐怕很少人会感到有什么不适、不满乃至愤怒。

事实上，周边的民众对此早已淡漠，甚至习以为常、不以为意。渗坑，已经成了这里的伴生物，并无任何"违和"之处。倒是对于网上的汹涌民意，以及种种质疑、震惊云云，颇有些"何必大惊小怪"之慨。

地方上的"淡定"显然其来有自。一者，罗马不是一天建成的，渗坑也不是一天聚成的。如此超大规模的工业污水渗坑能够成型，必然是经历了多少年的累积，且之所以没有在北方的天空下很快干涸，或者完全渗入地下，也是不断有"源头活水"次第补充进来的缘故。再者，地方的治理恐怕也是"雷声大雨点小"，尽管当地多年前就启动污水渗坑治理行动，但从现在民间环保组织披露的事实看，治理的效果并不明显。不是说，早在2013年，此间就发现过总面积超过20万平方米的渗坑吗？4年过去，旧伤可能还没有痊愈，而新的创口又被发现，这让原本寄寓了满满期望的民众看来，情何以堪！

对于这样的庞然大物，当地环保部门能不知情？地方政府能无察觉？不要忘记，这里可不是什么人迹罕至的腾格里沙漠，而是就在京城边上，就在人烟密集、车辆辐辏的华北大平原上，更不要说，有一个坑还在天津地界。知情、察觉，而无动于衷，竟然要等到民间环保组织来披露，来引起国家层面的重视，显然是不正常的。

据新京报记者现场探访看，大城县赵扶镇境内渗坑附近的企业已经停工，直排口流淌的也是透明水流，但这并不能说明，渗坑就与企业无关。如果真的是"无主"的，那污水究竟又是从哪里来的？

即便果如河北环境执法人员2013年所言，这些污水的来源主要是一些化工、电镀等污染企业多年渗坑排放污水积存下来的。那么，这样的解释只是说明了污水早前的形成原因，却并不能解释何以一直会存留下来，并呈现四处开花的态势。

尤其值得警惕的是，《新京报》记者在大城县赵扶镇现场发现，一个渗坑一半的面积已被填平，用棍子拨开外表后，可发现散发着臭味的黑色淤泥。这样"猫盖屎"的做法表明，当地已经感应到外部的舆论压力，并着手治理（掩盖）这些渗坑。在污染程度、环境

影响尚不清楚的情况下，草草掩埋，其实还不如不治理。

现在，随着环保部与河北省政府的介入，相信会有一个相对准确客观的调查结果。而只有搞清楚了真实情况，科学收集相关数据，并进行环境评估之后，方才能够对症下药，拿出治理方案。

当然，也希望环保部的调查不妨在盯紧大城县的同时，也扩大范围，彻底搞清楚华北平原上究竟有多少渗坑。据此前《财新周刊》报道，在河北石家庄东部的滹沱河下游地区，因为当地大力发展皮革、印染、食品、镀锌等产业，污水直排，也形成很多工业污水渗坑。长年累月的排放，不仅影响了河道，也对当地的地下水安全造成严重的威胁，很多村庄连农民的吃水也成了问题。

水体污染不是一天形成的。多年来粗放式的发展方式在获得经济增长的同时，也遗留下诸如大气、水体等严重污染。一个个排列在平原上的工业渗坑，就像是一只只触目的眼睛，在看着政府与企业，如何实现良性治理，并不是一件轻松的事情。但无论如何，当下最要紧的是，应该立刻斩断继续排放的污水链条，先解决增量问题，然后，才谈得上解决存量问题。

一味躲避，一味遮掩，无济于事；唯有直面问题，方才有可能解决问题。

（2017 年 4 月 19 日）

# 用制度防止"红顶中介"借尸还魂

胡印斌

据中国政府网消息，国家发展改革委日前曝光了 8 起行业协会违规收费的典型案例。中国石油和化工勘察设计协会、中国建筑装饰协会、吉林省气象学会、上海市供水行业协会等协会涉嫌利用行政职能擅立收费项目、强制服务收费。国家发改委强调，各级价格主管部门将继续严查行业协会违规收费，查处一起，曝光一起。

国家发改委严查涉企行业协会收费，严厉打击"红顶中介"滥用行政权力的违规行为，传导给市场一个积极的信号。从此番曝光的 8 起案例看，有全国性的行业协会，也有地方性协会。其共同特征是，利用协会承担的部分行政职能，向企业收取评审费、评介费及培训费，提供服务是"表"，收取费用是"里"。

以中国石油和化工勘察设计协会为例，该协会业务范围十分广泛，包括行业发展规划调研，规划、编制、修订、审查国家标准和行业标准，承担全国化工工程师执业注册，开展石化工程勘察设计、工程咨询等，属于典型的半官方"红顶中介"。此次被曝光，系因在承接审批部门委托的鉴定评审中，违规向企业收取鉴定评审费，2015—2016 年违规收费 100.83 万元。

企业为什么会甘愿支付这样的违规收费？无非是这些行业协会

的"来头"都很大，可以分得若干业务主管单位的"残羹冷炙"，其所承接的评审、培训等具体事务，往往也由公权力部门委托，拥有"合法伤害权"。可以说，企业若想继续在这个行业里，必然绕不开这些形形色色的协会。即便无所求，也只好花钱消灾。

尽管这些年来国家有关部门三令五申规范"红顶中介"的违规收费行为，但只要权力运行得不到规范运行，则趋附于权力缝隙中的协会自然有各种花招与伎俩继续招摇撞骗，依然"戴着政府的帽子，拿着市场的鞭子，收着企业的票子"。

据审计署 2017 年第一季度重大政策措施贯彻落实情况跟踪审计显示，当前，"红顶中介"仍十分猖獗。比如，上海市、国家文物局的 3 家单位和中机技术车辆服务中心，依托行政权力或履职便利，违规收入 1.15 亿元；上海市和江西省的 3 家单位，未按规定取消行政审批或职业资格鉴定、重复备案；质检总局部分所属检疫处理单位，依托部门权力开展经营活动，检疫处理收费利润较高。

另据《新京报》报道，2013 年至今，中央巡视组在 12 轮巡视中，亦点名通报 7 个部委存在"红顶中介"问题。诸如国家安监总局所属协会学会"靠机关吃企业"，环保部环评技术服务市场"红顶中介"现象突出，农业部行政审批领域"红顶中介"、迂回型权钱交易等权力寻租，交通运输部"有的社团组织依托行政权力充当'红顶中介'"，住建部"大政府不作为、二政府乱作为"，国家知识产权局"靠专利吃专利"，等等。

屡治屡犯的"红顶中介"乱作为，不仅加重了企业的制度性交易成本，截留、抵消了简政放权的改革红利，也扭曲了政府与市场的关系。中介组织利用权力威慑、政策优势，从政府部门获得权力寻租的资源，充当掮客，勾兑利益，也容易滋生腐败，并最终损害公共利益。可以说，众多喝企业血、蚕食公共利益的"红顶中介"，已成为当下经济社会发展的一大障碍，有待于采取更严厉的手段加以治理。

据不完全统计，自2014年至今，李克强总理至少有8次在各种会议上，强调治理"红顶中介"问题。在2017年1月4日的国务院常务会议上，总理再次强调，"许多收费的中介服务是和行政机关暗中连在一起的。企业不经过这些中介服务，就别想拿到必要的行政审批和行政许可。这就给企业造成了直接的负担，必须进一步加大清理力度"。

打击"红顶中介"违规收费，一是要斩断"红顶"与"中介"的联系，推进行业组织和政府部门脱钩。这项工作目前已在进行，但并不彻底，依然藕断丝连。这其中，不排除利益固化格局下"去权力化"的艰难，也与政府部门简政放权不彻底、不到位有关。下一步，亟待强力推进政府自身的改革，真正实现让政府的归政府、市场的归市场。当然，也要从协会、学会的章程改起，切割协会与官员的关系。

二是必须规范各项涉企收费。任何带有行政色彩的强制性收费均是向企业、向社会伸手，均是在加重企业和社会的负担，也因此，必须纳入严格的制度轨道。即便一时难以完全做到"收费法定"，也应该有明晰的规则和边界。比如，完善收费目录清单制度，实现各项收费的公开透明，等等。

此外，相关惩治制度也该跟上。像涉企收费专项检查、社会监督等，应该常态化，要形成一张严密的制度网络，并畅通各种举报渠道，坚持"露头就打"。发现一起，曝光一起，惩处一起。必要

的时候，不妨引入退出机制。对于那些无视制度法规、肆意违规收费的行业协会，该整顿的整顿，该清除的清除。如果总是不咸不淡的"罚酒三杯"，恐怕很难廓清迷雾。

（2017 年 8 月 22 日）

# 净化政治生态，莫使"失我祁连山"

斯　远

中办、国办 2017 年 7 月 20 日就甘肃祁连山国家级自然保护区生态环境问题向全社会公开通报，对副省长杨子兴，省委常委、兰州市委书记李荣灿，省人大常委会副主任罗笑虎三名副省级官员，以及其他 8 名负有主要领导责任的责任人作出党内严重警告、行政撤职等等不一的处分。另外 7 名负责人由甘肃省委、省政府进行问责。

因为环境问题，中央采取如此凌厉问责措施，处分了一批干部，并不多见。这也表明，甘肃的问题确实非常严重，不得不施以"雷霆重击"。也唯有如此，方才有可能让那些执迷不悟的官员醒醒神。

事实上，问责之前，并非没有"苦口婆心"的提醒与批评。据报道，早在 2015 年 9 月，环保部、国家林业局就对甘肃省林业厅、张掖市政府进行公开约谈，然而，甘肃省没有引起足够重视，其后的生态修复和整治工作进展也拖沓缓慢，截至 2016 年年底，仍有 72 处生产设施未按要求清理到位。这才有了 2017 年 2—3 月中央环保督察组的进驻。

那么，祁连山保护区的生态恶化到了什么境地？据披露，保护区内 144 宗采矿、探矿项目中，有 14 宗是在 2014 年国务院明确保

护区划界后违法违规审批延续的。同时，当地在祁连山区域黑河、石羊河、疏勒河等流域高强度开发水电项目，建有 150 多座水电站，其中 42 座位于保护区内，存在违规审批、未批先建、手续不全等问题。

事实上，每一个生态环境问题的背后，都是政治生态出了问题，均反映出地方官员的不作为和乱作为。据披露，当地在生态保护与经济发展之间，一直存在搞变通、打折扣、开绿灯的情形。

比如，政府法规为环境违法护航。国家的自然保护区条例规定"禁止在自然保护区内进行砍伐、放牧、狩猎、捕捞、采药、开垦、烧荒、开矿、采石、挖沙"等 10 类活动，而到了《甘肃省祁连山国家级自然保护区条例》，却缩减为"禁止进行狩猎、垦荒、烧荒"等 3 类活动。"放水"的采石、开矿等 7 种活动恰恰是这几年高发的行为。此外，《甘肃省矿产资源勘查开采审批管理办法》也存在与国家相关法律不一致的情况。

又如，政府部门为地方政府违规审批。金昌市下泉沟马营沟煤矿已被省政府列入退出关闭的煤矿，但金昌市地方政府要生产，于是安监部门又违规核发了相关手续。

还有，地方政府欺上瞒下，规避整改。如张掖市在整改中就瞒报了 31 个矿产的整改项目。

这些问题的出现，与畸形的发展观有关，但根本上还在于政治生态的败坏，从而导致了"政令出不了中南海"。

一方面，当地各市各部门均有自己的"小九九"，政绩诉求仍是主要的施政指挥棒。中央督察组也指出，祁连山生态的严重破坏，根源在于甘肃省一些干部依然只看重经济发展，而轻视生态保护。

另一方面，"时任省委、省政府"，也确有不可推卸的责任。与中央三令五申加快转变经济发展方式、推动绿色发展的要求相悖，近年来甘肃省一直沉浸在"大干快上"的亢奋语境中。据当地媒体报道，当地高喊"无中生有"抓项目等口号，唯GDP论，强调做大经济总量，而完全无视西北地区干旱区脆弱的生态承载能力。即便也强调生态优先，但基本上仍让位于经济发展。

类似的情形并不鲜见。一些地方的生态恶化，固然与此前多年粗放发展带来的环境存量有关系，但在中央确定"五位一体"总体布局和新发展理念之后，仍阳奉阴违，选择性执行，则无疑加剧了生态环境的恶化。

而这均与地方"主要负责同志"有着密切关联。

以河北为例，去年中央环保督察组对河北省通报时就指出："省委原主要领导对环境保护工作不是真重视，没有真抓。"具体体现为，2013年至2015年省级财政配套大气污染防治专项资金仅占中央财政拨款的15.5%；省发改委等有关责任部门在压钢减煤、散煤治理、油品质控等方面监督检查流于形式；河北省散煤污染治理推进缓慢，2015年洁净型煤推广仅完成年度计划20%左右；等等。

天津的情况也与之类似。这些地方环保意识不强、履职不到位、执行不严格，最终也导致了京津冀环境治理困难重重。近两日，环保部连发两则通报，先后点名批评天津和河北唐山。

也因此，治理生态环境，必先治理地方政治生态。对造成生态环境损害负有责任的领导干部，必须进行严肃追责。任何在履行生态环境保护职责过程中的不作为、慢作为、乱作为、假作为等行为，都应该受到惩处。生态文明、环境友好，绝不是可有可无的点

缀，也不是可松可紧的软约束，而是必须坚决落实的硬任务，是实现未来可持续发展的关键。

当下，我国发展与保护的矛盾依然突出，环境承载能力已经达到或者接近上线，环境污染严重，生态风险大，环境风险高，生态产品供给与需求的矛盾加剧，生态矛盾成为建成小康社会的突出短板，环境保护还处在负重前行的关键时期，理应坚决摒弃以牺牲生态环境换取一时一地经济增长的做法。

"失我祁连山，使我六畜不蕃息；失我焉支山，使我嫁妇无颜色。"祁连山如此，其他各地也是如此。当此之时，尤其应该切实推进经济发展方式转变、环境污染综合治理、生态保护修复。并以此为契机，严厉问责，净化政治生态，改变官员不作为、乱作为给生态环境带来的危害。

（2017 年 7 月 21 日）

# 斩断"权力通吃"的贪与诈

任　君

此前闹得沸沸扬扬的江西景德镇市委原书记许爱民入选"中国陶艺大师"一事，有了最新进展。

据《中国青年报》报道，一份来自国资委行业协会商会党建工作局的函件显示，中国陶瓷工业协会在中央纪委发布立案审查许爱民的公告后，已及时按章程作出决定，取消江西省政协原副主席、景德镇市委原书记许爱民的"中国陶瓷艺术大师"称号，并向社会公布。不过，在中国陶瓷工业协会官网上，尚不能查到关于免去许爱民的"中国陶瓷艺术大师"称号的消息。

此前，中纪委的公告指出许爱民"骗取'中国陶瓷艺术大师'称号荣誉"等，决定给予许爱民开除党籍处分，取消其副省级待遇，降为副处级非领导职务。

人已经处理了，那顶骗来的"中国陶瓷艺术大师"称号，为何难以痛痛快快地摘掉？既然声称"向社会公布"，为何又遮遮掩掩？这中间，又有着怎样诡异的逻辑？这个市委书记的"陶艺大师"名头为何来无影去无踪？

据披露，许爱民当初获选"中国陶瓷艺术大师"称号，本身就十分蹊跷。根据相关章程，"陶艺大师"需逐级参评、初评，最后才是专家组评审。而许爱民并没有参加初评，在江西省报送北京的

35 名候选人名单中，起先并无许爱民，是江西省后来补报的。从程序上讲，这显然存在违规情形。此外，许爱民多年来一直在政界为官，任职履历并不符合"大师"的参评条件。即便曾任教景德镇陶瓷学院，也是 20 多年前的事情了。

尽管不排除许爱民可能确实倾心于陶瓷艺术，甚至也不乏深刻的心得，但从一个市委书记，摇身一变成为"中国陶瓷艺术大师"，这中间的跨越还是太大了，也没必要。许爱民若真想搞好"瓷都"的陶瓷产业，做好市委书记的本分就是了，大可不必把"陶艺大师"的称号收入囊中。

说到底，这也是一种"贪"和"诈"。也即，贪恋名位，欺诈公众，挟公权力之赫赫威势，搞权力通吃那一套。一个市委书记，想博取一个虚名，至少在操作层面，并不存在任何障碍。即便有堂皇的评选章程在，也是一种摆设，不可能拦住书记的疯狂攫取。况且，主办方也未必不愿意乐见其成。明为"骗取"，实则不过是一桩赤裸裸的、两相情愿的交易而已。

实际上，类似一官多职、权力通吃的现象所在多多，并不鲜见。此前落马的天津市政协副主席、市公安局局长武长顺，就是一个无所不能的"神人"。他不仅拥有博士文凭和正高级工程师职称，是多所名牌大学的兼职教授，撰写并发表专业论著 10 余部、学术论文 20 余篇，还是一个"大发明家"，拥有 35 项发明专利，其中有 34 项是在天津市公安局局长任内发明的。

还有那个原铁道部运输局局长、副总工程师张曙光，仅 2007 年一年就一口气出版了两本专著，发表了 5 篇论文。这一年，他也成为了中科院院士增选的有效候选人。尽管其后连续两次冲击院士落败，但第二次居然"只差一票"，离进入最高学术殿堂仅一步之遥。

近年来，随着社会的开放，官员的行为也日益张扬。他们中不少人热衷于各种名位，并习惯以公权力作为筹码，猎取其想要的任何东西。此种现象泛滥，并非本人多才、多能，也并非完全怪个人贪婪，而根本上还在于当下的制度体系缺乏必要的约束。

一方面，官员的行为选择很大程度上取决于自律，来自上级的监管也不可能细致到凡事都有禁令、都划禁行线，这其中，很多东西都有待于官员自己恪守某种行为的边界，不去随意逾越。而某些官员到了一定职务，基本上就可以予取予求。

另一方面，在当下权力主导资源配置的语境下，官员往往也是众多力量环伺围猎的对象。不要说一个荣誉称号，就是实实在在的职务，你想要的给你送来，你没想到的也会帮你想到。据中组部 2013 年披露，仅一次清理整顿，清理党政领导干部在企业兼职 40700 多人次。由此可见一斑。

若听任此风蔓延，不仅会败坏地方的政治生态，也必将严重侵害社会的公平公正。因此，有必要以严厉的制度扭转风气，堵塞其中可能的腐败漏洞，彻底杜绝权力的任性妄为。

2017 年全国两会期间，李克强总理强调：我们要让权力不能任性，就得把那些不应该有的权力砍掉，有些涉及部门利益，要压缩寻租的空间。这不是一个简单的过程，从中央政府一直到地方、到基层，要打通"最后一公里"。

确实如此，"大道至简，有权不可任性"，理应成为为政者的铁律。

（2017 年 6 月 6 日）

# 政府"自改革"是改善营商环境的关键

胡印斌

"你们自贸区的大门修得很气派，现在面子有了，但更重要的是里子。我们搞自贸区就是要打造改革开放的制度高地。辽宁要抢抓机遇，开门引资，开门引智，汇聚起新一轮改革发展的强大动能。"

李克强日前在考察辽宁自贸区大连片区时说，有了自贸试验区这个平台，关键是要不断注入改革开放新内涵，使之成为振兴东北老工业基地的新引擎。要以推进供给侧结构性改革为主线，通过持续深化"放管服"改革，降低制度性交易成本，为各类企业创造更好营商环境，吸引更多社会资金和外资到东北投资兴业，以改革红利激发企业更大活力。

总理这番话，应该不光是说给辽宁听的。

现实中，不少地区并非没有发展的诉求，然而，在实践过程中却往往刻板僵化，逐级表态，层层转发，以会议落实会议，用态度代替作为，等因奉此，不一而足。这样的状态显然很难为企业提供一个高效、友好的发展环境。这不仅会大大加剧制度性交易成本，还可能给企业带来诸多不确定性，市场怎么可能会有好的预期？

日前，一名河南新乡籍深圳创业人士给新乡市直机关一名干部写了封信。信中历数新乡市发展环境中的乱象：新官不理旧事、说一套做一套、不作为慢作为、只是抬头望天而不对本乡人才负责，等等。这封信引起了新乡市委书记张国伟的重视，他要求各单位直面问题、揭短亮丑，真正把顽疾解决、根治。

事实上，类似的情况，并非新乡独有，而几乎是欠发达地区的通病。2011年，北大博士冯军旗曾在河南某县挂职，后来写出博士论文《中县干部》，引发普遍关注。其中也不乏对地方发展乏力的观察与分析。

可见，光有发展的紧迫感、总是等待上边提要求，不可能自然形成良好的发展环境。关键仍在于地方政府要从自身改革做起，切实践行简政放权，简化审批程序，优化各项服务，把转变作风、鼓励"双创"落到行政运作之中，而不是停留在形式上。市场不活跃，民众创业艰难，很大程度在于政府没能摆正位置，越俎代庖，过多干预了微观经济。

地方各部门单位不能再沿袭以往"开门招商、关门打狗"的老办法，否则，要么无限期搁置，把投资放黄；要么胡乱地干预，把项目搞死。事实上，这些年来，因为不断受困于政府管制，很多企业已经"学精了"，此处不好干、干不好，大不了选择用脚投票，逃离。何况，在区域竞争日趋激烈的背景下，哪个地方的营商环境更好，企业自然还有所选择。

2016年，李克强总理在国务院振兴东北地区等老工业基地推进会议上，也曾提及，"网上有一种说法，叫'投资不过山海关'。东北可千万不能让这种说法变成现实啊！"

"投资不过山海关"，这种说法可能有些夸张，但东北近年来民间投资不活跃，确实也与营商环境治理不力有着很大关系。也因

此，总理明确提出，东北要"首先要从自身改革做起！"

一个不争的事实是，营商环境的败坏可能会像坐过山车一样高速下坠，而改善的过程则千难万难，必须舍得割政府的肉、割权力的肉、割利益的肉。唯其持续加力，方可久久为功。而且，还要防范因为路径依赖而出现反弹，进而走回到老路上去。这方面的例子屡见不鲜，改革之难也正在于这种顽固性反复。

2017年6月13日，李克强总理在全国深化"放管服"改革电视电话会议上强调，"营商环境就是生产力！"他说，各地既要积极抓项目建设，更要着力抓环境建设，由过去追求优惠政策"洼地"，转为打造公平营商环境的"高地"，真正做到审批更简、监管更强、服务更优。

这其中，一方面固然是要做"减法"，把现在繁缛的前置审批程序减一减，进一步降低创设企业的制度性交易成本，能交给市场做的事情政府就不要插手，等等。

而另一方面，更要做"加法"，政府要在加强事中事后监管的同时，多一些服务企业的意识，进一步营造国际化、法治化、便利化营商环境，进一步推动大众创业万众创新、培育发展新动能。官员要有主动担当的意识，不能事事袖手，高高挂起，甚至不作为，在法律与政策允许的范围内，其实还有很大的回旋余地可以施展作为。

新乡籍创业人士信中披露，经历"5年4任书记和市长"。同样，据报道，临近的河北邯郸多年来没有一任市长干满5年任期，9任市长的实际任期平均不到2年。主要官员就像走马灯般来来去去，极大影响了地方发展的连续性，长此以往，怎么可能有时间做事情？这种状况同样属于政府治理层面的问题，也该引起重视了。

如果城市的决策者、管理者都能够打捞沉没的声音，从纷繁民意中找到问题、查出病症，闻过则喜，有则改之，则必然会出现"金声玉振"般的发展合鸣。

(2017 年 6 月 29 日)

# 居民收入增幅赶超 GDP 是风险的缓释器

刘晓忠

国家统计局最新公布的一季度宏观数据显示，2017 年一季度 GDP 同比增长 6.9%，高于预期的 6.8%，为全年经济发展预期目标开了个好头，打下一个相对扎实的基础。在最新公布的诸多指标中，居民收入同比增长 7.0%，持续高于同期 GDP 同比增幅，这是自 2013 年第四季度有数据以来连续 12 个季度，居民收入同比增幅高于同期 GDP 同比增幅。

居民收入同比增速高于同期 GDP 同比增幅，凸显出这一时期居民收入在国民收入中比重的小幅提升，一定程度上缓和了在国民收入的初次分配中，收入更多向企业和政府倾斜的症结；同时，最新数据显示一季度城乡居民人均收入倍数差为 2.57，比上年同期缩小 0.02，也凸显出城乡收入差距在小幅缩小。

不过，从近年来的走势看，居民收入同比增幅与 GDP 同期的同比增幅之差，呈现出持续缩小的态势。如 2013 年第四季度居民收入同比增长为 10.9%，比同期 GDP 同比数据 7.6% 高 3.3 个百分点；2014 年一季度居民收入同比增长为 11.1%，比同期 GDP 同比数据 7.4% 高 3.7 个百分点；等等。而至 2017 年一季度，两者的差缩小到了 0.1 个百分点，凸显出居民收入增速呈现出典型的边际递减态势。

特别需要指出的是，由于居民收入在国民收入初次分配中的比重一直较低，即基数小，这预示着新的经济增长中，居民收入在国民收入初次分配中的占比存在不升反降的风险隐患。居民收入分配增速的边际递减，目前正在影响居民的最终消费问题，尽管最新数据显示，一季度社会消费品零售总额再次达到10%，暂时缓解了前几个月社会消费品零售总额同比增速跌破两位数的现象，但是从一季度居民人均消费支出同比增速为6.2%，显著低于2016年同比的7.05%和上一季度的6.8%看，居民收入的增收对消费支出的支持呈现边际递减态势，消费对经济的贡献度也将在边际上呈现出偏弱趋势。

这种情况警示，2017年经济良好的开局，更多依赖于投资和出口的短期效应，如最近几个月内诸如挖掘机等高达200%的同比增幅，可能有相当大的原因是旧机器的折旧和残值处理带来的，如挖掘机等机器设备的折旧期一般在5年左右等，这预示着近期推动GDP上行的动力，居民部门参与进去的相对有限，经济增长进入居民部门的收入也相对有限，至少目前看经济短期的增长与居民部门的收入存在脱节现象，这种脱节现象是否持续将有待继续观察。

其实，这是中国经济多次出现产能过剩等所共有的现象，低基数的居民部门收入若无法持续通过高于GDP增速提高在国民经济初次分配中的比重，尤其是，随着2016年以来，国内主要城市房价的续创新高，城镇居民的生存压力正在加重，房价对城镇居民消费支出的压抑，国内最终消费市场就难以提高，经济的内生增长动力就会存在持续性、稳定性风险隐患，产能过剩、去杠杆及经济结构性转型升级等就难以克服知易行难的难题，高杠杆、高负债等问题就会让经济变得更具不确定性。

为此，当前政府不仅需要对企业进行减税清费的休养生息，同时更需要通过减税清费等手段，提高居民部门的薪资收入水平，使国民收入更多地向居民部门倾斜。

其理据是，如果将更多的经济金融资源，通过更多优惠政策向企业倾斜，而企业在产能过剩和自主创新能力不足等情况下，企业和政府的新投资难以形成有效的生息资产，那么通过减税清费降低居民部门的税费负担，如加快推进个人所得税改革，尽快实行以家庭为单位的综合计征制度，减缓个税累进税率层级，抬高免征额等，提高居民部门在国民收入中的比重，将有助于刺激内需甚至刺激出消费的乘数效应，并同时缓解居民家庭部门日益扩展的资产负债率。

近年来最大的加杠杆部门是居民，居民净增的负债杠杆若失去稳定收入的增幅，居民的收入偿债比将呈现恶化态势，而一旦社会的最小细胞的家庭，大量陷入了财务危机，将给社会稳定带来隐患，要知道，在国内防护型保障系统最缺位的不是企业，而是家庭。

总之，采取各种举措提高居民部门在国民收入初次分配中的比重，是风险的缓释器，不因单纯利用居民加杠杆，而无视居民加杠杆带来的增收诉求。

（2017 年 4 月 17 日）

# 涉企收费公示是狠杀乱收费的猛药

钱智俊

"清理政府服务性涉企收费，决不能这边搞清理，那边仍在不断增加新项目，更不能与老百姓和企业'玩猫腻'！"李克强总理在 2017 年 5 月 17 日的国务院常务会议上要求，"各级地方政府要在年内对外公布涉企收费清单！对老百姓、对企业的各类乱收费行为，要抓典型，坚决曝光、重拳治理！"

疗毒须刮骨，猛药能去病。在中国制造业转型升级的关键阶段，全面推开涉企收费公示制，是一剂靶向明确、效力持久的猛药。这一药方精确击中"管不到""不愿管""懒得管"三大根本病因，将强力清除乱收费对中国经济的负面影响。

首先，上下同力，告别"管不到"。全面推开涉企收费公示制，本质上是激活市场主体和公民的社会监督力量，标志着收费清理改革进入"上下同力"的新阶段。

2013 年至今，"自上而下"的专项检查是清理地方涉企收费的主要途径，已取消收费 600 项以上，取得了突破性进展。此时，引入"自下而上"的社会监督力量，恰能有效填补专项检查的管理盲区，在多个层面扩大治理成果。

治理乱收费不仅需要短期的重点突击，更需要长期的查漏补缺和持续监督。涉企收费公示制将建立一个全方位、长效化的监管机

制，巩固专项检查的成果，避免乱收费死灰复燃。

通过公示涉企收费清单，市场主体的意见能够得到充分体现，使治理举措在方向、力度和结构上更加符合企业的现实需求，倍增涉企收费治理对中国实体经济的助推作用。

中国经济正在加速转型升级，新行业、新业务和新模式不断涌现，各项涉企收费的合理性也在迅速转变。相比于较为滞后的专项治理，收费公示制更易于及时暴露问题、纠正问题，降低不合理收费对经济活动的扭曲。

其次，打开暗箱，清除"不愿管"。涉企乱收费的久治不愈有其顽固的利益基础。

长期以来，由于涉企收费清单不公开、不透明，形成了难以监督的暗箱和权力寻租的空间。以此为基础，脱离实质性服务的"虚假费用""红顶中介"的乱收费、超过规定标准的多收费、巧立名目的强制收费等违规行为肆意滋生，产生了可观的灰色收入。

少数基层机构为了自身利益，丧失清理涉企收费的积极性，对中央和地方政府确定取消、停征和减免的收费项目，借故保留或变换名目继续收取，造成了中国经济毛细血管的持续"失血"。

正如李克强总理在会上所说："涉企收费确实是一个'黑洞'，这让国际社会、外资企业包括我们自己的企业都看不懂也不放心。"

2015—2016年，国家发展改革委的先行实践表明，收费清单的公布，能有效提升涉企经营服务收费政策的透明度，并推动广大企业积极提供违规收费线索。因此，随着这项举措在2017年全面推开，涉企收费的暗箱将暴露在监管阳光之下，从而彻底铲除"不愿管"的利益症结。

最后，革新思想，打破"懒得管"。除了监督方式的"管不到"

和利益诉求的"不愿管"，官本位思想下的"懒得管"，也是阻碍收费清理改革的重要原因。

在与实体经济相联系的基层政府机构中，不乏"小官大权"的职能岗位。如果未能正确树立服务意识，相关政府职员难免以"上位者"自居，缺少对实体经济负担的真诚关切，进而在懒政怠政中削弱涉企收费的治理成效。

本次全面推开涉企收费公示制，既是制度进步，更是思想革新，将进一步推动政府职能由"管理型"向"服务型"转变。通过这一革新，有望提振各类政府机构的积极性和责任感，打破"懒得管"的僵局，使服务企业的减负政策落实处、收实效。

当然，为企业减负是触动利益、"动奶酪"的举措，除了让相关部门负责人立"军令状"，还须靠不定期的检查，方能真正做到"为经济助力，为老百姓添富"。

（2017 年 5 月 18 日）

# 央企弄虚作假，为何内部审计形同虚设

盘和林

2017 年 6 月 23 日，审计署披露了对 20 家央企的审计情况，其中 18 家采取虚构业务、人为增加交易环节、调节报表等方式，近年累计虚增收入 2001.6 亿元、利润 202.95 亿元，分别占同期收入、利润的 0.8%、1.7%。

央企经济数据造假如同久治不愈的"顽症"，几乎每年都或多或少出现在审计署的审计报告中，但这次多达 2000 亿再次引发舆论的强烈关注。

从大的宏观环境来说，这与相当长时间以来"官出数字，数字出官"的现象密切相关；还与我国之前统计监管薄弱、执法不严有关。

从央企的角度而言，虚增收入与业务考核目标的完成密切相关，这直接关系到企业的员工收入情况，以及经营层的收入和职位，这是央企官员的"理性经济人"的逐利天性的结果。

如何整治包括央企在内的经济数据造假，近年来中央和省市党委政府出台了不少举措，一些专家学者也提出了真知灼见。如加强统计数据的独立性，对造假行为"摘乌纱帽"、依法严肃追责等，改变"唯 GDP 论"的官员考核机制，从根源上改变官员的"官出数字，数字出官"的错误动机，也收到了较好的成效。

不过，央企作为经营性单位，无论怎么改变官员的考核机制，或增加其他指标，也都无法改变经济指标的核心地位。

"治未病"才是最高明的医生，对统计造假必须穷追猛打，对造假者"零容忍"追责等，大多是"亡羊补牢"之举，无法改变"亡羊"的事实。类似审计署此次披露的情况是"近年累计"的结果，已经造成了部分官员升迁、领奖金等事实了。

如何实现对央企业绩全过程监管，才是医治央企经济指标弄虚作假这一顽疾的治本之策。而央企的企业内部审计制度就是针对央企业绩全过程监管的重要制度设计之一。

事实上，我国每家央企都建立了内部审计的机构及制度，但为何这18家央企的审计部门形同虚设呢？对"近年累计"的数据造假没有履行法定的审计监督任务呢？最后为何还是靠审计署才发现呢？

央企内部审计制度是现代审计体系的重要组成部分，更是国有企业监督机制和自我约束机制的重要制度设计。18家央企出现职能缺失，实际上是"为谁审计""代表谁审计"等方面出现了重大偏差，并直接导致了其职能出现重大异化、扭曲。

当前，我国国有企业内部审计存在独立性不强、机构不健全、审计地位低下、法律制度不完善等问题，很大程度上已经不是代表作为国有资产所有者的利益，而是代表企业管理者的利益，对国企管理者的利益输送、贪腐、巨额浪费等行为熟视无睹，例如：下审一级、同级不审等。更有甚者，成为管理者损害国有资产的工具和"帮凶"，例如：在接受政府审计、外部审计时，内部审计部门反而"迎审"，以专业之长帮助管理者与之"博弈"。

显然，针对庞大的央企群体，单凭审计署的力量显然是力不从

心的，更何况审计署还要审计政府部门的各种数据及项目。

我们必须构建有效的央企内部审计制度，才能避免央企"近年累计"数据造假的后果。"独立性"被业界视为审计的灵魂，避免央企内部审计形同虚设一个最有效的办法就是，增强央企内部审计制度的外部化属性，以加强其独立性。

首先，提升内部审计的相关法律法规的约束力，尤其是为其"独立性"提供法律支撑。现有企业内部审计的最高法规就是审计署、国资委颁发的部门令，法律层级低，约束力也不强，而且相关规定笼统粗略。建议由国务院颁发"企业内部审计条例"甚至全国人大出台"企业内部审计法"，为其"独立性"提供法律保障。

其次，构建新型国有企业内部审计的管理体制，从制度上增强其"独立性"。"乌纱帽"和"饭碗"都在人家手里，还谈何监督？内部审计部门可设置成国资委或政府审计部门（审计署、厅局）的派出机构，尤其是在人事任免、经费等方面作出专门安排，不必受制于国有企业管理者。同时，还可以适度提升国有企业内部审计机构的级别，避免"下审一级""同级不审"（包括上级等自我放弃审计权力的情况发生）。

最后，除了加强上级审计部门等政府审计以外，央企的内部审计制度还要引入社会审计机制，以引入独立的第三方增强其数据的透明性、独立性、外部化。

（2017 年 6 月 26 日）

# 妥善处理贪官遗留工程，重建政府公信

于　平

安徽省淮南市山南新区神州欢乐园，杂草丛生、游乐设备锈迹斑斑，周边千余亩土地荒置，宛若一座空城。

据《财经》杂志近日披露，这个欢乐园是淮南市委原书记杨振超、淮南市原市长曹勇在任时力推的明星工程，在杨、曹双双落马之后，这一号称要打造为"世界级主题乐园"的项目，因多种因素烂尾。

官员因贪腐落马，其涉案金额总被津津乐道，但其实，官员贪腐所造成的社会成本远不止判决书上的数字。

那些贪腐官员在任时大力推动的"一号工程""明星工程"无不投资巨大，一旦官员落马，项目停摆，收拾这个烂摊子需要付出昂贵代价。

除淮南神州欢乐园的个案之外，类似烂摊子现实中还有不少，包括江苏省南京市原市长季建业在任时主推的雨污分流工程、湖南益阳市委原书记马勇曾主抓的"香港城"项目、山西太原市委原书记申维辰曾力推的龙潭片区改造工程等。

这些官员遗留工程的"后遗症"，是长官意志绑架政府决策之祸，值得警醒和反思。

如何避免公共决策"拍脑袋""一言堂"？这是中国公民和政府

部门都非常关切的大事。如今,《重大行政决策程序暂行条例(征求意见稿)》已结束向社会征求意见。国务院法制办下一步将充分吸纳各方合理意见,进一步修改完善征求意见稿,尽快形成成熟的条例草案提请国务院常务会议审议。

眼下,如何妥善处理前任留下的烂摊子,及时有效地给社会"止损",也考验着继任者的智慧和魄力。

从现实情况看,出于种种原因,一些继任官员处理落马官员遗留工程时,态度并不积极。本来,不少继任官员为了和落马官员划清界限,就对前任的遗留工程唯恐避之不及,再加上一些遗留工程处理的复杂性,更让继任官员望而却步。

态度消极的结果,是已经沉淀大量资金的项目长时间烂尾,造成社会财富的浪费,投资方和相关民众损失惨重——作为投资方,项目停滞使他们经营困难,资金严重吃紧,陷入经济危机,对于那些买房者而言,买房钱打了水漂,而那些被拆迁的居民更落得个无家可归的境地。

有专家因此批评,"叫停贪官工程看似和贪官划清界限,实际上是一种新的奢侈浪费,同样是一种权力滥用和责任缺失"。

毫无疑问,这些遗留工程虽然打上了贪官个人印记,但它本质上,仍然属于政府决策行为。任何一项政府决策都由政府信用作为担保,前任官员草率决策已是有错在先,但如果继任官员对这样的草率决策采取放任不管的态度,那无疑是错上加错,令政府公信荡然无存。

更何况,虽然一些遗留工程在立项时可能有官员动机不纯,但建设这些工程的目的,是为了服务民生,让这些民生工程因掌权者的变动而"人走茶凉",并非民众所愿。如季建业在任时力推的南京麒麟有轨电车项目，比如申维辰力推的龙潭片区改造工程等，一个是公共交通项目，一个是旧城改造，都是让民众受惠的项目。只是因为这些工程打上了贪官的印记，就弃之如敝履，那无异于"把洗澡水连同孩子一起倒掉"。

所以，对于落马官员遗留工程，需要更为明快果断的处理。如果纯粹是劳民伤财的面子工程，那就彻底停建，该拆的拆，该卖的卖，该恢复的恢复。如果项目本身符合规划要求，或者是当地急需的民生工程建设，那应在重新评估及补齐相关程序之后，坚定把项目推进下去。

总而言之，落马官员遗留工程不能一停了之，相关"善后"亟须跟上。可以相信，只要继任官员从公共利益出发，做到全程公开透明，处理落马官员遗留工程并不会给自身惹麻烦，相反，它只会重建官员及政府的公信，并造福当地民众。

（2017 年 8 月 7 日）

# 如何根除采矿行业瞒报"毒瘤"

于 平

国务院安委办日前通报了晋能集团山西煤炭运销集团和顺吕鑫煤业有限公司(以下简称吕鑫煤业)"8·11"边坡滑坡事故的情况。通报称,滑坡事故发生后,吕鑫煤业有预谋、有计划、有组织地瞒报,和顺县政府相关部门在接到事故举报信息后,未认真核查取证。目前已初步确认8人死亡、1人失踪、1人受伤,山西省政府组织公安机关仍在进一步核实事故人数。

山西和顺矿难的剧情真可谓一波三折,从一开始的辟谣、"抓谣",到如今真相曝光,"有预谋、有计划、有组织地瞒报"坐实,此情此景,令当地政府颜面扫地。

可以说,胆大包天的吕鑫煤业,工作马虎的政府部门,共同"导演"了这起瞒报闹剧。对于相关责任人,固然要依法追究,与此同时,也需要追问,为何类似"瞒报"事件总是层出不穷?

事故瞒报,采矿行业一直是"重灾区"。近年来,就发生了河北沙河铁矿事故瞒报、四川锦春煤业事故瞒报、江西萍乡大金坡煤矿事故瞒报、陕西潼关德兴矿业事故瞒报等一系列瞒报事件。

"瞒报"成为采矿行业难以根除的"毒瘤",并非偶然。这不仅仅是因为一些采矿企业的无良以及监管部门的无能,从更深层次来说,这其实是采矿业安全生产法治化水平低下种下的"果"。

其实，遏制采矿企业"瞒报"行为，主要依靠两个力量，一是自上而下的行政监管，二是自下而上的社会监督。但依照目前的制度设置，这二者都存在很大的缺陷。

先说行政监管这一块，对于采矿行业的监管，实行的是属地化的管理模式。在这种模式下，监管部门缺乏足够的独立性、专业性，一些监管部门甚至会与采矿企业有千丝万缕的利益勾连。也正因此，在许多瞒报事件中，我们都可看到当地政府官员的"积极角色"。

而在社会监督这一块，作为最了解实情、也是最重要的监督力量，矿工却常常成为沉默的大多数。在日常的安全管理中，矿工无法参与，在事故的调查处理中，矿工的角色基本缺位。

对此，许多采矿业发达的国家，它们的安全生产法治化经验其实值得借鉴。

例如，美国矿山安全健康监察机构——联邦矿山安全健康监察局，是一个独立的联邦机构，它实行垂直集权的管理，在美国大多数州设立了地区安全监察处，在每个矿山都设有安全监察员，矿山安全监察员每2年还进行轮换对调。这些制度安排，避免监察人员与矿主、地方政府形成共同利益同盟。

在美国，矿工的力量非常强大。依照美国的法律，每一个矿场作业区均要设立安全监督委员会，其中也要有一定比例的矿工代表。在此制度设置下，矿企想要瞒报事故，首先就过不了矿工这一关。

从世界各国的情况看，采矿行业的安全，靠的不是企业的自觉，而是完善的法律、执法以及相关的配套机制。包括建立更为独立的安全监察体制，严格监察执法程序，加大执法力度；包括动员

矿工参与安全管理的制度安排，让矿工不再被他人随意摆布，牢牢掌握自己的命运；等等。

所以，杜绝矿难"瞒报"，不能头痛医头、脚痛医脚，完善煤矿安全生产法律体系、改革监管体制、严格煤矿安全执法、完善相关配套制度，让安全生产全面走向法治化，这才是根本之策。

（2017 年 8 月 21 日）

# 呵护新业态，政府管理须有新思维

任 君

"几年前微信刚出现的时候，相关方面不赞成的声音也很大，但我们还是顶住了这种声音，决定先'看一看'再规范。如果仍沿用老办法去管制，就可能没有今天的微信了！"在 2017 年 6 月 21 日的国务院常务会议上，李克强总理举此例，要求政府部门对待各类新业态、新模式要有"包容审慎"的态度。

不要仍用"老办法"去管制"新业态"，李克强总理力挺各类新业态、新模式，既表现出对市场创新的强大信心，也体现了政府在行政监管上的谦抑态度，这一思路，与本届政府强力推进的"放管服"改革一脉相承，本质上仍在于以"小政府"服务"大市场"，从而激发市场的活力，促进分享经济的发展，为社会公众增进更多的福祉。

过去几年，是分享经济发展的黄金时代。坊间流传的"共享单车、高铁、支付宝、网购"等新四大发明，多属于分享经济。不仅如此，其他基于"互联网＋"基础上发展起来的各种新业态、新模式也层出不穷。据中国电子商务研究中心日前发布的《2016 年度中国共享经济发展报告》显示，2016 年中国共享经济市场规模达 39450 亿元，增长率为 76.4%。

当前，继共享单车迅速占领城市街头之后，共享充电宝、共享

篮球、共享雨伞、共享厨房、共享汽车等相继登场，并以令人目眩的速度和节奏进入公众生活。而公众也从一开始的不适应、不理解迅速转变态度，并投身其中。可以说，分享经济已经完成了初期的理念灌输，正在迅速对接社会生活的方方面面，直接接入每一个公民的"终端"。

这种"终端思维"，实际上就是一种"用户思维"。即，任何新业态、新模式，其出发点与归宿均是一个个具体的人、一波波清晰的人群，这些人和人群，经由大数据的扭结而被区隔为不同层级的消费者。也因此，与传统经济的大开大合相比，分享经济往往更精准、更接地气，相应的，也就更具有郁郁勃勃的生命力。

当然，这也决定了分享经济在未成气候时，总会面临对接的困难、调适的烦恼乃至搅局的不快。以共享单车为例，一段时间以来，在带给市民绝大方便的同时，也让很多城市管理者多有烦恼，如乱停乱放，随意损毁，人为设限，等等。个别城市甚至公然以秩序为名，拒绝共享单车进入。

凡此种种，可能有共享单车自身固有的问题，比如经营者管理不到位、技术存在漏洞等，但更多的还在于我们的城市其实还没有做好迎接新生事物的准备，或者即便有一定的心理预期，但现实的发展既然是颠覆性的，则以往得心应手的治理手段已经跟不上此类创新的步伐了。不客气地说，这也是一种"本领恐慌"。

这种"本领恐慌"最糟糕的表现，就体现在此前各地对网约车的集体性排斥上。这其中，不排除网约车有明确的利益冲突群体，而这一群体的反弹已经成了城市管理者不堪承受的重负，甚至直接绑架了政府决策，但同时，也关乎治理智慧与治理手段。此前，因为管理不力，导致了出租车的监管失灵；现在，又出于同样的原因，而直接牺牲了网约车。

其实，对于新业态、新模式的滋生、成长、壮大，大可不必惊慌，更不应该在初始阶段就采用凌厉的管制手段。为什么不能多一些柔性管理，多一些包容审慎，让分享经济潜滋暗长，"以观后效"呢？政府行政理应多一些耐心，多一些宽松，很多事情不妨交给市场去做，监管的介入慢半拍，"枪口"抬高几厘米，天塌不下来。

这样的包容与审慎，并非完全无所作为，而根本上在于政府应该有掌控全局的自信。一方面，在事态尚不清晰、指向尚不明确的时候，适当的"等一等""看一看"实际上是科学决策的前提，新的经济形态需要新的治理思路，以往的做法是不是适合，也需要一个研判的过程。另一方面，政府也应该对行政干预保持足够的戒心和警惕。这是因为，任何一个开放的市场，践行的都是政府、企业、消费者等多方社会共治机制，政府当然责在监管，但更主要的是提供完善的服务，活跃其间的仍应该是市场主体。

特别是在中国这样一个政府一度包揽一切的地方，市场的主要矛盾，或者说矛盾的主要方面还是政府过于强势。行政权力适度的克制、谦抑，甚至都是一种美德。现实中也可以发现，越是管制宽松的地方、领域，则越是发展迅速，经济的成色也更好。总理提及的微信是这样，支付宝和网购同样也是如此。反之则不然。

当下，中国经济仍面临转型升级的重大关口，下行的警报仍未减除，而在环保诉求普遍高涨的语境下，以往粗放的发展模式已经很难持续，多重因素叠加之下，如何继续保持经济增长，并让民众有更多的获得感，并不轻松。

这也意味着，中国分享经济的发展，并非只是一种新业态、新

模式的开发，而已经宿命般的被赋予了寻找新路的时代使命。也即，要依托互联网平台对分散资源进行优化配置，化解过剩产能，培育壮大新动能，从而创造更多的就业岗位，为民众生产生活提供更经济、更多样、更便捷的服务。

不仅如此，发展壮大分享经济，还有着倒逼政府简政放权、创新监管的重要意义，甚至也是推进国家治理体系和治理能力现代化的一块试金石。兹事体大，不可不察。

而无论有多大困难，也当主动作为。即如总理所言，"要相信，中国人有聪明才智创造出这么多分享经济的新模式，我们也有能力探索出包容审慎监管和社会共治模式，释放中国经济巨大的潜力。"

新经济的开启及发展，有赖于政府与市场、监管与社会之间能否构建良性的互动关系。两者之间越有弹性，则市场就越是会枝繁叶茂；越能包容，则社会的活力与创造力就越是能浩浩荡荡。

质言之，新业态也在一定程度上形塑政府的"思维模式"，倒逼政府管理"更新迭代"。

（2017 年 6 月 22 日）

# 网约车细则"闯红灯"，公众参与不应缺位

盘和林

2016 年 6 月《国务院关于在市场体系建设中建立公平竞争审查制度的意见》（以下简称 34 号文）要求，没有进行公平竞争审查的政策措施，不得出台。

到目前为止，至少有 91 个城市出台了网约车实施细则，但是没有看到一家行政机关主动说明是否进行了公平竞争审查。

据媒体报道，2017 年 6 月 6 日，在北京大学竞争法研究中心举办的专题研讨会上，包括国务院反垄断委员会专家咨询组成员在内的与会人士，发出了同样的质疑。

北京大学竞争法研究中心选取 77 个地级以上城市出台的网约车细则进行了分析，发现普遍存在违背"18 不准"的条文。少的，违背一两条；多的，全部违背。

换句话来说，至少有 77 个地级以上城市的网约车细则是在闯政策的"红灯"。

笔者认为，合法性是公共政策的生命线，离开了合法性，公共政策就失去了生存的法律基础，也丧失了权威性和严肃性，最终难以发挥公共管理的作用。因此，严禁地方政府在制定公共政策时"违章行驶"。需要特别指出的是，公共政策的合法性、公正性离不开公众的参与性。

为防止行政机关出台排除、限制竞争的政策措施，34号文用列举的方式亮出了18项审查标准，被称为"18不准"，如不得设置不合理和歧视性的准入和退出条件等。34号文要求，"没有进行公平竞争审查的，不得出台。"也就是说，地方政府及部门出台类似于网约车细则这样的公共政策，进行公平竞争审查是法定程序。

任何公共政策要能让公众接受，并在经济社会运行中发挥作用，就必须要做到从内容到形式（即程序）都是合法的。

内容的合法性是指公共政策所规定的行为准则、所实施的计划措施，能使公共利益得到协调、平衡，并符合多数人的、长远的利益需求。

程序合法性，就是指公共政策从制定、执行等都要严格按照法定程序进行。尤其需要指出的是，多数公众的意愿及长远利益是内容合法性的核心要义，而程序的合法性是内容的合法性的根本性保障。

各地的网约车细则出台后，部分条文饱受社会诟病。例如，地方实施细则中对车籍和驾驶员户籍的要求，限制了外地的商品进入本地市场，影响商品自由流动，形成了地区封锁；对轴距、排量、长宽高和车龄以及网约车价格进行限定，实质上是设置不合理和歧视性的准入和退出条件，对汽车厂商也是一种歧视。

地方政府出台的公共政策竟然闯上级政策的"红灯"，一个重要原因就是没有进行公平性审查这样的法定程序，没有"程序合法性"就难以保障"内容合法性"。

公共政策的"程序合法性"特别强调公众的参与性。公共政策的"公共性"首先要表现为公众性，从公共政策的酝酿、制定、出台、执行等要全过程公开，并全程引入公众参与，这是公共政策公平公正的最重要的保障措施。

闭门造车或者受到少数利益集团影响的公共政策，必然会背离绝大多数公众的意愿。换句话来说，离开了绝大多数公众的参与，任何闭门造车式的"程序合法性"，都难以反映公众的真实、全面意愿，也必将丧失合法性的基础。

网约车细则作为一项公共政策，必须置于"公正性"的维度进行审视。那么，什么是公共政策的"公正性"呢？

公共决策学对此至少有四条标准：一是个人福利最大化，即使得所有人福利都最大化；二是保障最少量的福利，即增加某些人的福利，但使情况更为糟糕的人能获得最低基本数量的福利的保障；三是使净福利最大化；四是分配普遍原则，也是要使得利益普及于一般人，而不是局限于少数人。

失去公共政策"公正性"的网约车细则，显然是饱受批评的一个最重要的原因。

笔者认为，网约车细则"闯红灯"当然要尽快纠正，但更为重要的是，以后各种公共政策的出台与执行都必须要严格置于"合法性"（内容、程序均合法）和"公正性"上，同时更要强化公共政策的公众参与性。

（2017 年 6 月 19 日）

# 网约车新政能给分享经济提供镜鉴吗

傅蔚冈

作为一种新业态新模式，分享经济受到中央政府的高度重视。2017 年 6 月 21 日，国务院常务会议部署促进分享经济健康发展。那么，到底该如何促进分享经济的发展呢？不妨以网约车为例。

从 2016 年开始实施的网约车新政，"高品质服务、差异化经营"是一个经常被提及的口号，它被写进《网络预约出租汽车经营服务管理暂行办法》，成为网约车的发展定位。那么，到底什么是"高品质服务、差异化经营"？

从笔者的观察来看，落实到具体的规定中，这十个字就变成了让网约车的价格要比巡游出租车高。于是不少地方政府的实施细则中都把轴距和排量作为衡量"高品质服务"的识别标准。以北京为例，五座三厢小客车排气量不小于 1.8L，车辆轴距不小于 2650 毫米。

但是，这样的要求真的提高了网约车服务吗？

如果你经常乘坐网约车，一定会注意到网约车新政出台后网约车的数量在变少、车型更加单一。在网约车新政以前，你可以遇见各种品牌的汽车，甚至比绝大多数人一辈子所要乘坐过的汽车品牌加起来还要多——至少对笔者而言是如此。由此笔者在北京遇上了一辆道奇酷威，而司机居然是某跨国公司的部门总监。于是笔者在微博上感慨："专车的魅力在于，你永远不知道下一辆车是什么，司机来自哪个行业……"

这样的经历是平时乘坐巡游出租车所无法提供的。但是幸福总是短暂的，在网约车新规出来后，笔者就再也没有此类经历了。

在上海，如果你使用的是快车，十有八九是荣威550或者比亚迪秦；如果是专车，那么大概率事件是帕萨特或者凯美瑞。并不是说以上这些车型不好，而是说选择越来越少了。当然，司机也大都变成全职了，再也不可能遇到一个跨国公司的部门总监给你提供服务。

为什么以"高品质服务、差异化经营"为目标的新政，落地后却发现车辆普遍降级，司机的服务水平也下降？

最为重要的原因莫过于新规减少了供给：迫使原本以分享为主体的车主退出了网约车市场，市场只留下了职业司机；而原本以业余兼职为主的司机恰恰是这个市场多样化存在的前提。对于职业司机而言，尽快收回成本并盈利是他们首要考虑的问题，于是他们就选择了价格尽可能低的车辆。供给的减少在某种程度上也会降低司机的服务水准，既然市场的供给减少了，为什么我还得这么巴结乘客？于是，我们就遇到作家六六抱怨的"价格上涨"的现象，不过六六却把问题产生的原因搞错了：不是滴滴提高了价格，而是供给减少后推高了价格。

检讨网约车新政得失，对于今后如何监管分享经济很有裨益。

分享经济之所以能够在近几年内席卷全球，很重要的一个原因就是可以借助于互联网让自己闲置的物品被更多的人分享。就像美国学者丽萨·甘斯基在《聚联网：商业的未来》一书中所提到的，"利用新建的信息系统，网也能更有效地配置实物资产，从而提高了效

率底线，降低自然资源的压力。"

借助于平台，互联网不仅仅提供了供需之间更为便捷的沟通渠道，更为重要的是建立了一套信用制度，而这是分享经济能够得以发展的根本前提。

纽约大学学者阿鲁·萨丹拉彻在《分享经济的爆发》一书中提到，"当新的商业模式与适用于旧商业形式的规则发生冲突时，事实上我们已经回到了一个将信任建立在社会共识和信誉上的模式里。"还是以网约车为例，我们之所以敢在一个陌生的城市走进一辆车厢里，并不是因为出自对于政府牌照的信任，而是因为这辆车的车主在平台上有记录：有以往使用者对他的评价，而且我还可以对使用者进行评估——而这些评估又会影响他的收入。也正是如此，任何一个车主都会很用心地服务乘客。

当然，车主也可以对用户进行评价，如果一个用户不爱惜车况或者有其他与乘车不匹配的行为，他也会被车主记录下来，这样就使得用户也会注意自己的言行举止。就这样，平台就让两个陌生人的行为更加得体。于是，我们就会注意到一个网约车平台可以管理几十万甚至上百万车主，而且全球各地的服务几乎是均质的，差别不大；而以往的巡游出租车，能管理上万辆出租车就已经是不可想象了，更不要说城市和城市之间的差别。

但是现有的网约车新政，实际上抹煞了平台的作用，各种对驾驶员和汽车准入资格大幅度降低了有效供给，于是我们就会发现一个非常尴尬的现象，以"高品质服务"为定位的网约车最终在新政发布后呈现的效果是车辆减少、车况下降和特殊时节的价格上涨。如果是这样的监管效果，我们为什么还要新政呢？

或许是有关部门注意到了网约车新政后带来的变化，国家发展改革委等八部门 2017 年 7 月 3 日联合印发的《关于促进分享经济发展的指导性意见》明确提出，要"创新监管模式，推进协同治理"。

如果真能以此来监管包括网约车在内的新的分享经济业态，善莫大焉。

（2017 年 7 月 7 日）

# 网约车合法化一年，各地细则需"迭代"

刘远举

2016 年 7 月 26 日，国务院办公厅发布了《关于深化改革推进出租汽车行业健康发展的指导意见》。两天之后的 7 月 28 日，交通部发布《网络预约出租汽车经营服务管理暂行办法》。这意味着网约车正式取得合法地位，随后各地纷纷根据交通的暂行办法出台落地细则。

时间过去一年，包括滴滴、神州专车、首汽约车等网约车平台都已经拿到网约车牌照。某种程度上，顾名思义，暂行二字，本身就意味着根据实际情况进行调整。在此网约车合法化一年之际，各方对现行的暂行办法有何期待呢？

公民对于改变的期待是明确的。

不管是什么经济形式，还是设立行政许可，其目标导向都应是提升公民的利益与全社会的福祉。然而，遗憾的是，网约车的各地落地细则设立了太多的许可与管制。有媒体统计了 73 个地区与城市的落地细则，超过八成要求网约车驾驶员有本地户籍或居住证，九成要求网约车为本地号牌或本地登记注册，40 多个城市对网约车轴距提出标准，并给出了网约车"指导价"。而即便通过了这些层层筛选，接下来的网约车司机资格考试，通过率也相当低，广州、宁波仅为两成，高一些的上海通过率也仅一半。

各地严苛细则的影响随即显现出来，随着相关执法的开展，不满足资质的车辆、司机的退出，网约车供给大幅减少，一度被极大缓解的供需重新失衡。人们发现重回"打车难"时代。

实际上，相比之前，此时的打车难，仍有效率进步。即便加价最高29元，这个价格也不是天文数字，那就意味着，更需要车的人是一定能打得到车的，而不必像以前那样，因为遇不到车而耽误大事。虽然在绝对意义上，这仍然是市场带来的效率提升，但消费者的情绪却未必能如此理性的分析，甚至由此怪上滴滴平台。

面对这种情绪，面对各地细则的限制，虽然各个平台也通过优化匹配算法、呼吁拼车、提高司机出车率来更多的满足需求，但本质上车辆数量的减少，并不是这些枝节性手段所能解决的。所以，重回打车难的问题，需重新审视各地细则，乃至作为各地细则的依据的交通部的暂行办法，并进一步改进。

高层政策设计者对于改变的要求也是明确的。

网约车属于中国分享经济浪潮中的典型与先行者。分享经济是一种通过大规模盘活经济剩余而激发经济效益的经济形态，网约车、分享单车、分享房屋、分享充电宝等是这个领域的实例。近年来，中国的分享经济领域，创新创业活跃，发展迅速，利用"互联网+"，创造出众多新业态，既满足了消费者需求，又化解了过剩产能，还带动大量就业，显示出巨大发展活力与潜力，已成为推动中国经济社会发展的重要方面。

在分享经济中，网约车则具有最大的规模，也最与民生相关。实际上，国务院《关于深化改革推进出租汽车行业健康发展的指导意见》中，就有"牢固树立和贯彻落实创新、协调、绿色、开放、分享的发展理念"，可以说，网约车是分享经济的重中之重。

2017年6月21日，国务院常务会议部署促进分享经济健康发展，李克强总理以微信举例，要求政府部门对待各类新业态、新模式要有"包容审慎"的态度。

举微信的例子，是为了说明为什么对待蓬勃发展的"分享经济"，以及各式新业态要秉持"鼓励创新、包容审慎"的态度，顺势而为。

梳理一下相关新闻，不难发现包容审慎这四个字绝非兴致所致，而是有着严格的政策脉络。

在2017年两会上，政府工作报告就明确提出，加快培育壮大新兴产业，本着鼓励创新、包容审慎的原则，制定新兴产业监管规则。其后，4月18日，在"贯彻新发展理念，培育发展新动能"座谈会上，"包容审慎"再次被提及：探索既有必要的"安全阀"和"红线"、又能包容创新发展的审慎监管体制机制，使新动能健康成长。7月3日，国家发改委等八部门联合印发《关于促进分享经济发展的指导性意见》，提出要在合理界定的基础上分类、细化管理，加强部门与地方制定出台准入政策、开展行业指导的衔接协调，避免用旧办法管制新业态，破除行业壁垒和地域限制。清理规范制约分享经济发展的行政许可、商事登记等事项，进一步取消或放宽资源提供者市场准入条件限制，审慎出台新的市场准入政策。

所以，不管是这一年来的具体实践，还是中国改革的大趋势，都对现行的网约车管理暂行办法，提出了明确的要求。换言之，网约车管理暂行办法也需"迭代"。不过值得强调的是，包容审慎，包容在前，慎重在后，且不能用审慎压倒了包容。

（2017年7月26日）

# 网约车合法周年：如何更好发挥政府作用

苏少鑫

2016 年 7 月 26 日，国务院办公厅发布《关于深化改革推进出租汽车行业健康发展的指导意见》，2016 年 7 月 28 日，交通运输部出台《网络预约出租汽车经营服务管理暂行办法》（以下简称《暂行办法》），舆论一片欢呼并认为这是市场力量的胜利。

网约车合法化的意义无需多言，而立法管理则是一个动态调整的过程——毫无疑问，这就是对网约车合法周年回顾的意义所在，通过总结鉴往知来。

网约车的行政监管权限由交通运输部行使，但《暂行办法》第 40 条规定"各地可根据本办法结合本地实际规定制定具体实施细则"，这是地方网约车管理办法立法权限的来源。

让人始料不及的是，之后各地出台的管理办法，相差甚大。车牌、车龄包括车型，五花八门；而驾驶员条件，也是形形色色，既有对户籍、年龄的限制，甚至还有学历的要求。舆论无法理解，即便《暂行办法》赋予地方"可结合本地实际"来制定具体管理办法，但城市之间的"实际"，是否真的差别就那么大，乃至有所谓"最严苛"与"最宽松"的天壤之别？

# 以户籍限制网约车涉嫌违反《行政许可法》

对从事网约车服务的驾驶员和车辆条件的限制，是对行政许可的设定。所以，如果说要对网约车立法进行回顾，首先就要看它是否能经得起法理上的拷问。按照《行政许可法》的规定，地方的管理办法以《暂行办法》第 12 条至第 15 条对网约车车辆和驾驶员进行了相应的限制作为法律依据，在这个基础上对驾驶员的户籍乃至于学历等要求，以及运营车辆的车型包括轴距、排气量等作出了额外附加规定，这属于创设新的行政许可，它在法律依据上是不足的。也就是说，以户籍和车辆标准限制网约车，一方面涉嫌违反《行政许可法》规定，一方面是对公民平等就业宪法权利的不尊重。

也许可以辩解的是，地方管理办法中对车型及车龄等的限制性要求，是对应《暂行办法》中对"网约车差异化、高品质"定位的原则而定。但是，"差异化、高品质"并不等同于要有与巡游出租汽车作为区别的高端车型和更高排气量的要求。在巡游出租汽车的发展历程中，也曾出现高端车型作为差异化的高端服务，显而易见，"差异化、高品质"肯定不是高端车型和高排气量本身，网约车的车型和排气量并不一定要比巡游出租车更高端车型和更高的排气量才能体现出"高品质"；同样的道理，立法者也没有任何理由剥夺巡游出租车为乘客提供"高品质"服务的权利。而就现状而言，网约车平台通过司机与乘客互评、快捷支付以及提供行程分享、人脸识别、一键求助等更安全可控的服务保障，它所体现的就是高水准、高品质的服务。

# 一些强制性规定背离了互联网属性

网约车的市场定位，应该在市场的选择中去逐渐形成和检验。从市民出行的角度而言，车辆车型排量大小，与出行需求并不存在必然联系。而且对网约车车辆高端的限定要求，必将显著提高经营网约车业务车辆的准入门槛，直接导致运营成本的上涨，而因此被推高的网约车服务价格则会限制乘客的出行服务选择；而从环保的角度而言，考虑到城市环保压力大，小排量车、新能源车更契合城市发展需要。更何况，政府立法从户籍及牌照限制市民从事网约车运营服务，可以理解这里面有交通治理压力及环保治理压力的考量，既然为了环保，那么要求网约车须是高端车型、有高排气量就显得自相矛盾了。

比如，《暂行办法》中明确，网约车 60 万公里或 8 年车龄必须退出运营，这说明在车辆符合安全标准的情况下，不满 8 年车龄或未满 60 万公里的车辆是可以从事网约车经营服务的。但是在地方的管理办法中，像广州对车龄的限制却是 1 年，但同为一线城市，北京、上海并未对车龄进行限制。以车龄 1 年的规定，既无上位法依据，也无行业先例，且不符合安全常识。

同样的，《暂行办法》规定的是网约车平台和交通部门共享的信息包括车辆和驾驶员基本信息、服务质量以及乘客评价信息等，而不是所有信息数据，但是到了不少城市的管理办法中，却变成了"数据实时共享"；还有《暂行办法》明确平台和驾驶员签订多种形式的劳动合同或者协议，并没有强制要求网约车平台必须与"未与用人单位建立劳动关系"的驾驶员签订劳动合同，但不少地方的管

理办法则强制要求网约车平台与"未与用人单位建立劳动关系"的驾驶员签订劳动合同，这个规定完全忽视了网约车内部运营结构的复杂性，且于法无据。网约车平台与司机完全可以在自愿的情况下形成双方认同的法律关系安排。

共享经济中的公司与传统公司的运营模式有根本的区别，它不需要用传统购买劳动力的方式（比如签订劳动合同），劳动者可以根据自己的意愿采取"出租""打零工"的方式来获得收益，由此构成了网约车"共享"模式，这种模式既增加了供需双方的交易机会，也增加了收益，还解决了大量闲置资源和劳动力，这意味着共享公司的运营与传统公司的运营模式应该有一个更为复杂的法律关系结构。

但是这些强制性规定，包括诸如要求"配置符合条件的车辆卫星定位装置、应急报警装置""在当地设立分公司"等，行政力量分割市场格局，人为增加了网约车平台的义务和成本，在管理思维上背离了互联网属性。

网约车作为一种新的出行方式，更为重要的是它的共享属性，一种全新的交通资源组织方式。但是在立法上，仅仅把它当作市民出行的一种新的选择，毫无疑问是对它共享属性的最大误解和矮化，立法目的本身的偏差，导致了管理办法的局限；而地方管理办法诸如对城市交通、环境治理及就业的考量，也导致了立法目标的涣散，最终偏离了网约车的互联网共享的属性。

互联网的核心是共享、协同治理。基于互联网技术建构的网约车平台，它不仅在于提供了市民出行更多样的选择，更为重要的是，它通过互联网技术建构，将供需信息更高效地匹配、交通资源更高效地利用，让市场在资源配置中更好地起决定性作用。

因此，对于网约车管理者而言，需要思考的问题是如何更好地发挥政府的作用，它的目的应该是为了保障网约车盘活社会闲置资源、更高效地利用已有交通资源等共享属性的实现，是为了保障市场在资源配置中的决定性作用，而不是政府直接代替市场去选择。

## 网约车行业的发展应该交由市场调节

基于以上认识，对网约车管理，在立法思路上亟须加强和调整：

首先，网约车管理应秉持互联网思维。互联网大数据技术的运用，让我们看到，对互联网经营行为的监管必须运用互联网技术及互联网思维来实现。

其次，坚持政府管平台、平台管车辆的监管模式。由单一的政府管理变为协同治理模式，对网约车应当采用"政府＋平台＋司机＋乘客"协同治理。分享经济通常属于散点式分布，政府单一管理模式成本太高；而通过互联网技术才可以实现无缝对接全天候监管。合同制管理、信用管理的全面推广也依赖于大数据的积累和运用。这种模式既能使政府回归正确定位，也有利于培育社会组织的自我管理能力。

再次，对网约车市场准入实施一般许可。国家发展和改革委员会城市中心综合交通规划院院长张国华提出，网约车应该有什么样的服务标准，安全与保障，乘客与司机或平台发生了矛盾如何投诉，投诉给谁，这些政府应该管。但只要服务和安全标准达到了，什么车能从事这一业务，什么人能开网约车的问题，政府并不应该

插手，这才符合"法无禁止即可为"的精神。

也就是说，对政府而言，它无需对网约车数量、运营价格等进行管制，也无需对驾驶员户籍、学历进行限制，网约车的运营数量和价格，本身就受制于市场规律。政府的管制思路为从事网约车服务设置了过高的门槛，必然导致供需规律、价格信号在网约车市场失灵，这样必然导致资源无法得到合理配置，这不符合共享资源、节约道路交通资源的目的。网约车行业的发展，应该交由市场调节，因此建议对网约车实行"一般许可"。

总之，在促进分享经济发展的情境下，政府要以改革开放的心态，勇于接受新经济的挑战，创新管理方式勇敢地拥抱未来，千万不能成为新经济发展的桎梏。

（2017 年 7 月 27 日）

# 预算公开：扎紧钱袋子，更需用在刀刃上

杨子江

政府预算公开又有新实绩。近日，105 个中央部门集中向社会公开了部门预算，其中，环保部、科技部等十部门首次公开重点项目预算。

2017 年中央部门的预算公开亮点颇多，不仅部门数量为历年来最多，公开的时间比 2016 年早了 8 天，更是我国中央部门首次在共用平台集中公开预算。此外，中央本级 2017 年"三公"经费预算继续只减不增，比 2016 年预算限额减少 0.31 亿元。

深入落实预算公开，首先体现了我国政府部门近几年在深化改革以及法制建设方面的进步。预算公开作为重要的财政改革，是我国全面深化改革的一部分，更为现实的是，2015 年 1 月 1 日起，我国实行了新修订的《预算法》，不符合新《预算法》规定的预算管理行为，均属于违法行为。深化预算公开一方面是对法律的执行，而反过来更会促进中国的法制建设，两者互相强化，这种良性循环是值得肯定的。

就预算公开本身而言，预算公开是落实权力监督约束机制的基础，是确保权力在阳光下运行的必要一环。而当下，预算公开深化落实的目的，首先是为了落实中央在强化制度性反腐、执行"八项规定"、缩减"三公"经费等方面的法纪规章，不该花的钱坚决不花，

其次是提高财政资金的支出效率，该花的钱要花在刀刃上。

应该说，随着反腐的常态化、规章制度对公款消费的严厉制约，政府"乱花钱"的现象已经得到有效制约，在这方面，"三公"经费预算的持续缩减就是最好的例证。事实上，2017年中央"三公"经费预算已经是连续七年持续减少，2011年中央行政单位、事业单位和其他单位用当年财政拨款开支的"三公"经费支出合计93.64亿元，而2017年的"三公"经费财政拨款预算限额61.47亿元，缩减幅度非常之大。"三公"经费预算缩减的幅度大，意义也同样十分巨大，通过营造廉洁、节俭的政务氛围，公务人员的道德意识和政务素质都会有所改观，长远来看，这无疑能够对政府执政的效率和规范度产生深刻影响。

在"乱花钱"、公务消费铺张已经得到遏制的情况下，如何提高财政资金的支出效率，已经是摆在面前、迫切需要解决的现实问题。在这一背景下，2017年中央部门的项目预算管理，不仅仅限于预算本身的公开，更实现了绩效目标的公开，从而为事后的总结考核提供了可量化的标准，这样一来，将能够进一步推动中央政策落实"不跑偏、不走样"，真正有助于让资金用在刀刃上。

从全国的层面来看，中央部门带头加大预算公开的力度，为地方财政预算管理工作作出了表率，其垂范意义值得期待。财政资金是公权力运行最为关键的资源，因此，预算公开的阻力之大是可想而知的。过去几年，中央在反腐、厉行政务节俭方面的努力在很大程度上化解了这种阻力，而目前，鉴于地方政府财政状况的复杂性比中央部门更高，总体来看，部分地方政府以及地方政府的一些部门在预算公开上还存在不小的现实问题和阻力，预算公开不全面、不规范、不及时的现象普遍存在，一些地方甚至在预算公开方面缺乏明确、细化的规定和具体的操作规范。中央部门把预算公开做在地方前面，有助于减少地方预算公开的现实阻力，同时为后者提供借鉴。

亚当·斯密在《国富论》中说，财政乃庶政之母。管好政府的钱袋子之于公权力运行，犹如拴牛绳之于牛鼻子，而做好预算的公开，则是管好钱袋子、把有限的财政资金用在刀刃上的第一步。中央部门在预算公开上的持续进步，让我们有理由对以财政为纲推动全面的政务改革报以更多的期待。

（2017 年 4 月 11 日）

# 治理超级渗坑需靠长效机制发力

黄羊滩

这个周末，华北的天空万里无云。不过，天津、河北几个被曝光的工业渗坑，却意外成为这个春天最浓重的"阴霾"，很多人为此不得安宁。

环保部官员已展开土壤详查，尽管调查结果尚未披露，但情况显然不容乐观。有媒体报道显示，当地地下水恶化严重，很多人家被迫购买饮用桶装水，附近村庄罹患癌症者越来越多。而渗坑所在的天津市、河北省，除表态"不管任何困难，不惜任何代价，一定要将污染渗坑治理到位"外，均宣布将展开全域范围内的彻查。

其中，河北省环保厅提出了4个"零遗漏"：对污染的排查、录入电子档案、明确每一个污染源的监管责任、对于污染的治理和修复等，都要做到"零遗漏"。天津市环保局则"由此及彼""举一反三"，对全市92个2015年已完成治理的渗坑逐一检查，坚决避免类似问题发生。

应该说，这些事后的应急之举，以及相应的由点及面、长效治理等努力，具有很强的现实针对性，若能不折不扣落实到位，确实有可能在杜绝污染增量的基础上，逐步治理污染存量，进而产生综合治理效果，避免土地和水遭受更严重的污染侵害。

然而，这样的治理愿景虽然美好，但真正实现起来却并不容易，甚至还有可能沦为空话，从而再度成为一次治理的"空转"。

其一，此前并非没有治理，只是，实际效果不仅不理想，简直就像是一次次心照不宣的"猫盖屎"游戏。以大城县的两个渗坑为例，据媒体报道，从 2014 年起，大城县就组织相关单位分别对两处渗坑污染水体进行治理。而治理过程亦十分简单，先把小坑污水抽到大坑，然后推土机把小坑淤泥推到角落，撒上生石灰，就算处理完了。这其中，既无科学调查，也缺乏相关手段，如何会有效果？

天津的情况尚不十分清晰，但从其决定逐一检查已完成治理的 92 个渗坑的情形看，也不乐观，至少同样缺乏足够底气。这表明，在以往工业污水渗坑的治理问题上，各地的病症其实大同小异，无非是让这些渗坑消失不见。至于具体的环境影响，对于土壤与地下水的危害等，并无相关数据披露。

其二，此前的治理如此敷衍，地方政府及环保部门又将如何保证接下来能够真正实现彻底治理？而从行政运行的规律看，一个新闻事件曝光出来，地方考虑的可能仍在于尽快消弭舆情危机，平复公众情绪，这时所有的措施、制度往往会倾向于严厉，而一旦危情解除，压力机制消失，则会不会认真践诺，踏实做事，并不好说。

特别是，相比于大气环境的治理，土壤与水的治理一点也不轻松。据媒体报道，有环保专家披露，仅污水处理就需要一年半到两年时间；土壤和地下水的修复周期更长，快则 3 到 5 年，慢则 5 到 7 年。而资金投入更是天文数字，以 17 万平方米的污水渗坑为例，要想完全恢复生态面貌，花费可能超过 2 亿元。

"先污染后治理"往往意味着巨额投入，这样一笔账算下来，地方政府还有多大的决心和积极性？况且，这样的事情即便做到极

致，也不过是"恢复原貌"，很难呈现"政绩"，远不如搞工业园区、培育企业那样看得见、摸得着。这也是为什么这些年来各地口口声声治污却效果不彰的深层原因。

各界注意到，中央严查环境问题的决心，是空前的。国务院总理李克强在作 2017 年政府工作报告时说，加大生态环境保护治理力度。加快改善生态环境特别是空气质量，是人民群众的迫切愿望，是可持续发展的内在要求。必须科学施策、标本兼治、铁腕治理，努力向人民群众交出合格答卷。

一方面，当以最严厉的政令及经济手段，斩断企业肆意排污的黑色利益链条；另一方面，在减少乃至杜绝污染增量的同时，逐步消化、消灭以往累积起来的污染存量。双管齐下，标本兼治，务求全功。一句话，治理"超级渗坑"关键在于"超级监管"，在于长效机制持续发力。

环保系统固然要切实履行环保责任，强化监管，而负责一方事务的地方政府尤其需要树立生态发展的理念。如果地方总是不动，或者推一推动一动，推哪个领域就重视哪个领域，最后的结果依然难尽如人意。犹记得，2015 年新《环保法》出台后，很多人都欢呼，环保法终于长出了牙齿。殊不知，环保法的牙齿能不能真正咬断现实的黑色利益，仍需要地方政府的配合支持。

2017 年以来，环保部大力开展地方环保督察工作，到目前为止，各督察组已完成对 28 个城市的第一轮督察工作，共发现 2800 多家企业存在环境问题。而所有这些环境问题的根源，其实仍在于地方政府的放任与纵容。不然，企业再肆无忌惮，也不会绕得过政府的监管。唯有自上而下形成一张严密的监管网络，方才有可能落实好环保责任。

　　以污水肆虐的农村及城乡接合部而言，这些地方为什么会成为污染的重灾区？很简单，地方环保部门要么有心无力，缺乏足够的执法支持，往往在地方政府的威力面前败下阵来；要么与污染企业同流合污，甚至成为污染企业的保护伞，共同对付上级的检查、督查。

　　这也预示了未来的环保督查方向，即必须从督查企业转向督查官员，从督查具体的污染行为转向督查官员的行政行为。具体的路径，一是从政策、法律的落实入手，重在督查环保责任落实的效果；再就是激发公众监督环保的积极性，扩大公众参与，让民众无处不在的眼睛成为一个个活的摄像头、记录仪。

　　事实上，若不是此次民间环保组织"两江环保"的"偶然发现"，存在多年的华北三大渗坑也不会进入公众视野。

（2017 年 4 月 24 日）

# 政务信息共享才能实现"指尖上的便捷"

刘晓忠

"跑断腿、磨破嘴、交了钱、受了罪……"一说起办证、开证明，很多人都叫苦连天。更让人不寒而栗的是，据统计，一个中国人从生到死，至少需 80 多个证。而公民根本就搞不清楚到底有多少道手续和什么手续。

针对"盖章跑断腿，办事磨破嘴"等社会关注、群众关切问题，李克强总理曾要求，在大数据运用中，要注重数据、信息之间的关联，进一步推动政府信息开放共享，消除信息"死角""孤岛"。

2017 年 5 月 18 日，中国政府网发布《国务院办公厅关于印发政务信息系统整合共享实施方案的通知》（以下简称 39 号文），就政务信息系统互联互通、整合共享作出了具体安排，以缓解和改善目前政务信息化建设的"各自为政、条块分割、烟囱林立、信息孤岛"等问题。

39 号文明确了构建政务信息共享体系的五个原则和十大任务等，并确定了完成具体工作目标的时点：即到 2017 年年底前初步建立全国政务信息资源目录体系，对一些重要政府信息系统实现互联互通，到 2018 年 6 月底前，实现国务院各部门整合后的政府信息系统接入国家数据共享交换平台，初步实现国务院部门和地方政府信息系统的互联互通等。

政务信息的条块分割、信息孤岛等问题一直是个老大难问题，因为这其中牵涉到不同部门间的利益，且信息共享工程的复杂性相对较高等。自 2016 年 9 月国务院发布《政务信息资源共享管理暂行管理办法》的 51 号文，以及《"十三五"国家信息化规划》的 73 号文以来，时隔几个月相关实施方案就出来，既反映政务信息共享工程的复杂性，又凸显出政府坚定推动这项工作的决心，这些都是政务信息互联共享最基础的推动力量和保障力量。

信息是一切事物存在方式和运行状态的最直接、最基础的表述。用著名数学家香农的话说，信息是用来消除随机不定性的东西，创建一切宇宙万物的最基本万能单位就是信息。政务信息是政府行为和科学决策的起点，政府行为决策的过程描述，以及政通人和的主要表述形式。懒政、监管被俘获和腐败等，都源自权力行使者利用政务信息不畅通等带来的信息不对称的滥用职权、自私谋利。

以共享为原则，不共享为例外，推动政务信息互联互通建设，实现政务信息的共享，不仅可以提高政府施政的效率、准确性，而且更重要的是，可以善用信息技术的发展成果，推动政府职能转型，为厘清政府与市场、政府与社会及权力与权利的边界，提供最基础的保障。

当然，要真正有效推动政务信息互联互通和最为广泛的共享，关键还需要遵循公开为原则、保密为例外的理念和行动指向，修改包括《保密法》在内的相关法律，科学合理地划定什么样的政务信息归为可共享的信息，什么样的信息纳入有限共享的信息，以及什么样的信息规定为不共享的信息，并严格贯彻负面清单管理的行政改革理念和思想，严格厘定各级政府及其相关部门的责权利。

与此同时，推动政务信息互联互通和共享，还需要落实一个基础性的问题，就是信息的真实、准确、及时和去伪存真等。

各部门录入的信息是否准确、真实和及时，需要构建一个激励相容的共识机制和信任框架，这显然需要一个尽量减少人主观干预的信息采集系统，扩大机读信息的适用范围，减少政府机关内部冗长的信息审核流程。

过长的内部信息审核流程，意味着每一个信息审核节点，都是一个信息筛选和取舍的过程，都可能带来信息失真之可能。因为每一个信息审核环节都难以杜绝人为粉饰信息的主观动机，这使得最终呈现给决策者或公众的信息，可能与实际的真实情况存在认知偏差和事实偏差，从而带有一定的误导性。

为缓解这种主观认知等带来的信息偏误，构建电子政务信息内网和外网的共享系统，应更多地使用最新的区块链技术框架等数字信息技术，借助区块链的全网共识、分布式记账、不可篡改、非对称加密和时间戳等特征，保障信息的真实、准确和及时，为政务信息体系构建一个可追溯的激励相容的机制，将更有助于电子政务信息共享体系的功能发挥。

总之，政务信息互联共享体系，既是科学决策、依法行政的基础保障，又是推动政府职能转型、提高行政效率的重要助手。

为确保每位公民轻点鼠标就可获得"一站式服务"，感受"指尖上的便捷"，各级政府还需以时不我待的使命感，加快推进政务信息系统整合共享。

（2017 年 5 月 19 日）

# "问题电缆"，就要严厉问责来"亮剑"

斯 远

此前公众高度关注的西安地铁"问题电缆"事件，迎来了国务院严厉的问责处理。

据披露，国务院决定依法依纪问责处理相关地方职能部门122名责任人，包括厅级16人、处级58人。对央企驻陕单位19名涉案人员立案侦查；由陕西省依法依规撤销涉案违法生产企业的全部认证证书和著名商标认定，吊销营业执照和工业产品生产许可证。此外，责成陕西省政府向国务院作出深刻书面检查，并通报批评。

沉疴下猛药，乱局用重典。国务院此番拿出的五条处理意见，可谓条条"干货"、刀刀见血，直指西安地铁"问题电缆"产生的深刻"病灶"。不仅要求地方依法将问题企业逐出市场，更严厉问责地方政府及相关部门的不作为、乱作为乃至腐败问题；不仅盯紧已经发生的具体个案，更举一反三、痛定思痛，要求全面排查可能涉及的工程项目，大幅提高严重影响公共安全的质量违法成本。

2017年3月"问题电缆"事件爆发以来，这一事件经历了诸多波折，其间种种"异动"可谓险象环生。从一开始企业矢口否认，到企业负责人下跪致歉；从当地有关部门多年来坚持为企业背书、打压举报对象，到后来西安市政府表态彻查，直到现在的国务院严厉问责，这其中，尽管不无"山重水复"的暗昧不明，但总的趋势

依然是"柳暗花明"。

这也表明，在维护公共利益、打击质量造假、惩治工程腐败等问题上，国务院的态度非常坚决，并无任何游说、遮掩、糊弄的可能，更不要说试图以公权力遮掩私底下的罪恶交易了。

国务院严厉问责，也与公众的体感吻合。毕竟，在西安地铁"问题电缆"事件中，存在太多疑点，让人有太大的想象空间。一家注册成立不到 3 年、正式投产不到 1 年的电缆企业，如何能够从众多老牌电缆企业中杀出重围，俨然成为西安地铁 3 号线的电缆供货商？既然当地质监部门多次查出奥凯电缆产品质量不合格并伪造检验报告，为何依然能够正常供货？甚至工商部门还为其颁发"陕西省著名商标"？

不仅如此，作为一项直接关系到民众生命安全的民生工程，西安市政府多年来组织的例行安全检查何以没有查出任何问题？即便是接到群众举报，也置若罔闻，究竟是什么因素从中作梗？

可见，任何体现在质量、标准、程序等技术性层面的问题，根源都在于人，在于事件背后公权力的操弄。也因此，国务院问责处理了相关地方职能部门 122 名责任人，可谓切中肯綮，抓住了事件的关键问题与主要矛盾。此举也部分揭开了长期以来笼罩在西安地铁项目上的盖子，回应了民众心头的疑惑。公权不靖，百弊丛生；彻查官员，大快人心。

而处理人员的级别之高、数量之多，似乎也为近年来所仅见。此前，山东问题疫苗案先行处分了 357 名公职人员，但并未披露涉事人的级别，此番 16 名厅级、58 名处级官员被问责，应该说，是对社会关切的积极回应。

当然，也不能指望一次问责就能彻底终结工程建设领域的乱局。既然问题出在制度背后的人，既然仍有官员无视党纪国法，挺身犯险，那么，需要做的就是持续加力，不断强化制度的约束，倒逼官员真正回到严格的制度体系之内。

李克强此前表示，质量是国家综合实力的集中反映，是打造中国经济升级版的关键，关乎亿万群众的福祉。政府要加快转变职能，营造公平规范的市场秩序，激励企业诚信经营、多出优品、打造精品。完善事中事后监管，特别是强化对关乎群众健康和安全的产品质量监管。

此番国务院重申"进一步全面加强质量监管"，本身就是旨在治本。一方面，要形成良性的市场竞争，市场主体应该靠质量而非其他赢得市场，不遵守这一规矩，就该被踢出去；另一方面，监管部门要恪守制度规则，质量固然是生产出来的，但根本上还是监管出来的。一旦监管放水，必然会祸乱市场，最终伤及的还是公共利益。

在全国各地重大项目遍地开花、并纷纷走出去的背景下，严格规范公共资源配置的交易，强化政府的监管责任，全过程全链条全方位实现质量管理，有着极其重要的现实意义。这不仅关系到公共财政的有效投入，也关系到民众的公共安全，关系到"中国制造"的前途与命运。

（2017 年 6 月 9 日）

# 不怕得罪人，督查才能为政令畅通护航

王　琳

再过二十天左右，国务院将派出督查组，分赴各地实地督查。据《新京报》2017年6月22日报道，这已是本届政府开展的第四次大督查。作为本届政府最后一次督查，此次督查除了督查改革、民生等重要问题之外，防范重点领域风险首次成为督查重点。

督查是推动工作落实、确保政令畅通的重要举措。近日，国务院办公厅通报了16个督查问责典型案例，涉及公租房大量空置、医保基金管理使用不到位以及套取挪用侵占保障性住房资金、扶贫资金等方面突出问题，共有1089人被问责。

从成本上考量，督查肯定比自查耗费的资源更多。但自查依靠的是道德自觉，本质上是"自律"。一部法律也好，一项政令也好，在制定之初就不能依赖执行者的道德自觉，否则就不需要法律和政令了。法律和政令都涉及对现有社会关系的调整，也都伴随着责权利的再分配。这其中，可能影响到执行者的责权利。有的执行者可能认同这种调整，也不排除有的执法者不认同或不情愿接受这样调整。因此就会产生对法律和政令的抵抗执行或消极执行。

要确保法律得到准确施行，政令得到上下畅通，以外部力量来推动甚至强行驱动的督查机制就不可缺少。若从民众的视角看，督查仍是一种行政权的自我监督与自我约束。但相对于被督查者来说，督查仍可视为一种外部性（通常是上级部门）的"他律"措施。

当然，督查也只是一种手段，其目的是要通过督查发现问题，并促进问题的解决。在"查"这个字上，首先就得坚持问题导向，不回避问题，不掩盖问题，不漠视问题，只有这样，才能真解决问题、解决真问题。要"查"就得真查，不能搞那些被督查对象全程陪同式的"欢迎上级领导到我市／单位明查暗访"。更不能仅以翻翻被督查者提供的文字材料、听听被督查者的口头汇报为督查的内容，如果不深入基层、深入一线，听取社情民意，听取行政相对人的意见，那样的督查不过是异化的"自查"。

"查"也只是第一步，也是"督"的前提和基础。查出了问题，才能督准、督深、督实。但如果查出了某个问题，仅仅解决这个问题，也不能借督查之机实现由点到面的预防效果。督查最应该避免的，就是"查"了，也"督"了，然后就没有了下文。倘若感受不到切肤之痛，被查出问题的责任单位、责任官员，就难以长出记性。有的甚至会产生侥幸心理：工作落不落实关系都不大，就算被督查发现了，也可以再改，改了就好了嘛！

为官要有为，担职要担责。要让官员尽责，先得对失职官员问责。督查如果离开了问责，那就是"无牙的老虎"。一些地方和部门也不乏督查，往往启动之时轰轰烈烈，收尾之时冷冷清清。轰轰烈烈是要做样子，冷冷清清是要保面子。但捂盖子，看似保住了被督查者的面子，却连带把督查者的面子也丢了。这叫得不偿失。国务院办公厅这次通报16个督查问责典型案例、问责1089人。看似这些被问责的单位和领导干部没面子，实则在民众的心中，是长了督查的面子，赢了法治的面子。

正如李克强总理曾强调的："为了国家和人民的利益，督查不

要怕得罪人！督查组下去要担负这个责任，该办就办，奖罚分明！"

通过问责，可层层传导履职、尽职压力。只有通过这样的压力传导，才能让官员们从办公室里走出来，真正走到基层去，走到一线去，走到自己的职责中去。国务院大督查承诺"不放过一条线索，不错过一个问题"。这也清晰地表明，大督查所追求的，是制度化的、普遍化的责任传导，而不是搞什么"隔墙扔砖"，砸到谁算谁。

只有当问责制总能基于官员履职的状态适时启动，实现"有责必究"，官员才会始终处于一种负责任的状态。同时，确保督查者也受督查和监督，形成责任机制的闭环，这或许就是国务院大督查的初衷所在，也是民心、民意之所向。

（2017 年 6 月 22 日）

# 预算执行屡审屡犯，亟待长效机制遏制

聂日明

"这次审计中发现的一些问题，可以说是每年'屡审屡犯'的'顽症'。所以我们不光要对这些问题坚决整改，更要认真研究，建立一个'长效机制'！"李克强总理在 2017 年 7 月 5 日的国务院常务会议上说。

当天会议部署整改审计查出的预算执行等问题，推动国家重大政策措施落地见效。"政府要勇于揭示自己存在的问题，但更重要的是怎么解决这些问题。"李克强说，"要把审计中发现的问题分解到各部门，限时按项逐条推进严肃整改！审计署要对整改结果进行跟踪督查！"

2017 年 6 月 23 日，在十二届全国人大常委会第二十八次会议上，审计署审计长胡泽君作了《国务院关于 2016 年度中央预算执行和其他财政收支的审计工作报告》，就中央财政管理及决算草案、中央部门预算执行、国家重大政策措施落实、中央企业、金融等 7 大方面的审计情况做了汇报。

报告显示，上年执行率较低的项目，次年没有降低预算规模，国家发展改革委等部门将资金投向竞争性领域、中央基建项目进展慢或闲置；转移支出管理落后，绩效考虑、项目退出等机制缺失；增值税的可抵扣范围小，降低了营改增的减税效果；中央部门、中

央企业、重大政策等方面存在乱花钱、违规收费、未执行国家政策等问题。审计报告还汇报了移送的重大违纪违法问题线索情况，建议深化财税改革，提高财政管理绩效。

审计署向全国人大报告"年度中央预算执行和其他财政收支的审计工作报告"是每年6月的例行工作，每年审计出来的问题都很多，篇幅都在1万字以上，字字直指问题，但每年都有屡审屡犯的问题，如预算不完整、资金闲置、违规列支"三公"经费、转移支付管理制度不健全等；每年也都提相似的建议，2011、2012、2014、2015年都提到加快财政体制改革，2011、2012、2013、2015年都提到优化财政支出结构，增加民生投入，2012—2015年都提到提高财政资金使用绩效。2015年，审计署建议强化问责和公开，健全审计查出问题整改长效机制，但从2016年的报告来看，屡审屡犯的现象并没有得到遏制。

新近的常务会议提出，要构建长效机制，有效遏制屡审屡犯现象，加大督查力度，对整改不力和不作为、乱作为的要严肃问责。这是好的回应。但近几年审计署发布报告以后，相应的常务会议也都提到要着力构建长效机制，健全监督制约机制，克服屡审屡犯的"牛皮癣"，但效果并不显著。

那我们应该如何建立遏制"屡审屡犯"的长效机制？

首先，乱花钱的源头在于政府的钱太多，民生支出太少的根源在于民众之急很难成为有些部门编制预算的动力，这导致了支出与需求之间的错配，浪费了财政资源，投向竞争性行业的钱还挤出了民间投资，不利于经济复苏。要长久地杜绝这一点，需界定政府的事权，明确哪些事情是政府应该做的，哪些事情是最紧急的，这些也就是审计报告中年年都提的深化财税体制改革。

过去几年，中央政府财税部门做了很多努力，在预算管理、财政事权、转移支付方面有不少新规出台。但问题是，深化财税体制改革约束的是各级政府的权力，界定的是政府和社会的边界，靠政府自身的努力很难推动，需要中立的第三方和最高的权力机构，这应该是全国人大的职责，应当在全国人大的层面来推动。

其次，有文件、法律出台，政策要发挥效力还要看执行情况，即使在目前的《预算法》、转移支付新规等框架下，各级政府执行的情况也不是很好。这是因为政策实施主要依赖于中央的监督和检查，限于人手，中央不可能同时管住所有人，也就难免有人会铤而走险。机制要长效，监督与约束机制要多元、广泛，各级人大、公众媒体、纳税人、司法等主体都可以发挥作用。例如营改增的抵扣项设计，财税部门权力过大，企业有不同意见时，复议、仲裁与行政诉讼的成本巨大、收效甚微，如果将抵扣项认定的权力上收一部分至人大（增值税应先立法），降低司法救济成本，维护企业维权的权利，企业的可抵扣项就不会这么少了。

最后，审计报告中的绝大多数问题都是滥用公共权力的结果，而约束公共权力最佳的武器就是公开透明。2014年同期的国务院常务会议提出，从公开透明的预算制度入手，推动建立现代财政制度，这可谓将"权力关在笼子里"最为关键和有效的机制。

将财政收支列于阳光之下，接受公众的审视，造假被发现的可能性大大提高，继而抑制有些部门违规操作的冲动，纳税人也可以知道自己的钱用于何处，纳税遵从度也会大大提高。

2014年通过的《预算法》修订案要求预算编制将收入编至"目"，支出按功能分类编至"项"，按经济分类编至"款"，财政部近年来

推进的国库集中收付更是在支付系统上掌握了绝大多数政府部门的收付明细，财政收支公开透明已经有很好的技术基础，所需的只是政府公开透明的决心。

（2017 年 7 月 6 日）

# "放管服"仍是促进经济良性增长的关键

缪一知

国家统计局 2017 年 7 月 17 日发布了《上半年国民经济稳中向好态势更趋明显》的报告，数据显示，2017 年上半年国内生产总值（GDP）较 2016 年同期同比增长 6.9%，而且一二季度增速相等，不存在失衡；2017 年第二季度环比又增长 1.7%，即比第一季度有所进步，可谓增速稳健。

就产业结构看，第一二三产业同比均有增长，而且一业更比一业高，符合我国产业结构调整的方向。第一产业即农业 2017 年喜获夏粮丰收，粮食、猪牛羊禽肉产量都有增长。

第二产业即工业状况也较好，2017 年上半年规模以上工业增加值同比实际增长 6.9%。6 月的增长数据还优于 5 月，势头良好。按照统计局的分类方式，股份制企业表现最佳，有 7.1% 的增速，而外商及港澳台商投资企业表现其次，国有控股企业和集体企业则明显拉了后腿。就门类而言，制造业与基本公用事业（电、热、水、燃气）增长明显，采矿业增长率则为负数。不过，这也是供给侧结构性改革中去产能措施见成效的表现。

其中还有三大亮点：一是增长的同时贴合了结构升级要求，2017 年上半年高技术产业和装备制造业同比增长 13.1% 和 11.5%；二是规模以上工业企业即大企业产销率达到 97.5%，即 97.5% 的产

品已被售出；三是这些增长并非单纯的粗放式外延增长，而有可观的盈余。

所谓工业增加值，是以货币计量的工业生产活动的最终成果，这些产值可能是无效率的，但 2017 年 1—5 月规模以上工业企业的利润同比增长高达 22.7%，却有力表明这些产值增加显然并非无效，符合前述产销率数据。鉴于这个利润增长数值比去年同期高出 16.3%，所以可以讲相当惊人。不过，若只看规模以上工业企业的主营业务收入利润率，也有 6.05%，较之去年同期亦有增长。

第三产业即服务业的形势更好于传统产业，营业税改增值税等政策措施的成效在体现。其中增长最快的是交通运输、仓储邮政、信息传输、软件和信息技术（IT）服务、租赁和商业服务。

传统上驱动经济的三驾马车是"投资＋出口＋消费"，在我国前两者在过去更具主导性。2017 年上半年数据显示，投资增速稳中略缓，全国固定资产投资同比增长 8.6%，增速略有回落，其中国有控股投资增长率是民间投资增长率的一倍半以上，有一定的挤出效应。高技术制造业和服务业增长均超过 21%，较为抢眼。而 2017 年上半年全国房地产开发投资同样增长明显，房屋新开工面积、住宅新开工面积都在 10% 以上。

消费增长率则高于投资，2017 年上半年同比增长 10.4%，乡村消费品零售额增长还快于城市。而网上零售额增长率则几乎是所有消费品增长率的 3 倍。因为消费价格涨势温和，除居住消费外，基本上在 1% 左右，故而消费增长并非由于涨价驱动。值得一提的是，猪肉鲜菜价格下降，鉴于上半年农畜产品增长明显，所以该趋势不会明显逆转。而且上半年居民人均可支配收入在扣除价格因素外的实际增长率要高得多，故而总体上民生不会受负面影响。

比起消费增长率更高的是出口，2017 年上半年同比增长 15%，虽然进口增长率更高，但由于出口比进口要多 1 万多亿元，所以我国还是顺差国。而进出口的增长重点是部分"一带一路"沿线国家。

近年来，随着我国经济增长进入新常态，发展压力加大。而 2017 年以来，还多有"二次探底"的悲观提法。不过 2017 年上半年数据较佳，大多超出市场预期。虽然不能因此断言已经走过拐点，但显有值得肯定之处。从根本上说，这是与去产能、去库存、去杠杆、降成本、补短板五大改革措施初见成效有关，过剩产能的有序化解提高了产能利用率，商品房等领域的去库存盘活了企业资金，去杠杆降低了企业成本，生态保护和环境治理、水利管理、交通运输仓储和邮政、教育等领域的投资增速显著，在基础设施层面弥补了种种短板。

无疑，经济发展不会一帆风顺，要说巨轮已过万重山更是为时尚早，国内外种种结构性矛盾和不确定因素依然存在，2017 年的南方洪灾等自然灾害的影响也不容小觑，因此继续推进供给侧结构性改革，坚持简政放权、放管结合、优化服务的市场化改革，仍然是促进经济良性增长的关键。

（2017 年 7 月 17 日）

# 投诉有门，"敲打"违规收费的政府部门

缪一知

按照国务院部署，财政部已于 2017 年 6 月底公布运行行政事业性收费和政府性基金目录正面清单。李克强总理在 7 月 28 日的国务院常务会议上强调，已经公布的政府收费，要接受社会监督，做到清单之外一律不得收费。

全国所有的合法合规政府性收费"一张网"全覆盖，意义重大；而国务院常委会议上的此番强调，可以说意义更大。

政府收费项目不明晰，往好里说有与民争利或程序不公之嫌，而往坏里说，则给了贪官污吏中饱私囊、上下其手的机会，国家未得利、百姓更遭殃。在古代，有杂项高出正税几倍的情况，导致民怨沸腾，可谓历史的深刻教训。

所以，要实现财政为民、政府负责，就要逐步做实税收法定、收费透明的健康体制。第一步是简化政府收费项目。本届政府成立以来经过多年清费减负，中央行政事业性收费已由 185 项减至 51 项，地方减至每个省份平均 14 项，政府性基金由 30 项减到 21 项，成果显著。第二步，就是让百姓能够拿着这个短名单有效监督政府、"敲打"违法违规收费的个别政府部门和官员，即总理所说的，"不能公布完就撒手不管了。要让老百姓和企业既明白政策，还要投诉有门。"

可以说，从下至上的"人民战争"，才能真正把清理不规范收

费落到实处。

那么，如何健全投诉处理机制呢？

一是让人民知道监督的依据，合法的收费项目要让公民和企业周知。如放在互联网上，这样既减少了征收的阻力，也让乱设的项目难以遁形。一个多月前的在全国深化简政放权放管结合优化服务改革电视电话会议已经定下时间表：2017 年年内要基本完成国务院部门内部政务信息系统整合清理工作，年底前要拿出国务院部门互联互通系统名单和共享信息目录、实现连接，不能再有神秘的"信息孤岛"。既然政府做的事情、收走的钱与公众利益密切相关，就应该让服务对象明白政府在干什么、该干什么，收费为了什么。合法的收费也要保证不被乱花、挪用。

二是"阳光政府"和推进政务公开也应该体现在投诉和监督环节。本届政府强调"互联网＋"，其中"互联网＋政务"潜力还有待发挥。例如，长期以来，对政府部门的投诉监督，总是难免会有一些不理不睬、回应等待漫长、踢皮球推诿责任、让人申诉无门、跑断腿徒劳无功的情况，进一步滋生了不和谐、不稳定因素。故而，在探索如何健全投诉处理机制，让企业和公民投诉有结果时，应当注意逐步探索落实网上受理机制，特别是进展流程的实时显示，一方面让投诉监督者能对结果有所掌握，对监督流程本身予以监督；另一方面也令违法违规者有更多忌惮。

比起其他官民纠纷，政府收费项目正面清单是否被有效执行的问题，在事实层面较为清晰，不需要考察太多前因后果；收费项目的减少和公示化，更是大大便利了监督的可行性，可以先行地成为互联网监督全流程化的试验田。

（2017 年 7 月 31 日）

# 移动互联网时代的抗洪死角

王　琳

受近日持续强降雨影响，湖南、广西、江西、湖北、安徽等地有 60 多条河流在 2017 年 7 月 2 日发生超警以上水位洪水，其中湖南沅江中游、资水，广西桂江上游等地有 16 条河流先后发生超保证水位洪水，湘江下游发生超历史水位洪水。

作为传统媒体标准的报道，这些信息及时而准确，但与社交媒体上不断刷屏的洪灾现场照片相比，还是后者得到了更多的转发和关注。

笔者童年在湖南南部长大，雨季"涨大水"就像四季轮回一样自然。不一样的是，这次的"大水"似乎来得更猛一些。和新闻界的一些朋友聊天，他们对南方洪灾的了解，多数停留在传统媒体在网络舆论场上的推送。

比如从空中俯瞰被洪水贯穿的橘子洲，视觉冲击力就相当强，被转发也最多。但对航拍橘子洲的网络围观，更像是在看一处难得一遇的风景。洪灾中惨烈的真实、守望相助的感动，很大程度上被"看海"的戏谑给消解了。

基于熟人社区的微信朋友圈在洪灾中的信息传播，比其他媒体更活跃，也更切中现实。笔者的朋友圈中就有不少洪灾的现场图片。这也是两个舆论场：一些人在自己的社交媒体圈内持续对政府的救灾提出批评，但事实上，政府也在不断地发布救灾的消息。比如：鉴于目前雨水情况和汛情情况，根据《长沙市防汛应急预案》，长沙市应急委决定：自 7 月 2 日 17 时起在全市范围启动防汛Ⅰ级应急响应。自入汛以来，这是长沙市首次启动防汛最高级别应急响应。

政府拥有众多传播渠道与手段，相应的这种"最高级别应急响应"也能迅速传递给市民。当洪灾来临时，它首先考验的就是政府部门的预警能力和应对能力。

南方持续降雨已有一段时间，实时监测、防汛预警也应是相关部门的日常工作，相信这些监测和预警都没有缺位。移动互联网上的用户，也都能方便地获取各类抗灾信息。当我们被各色"长沙告急"的信息刷屏时，应当说长沙城虽有"危"但并不"险"，城区里丰富的公共资源，满足市民基础的防汛救灾并不致紧张。

问题更多的还是抗灾能力不足的农村和乡镇。对于抗灾来说，绝不应止于保住多数、保住城市就好了，而更应"一个都不能少"。当城里的知识分子已经在反思"楼与水争地"的城市规划与发展问题时，乡村空巢中的留守老人和儿童还面临着谁来给他们预警、谁来判断并通知他们是否该撤离等最基础的问题。

哪怕中国绝大多数人都上了网，还有小部分线下遗民，也还有洪灾致通信网络电力中断等特殊情况，这时仍然需要借助于政府强大的基层组织，以敲锣、击鼓、吹哨、喇叭喊话甚至逐户敲门等传统方式，来确保预警和防汛信息及时准确传达到每村每户，甚至每一个家庭成员。消除信息孤岛，已是安全救灾的前提和基础。

防灾做得好，救灾自然轻松。"宁可十防九空、不可失防万一"。"防"和"救"的关键都是信息死角处。各级政府现在都不

缺少各色救灾应急预案，文本上的防汛工作责任制等也都经得起检查。但只有在真正的灾难降临时，才是这些文本的大考。

重点区域、重要设施、重大工程都要有人值守，各类水库塘坝、地势低洼地段、易发生山体滑坡地段、重点堤坝河洪道，都要有专人不间断巡查。这些关键地点，以及救灾能力薄弱的地区和人员，才是防汛救灾工作的重点，也本应是舆论场上大家关注的焦点。

各大新闻 APP 里间或能看到的"夏季到 XX 来看海"，绝不是什么"革命的乐观主义精神"，浅薄的戏谑很容易在舆论场上掩盖了洪水的真相，并形成救灾的死角。网民可以围观城里的"海景"，职能部门绝不能掉以轻心。

（2017 年 7 月 3 日）

# 生命至上，预警机制必须跑赢灾害

欧阳晨雨

不曾料想，在汶川地震发生9年之后，2017年的四川自然灾害竟又如此频繁，如斯深重。

2017年8月8日21时19分，四川省阿坝州九寨沟县发生7.0级地震，截至目前，已造成13人遇难，175人受伤。

同一天凌晨5时，四川省凉山州普格县荞窝镇耿底村发生山洪自然灾害，共冲毁房屋71间，造成23人死亡，2人失联，轻伤4人。

此前，四川省茂县的叠溪镇富贵山山体突发高位垮塌，40余户农房被埋，10人遇难，73人失联。

据民政部数据显示，入夏以来，四川盆地出现强降雨，局地还伴有雷暴、大风、冰雹等强对流天气，引发洪涝、风雹等灾害。四川乐山、宜宾、雅安等5市（自治州）12个县（市、区）1.7万人受灾，直接经济损失达1300余万元。

数月之间，地质灾害频发。再往前追溯，从汶川地震到雅安地震再到九寨沟地震……摆放在我们面前的，是一张浸渍着悲伤泪水的冗长名单。他们不是一串冰冷数字，而是一个个有血有肉、有情有爱的生命体，在他们的身上，都曾上演过精彩的人生。

倘若没有这些突如其来的自然灾害，这些不幸离世的人们，或许还如同你我，享受着家庭的温馨柔情，品尝着人生的美好

滋味。如今，意外的降临，却让这些家庭陷入了无尽的悲痛和哀思。

诚然，灾害是无情的，但是在科学的支撑下，国家对于灾害的防范与预警，对于减少次生灾害的发生与保护人民生命财产安全，都应做到科学有效，不遗余力。以地震的预测为例，尽管从科学的视角看，人类对其精准预测还远达不到"料事如神"的程度，但随着预警机制和预警系统的科学构建，已经将警报时间大幅提前。

此次九寨沟地震，有关部门便给成都市提前 71 秒预警，给甘肃陇南市提前 19 秒预警，还对广元市、绵阳市、阿坝市、汉中市等 6 个市的 11 所学校提前 5 秒至 38 秒发出预警。看似不起眼的数秒预警，对于人口密集的城市和学校，便意味着无数生命的可能获救。

当然，如果这种机制能够更加健全，预警的范围更加精准，时间更加提前，挽救的生命就会更多。与地震预警有所不同，对于泥石流、山体塌方等地质灾害，预警机制则要更有把握。

事实上，对于易发地质灾害的区域，科学摸排和统计并不是问题。雨季来临，山体崩塌、滑坡、泥石流、地面塌陷、地裂缝、地面沉降以及洪灾等地质灾害容易出现，更是自然规律。从近来发生的一些重大自然灾害看，之前往往有过一些"蛛丝马迹"。

问题的关键是，灾害预警机制不能停留于表面，而应真正"跑动"起来、落到实处。之前的 2013 年云南省镇雄泥石流灾害，便有幸存者指出，山体早在 3 年前就裂开两米宽裂缝，但是却被"搁置"。如此自然灾害，虽冠以"自然"之名，何尝不是"人祸"，又何谈对生命负责。

防灾减灾，是一场自然与科学、人性与魔性的生死竞速。为了生命，灾害预警机制必须跑赢。

（2017 年 8 月 9 日）

# 三、经世济国策

# 次贷危机十年启示①：危机越来越远了吗？

郑 慧

次贷危机已经距今十年了，我们在谈论许多问题时，经常会这么说："金融危机以来……"，或者说"后危机时代……"，这说明次贷危机对我们的经济生活影响广泛而深远，我们的许多理念、制度安排都因为次贷危机而发生了变化。十年了，世界经济似乎并没有走出危机，期待中的新增长姗姗来迟，地缘政治变得扑朔迷离。这一切是为什么？

2007 年，美国次级抵押贷款市场出现危机，首先受到冲击的是从事次级抵押贷款业务的放贷机构，其次是放贷机构将次级抵押贷款合约打包成金融投资产品出售的投资基金。之后，涉及美国房贷业务的金融机构纷纷遭殃。

随着美国次贷危机扩大至其他金融领域，银行普遍选择提高贷款利率和减少贷款数量，致使全球主要金融市场流动性不足。为了防止危机进一步蔓延，欧美日央行紧急出手应对。

但次贷危机的狂风暴雨，不仅令道指持续跳水，欧洲三大股市指数、日经指数、恒生指数也纷纷出现暴跌行情。次级抵押贷款机构破产、投资基金被迫关闭、股市剧烈震荡，演化成一场席卷全球的金融危机。

为应对危机，主要经济体采取了大规模的扩张政策，造成债务

增加，杠杆率攀升。2009 年年底，全球三大评级公司下调希腊主权债务评级，欧洲债务危机拉开序幕。

面对重重困难，发达经济体一再使用货币宽松工具，进一步推升债务水平。债务高企限制了投资和消费，不利于经济增长。在全球贸易和跨境投资下降的背景下，新兴经济体投资增速也逐步放缓，结构性矛盾凸显。

随着美国经济指标好转，美联储于 2015 年 12 月启动近十年来首次加息。美国货币政策由宽松转向紧缩，带动利率走高、美元指数走强，引发国际资本回流美国本土，导致资本从新兴经济体流出，引发货币危机。

回望十年，从次贷危机到债务危机再到货币危机，从美国到欧洲再到新兴经济体，危机的影响可谓连绵不断。

金融风险与地缘政治风险相互融合。全球货币政策分化激化恐慌情绪，地缘政治领域动荡。2016 年，英国脱欧、土耳其政变、美国特朗普胜选总统、意大利公投失败。2017 年，欧洲将走向何方？朝鲜半岛再起波澜，中东局势复杂。我们已经隐约看到，贸易保护主义、民粹主义的兴起。全球市场如何应对？

人们惊呼，2016 年世界出现"黑天鹅湖"。美国学者米歇尔·渥克（Michele Wucker）提出，很多事件都能被归入"灰犀牛"的范畴。"黑天鹅"比喻小概率而影响巨大的事件。"灰犀牛"则比喻大概率且影响巨大的潜在危机。灰犀牛体形笨重、反应迟缓，你能看见它在远处，却毫不在意，一旦它向你狂奔而来，定会让你猝不及防，直接被扑倒在地。它并不神秘，却更危险。

辞海中"危机"定义，是"某种潜在矛盾的爆发"。危机为事物发展过程中因若干方面矛盾激化而导致的一种破坏常规的恶性状态。危机的发展，往往分为潜在、爆发、高潮、转化、消融几个阶段。与经济周期造成的衰退不同，经济危机造成的衰退程度影响更深更广泛。危机发生之时，表面上经济可能并不萧条。

1920 年开始，美国经济进入以房地产、基础设施建设和汽车为主要驱动力的发展时期。高涨的投资热情催生了股市的繁荣和资本泡沫的泛滥。2007 年前的美国也出现了房地产虚假繁荣的景象。

我们警惕"黑天鹅"和"灰犀牛"，就是因为其出其不意地造成难以预料的伤害。危机理论关注的是如何反危机，也就是如何消除潜在因素，以减少危机爆发时的影响。或者，爆发后促使其进入转化阶段，抑制其扩展的范围。

但是，在每次大规模金融危机爆发之前，市场都盲目乐观，认为"这次不一样"，不会重蹈过去金融危机的覆辙。然而，"历史不会重复自己，但总是押着相似的韵脚"。

虽然人与人的文化背景、思维模式都有很大的差异，但是，从群体性动物的本质而言，人的行为特征有许多相似之处。比如，大多数人都是"风险厌恶"，人们具有跟随或模仿某种领袖的习惯，寻求"获得安全感"的倾向。我们知道危机会出现，只是不知道何时来临。我们知道问题很严重，只是我们想的是如何把"炸弹"传递下去，或者如何减少自身的风险。

但是，人们没有预料到，市场之"势"一旦形成，没人能控制住这头"灰犀牛"。"黑天鹅"已经幻化为"灰犀牛"。表面上，我们看到的是神秘的"黑天鹅"和模糊的"灰犀牛"，但其本质，是利益分配格局的重新洗牌。犹如地震爆发，哪里蕴含不平衡的地壳力量，哪里还会有余震，直至各方力量相对均衡。

（2017 年 8 月 19 日）

# 次贷危机十年启示②："政府之手"该放哪

张德勇

2017 年是次贷危机爆发十周年。十年前，次贷危机首先在美国引爆，然后席卷大西洋另一边的欧洲，进而蔓延至整个世界，演变成自"大萧条"以来最为严重的国际金融危机。

这场金融危机，不仅给西方金融业带来近乎毁灭性打击，更严重冲击到全球经济。时至今日，我们仍然感受到这场金融危机的阴霾，许多经济体仍然在寻找摆脱经济下行压力的途径，全球经济复苏的迹象依然不十分明朗。

回头看这场次贷危机，其爆发的直接原因是美国房地产泡沫的破灭。当时，一方面是联邦基金利率的上升，住房抵押贷款利率随之水涨船高；另一方面是美国住房市场开始降温，使购房者出售住房或者通过抵押住房再融资变得困难。这两项因素叠加，导致大批次贷的借款人不能按期偿还贷款，造成信用链条断裂，最终引发次贷危机。

在这直接原因的背后，却是反映了过于相信市场而无形中弱化甚至缺失相应金融监管的事实。以曾任美联储主席的格林斯潘为代表的人士就认为，金融市场可以最优地配置资源，不会产生重要的金融扭曲，没有必要对金融机构加强金融监管。

于是，对于市场上基于住房抵押贷款支持证券而衍生的金融产品，美国金融监管机构要么监管不到位，要么出现监管真空，导致一些金融创新向创新过度化、风险放大化的方向发展，造成风险的积累，并加剧风险的跨市场、跨行业和跨区域外溢与蔓延，最终演变成危机。从这个意义上讲，虽然危机看似来自于市场方，但真正出问题的是监管机构，也就是政府方。因此，就这场危机而言，与其说是市场失灵所致，倒不如说是政府失效与市场失灵共同造成的。

在危机爆发后，面对危机对实体经济造成的巨大损害，各大经济体都毫无例外地选择了政府干预，用政府这支"有形的手"去拯救市场这支"无形的手"，尽管各大经济体政府干预的力度有所差别和干预的效果有所不同。

对于政府干预的作用，曾于2009年至2013年担任美国财长的盖特纳就做了很好的说明。他在其关于金融危机的回忆录《压力测试：对金融危机的反思》一书中反复强调，消除市场恐慌，恢复投资者信心是整个金融系统稳定与恢复的关键，也是政府运作的首要任务。

面对危机，政府充当了"救火队"的角色。这对于缓解危机给经济带来的巨大冲击、逐渐恢复市场活力等方面发挥了必不可少的关键性作用。当然，政府的角色不应仅限于此。

随着金融业态越来越复杂多样和金融创新层出不穷，政府面临的重大挑战是如何做好监管问题。也就是说，充当危机爆发时的"救火队"只是政府履职的其中一个方面，也是万不得已之举，而如何做好监管、防患于未然，才是政府履职的最重要方面，这也是国家治理能力和治理体系现代化的充分体现。

金融是现代经济的核心，金融稳则经济稳。总体上，我国金融

形势良好、风险可控。不过，由于经济全球化的影响，他国金融形势的不稳定很容易冲击到我国，诱发国内的金融风险；同时，由于经济增速换挡调整，在经济下行压力下，我们不免出现了一些金融风险点，像是非金融企业部门存在高杠杆率和杠杆率上升速度较快的问题，以及某些地方以设立各种投资引导基金和 PPP 项目等为名，违法违规举债融资，形成地方债务的新风险点等，成为影响经济稳定运行的隐患。

鉴于此，从 2016 年年底召开的中央经济工作会议，到 2017 年 4 月中共中央政治局就维护国家金融安全进行的第四十次集体学习，再到 7 月召开的全国金融工作会议，不同场合多次高度强调了防控金融风险的重要性，并提出了相应的具体措施。

尤其是，决定设立国务院金融稳定发展委员会，提高了金融监管的层级，有利于形成监管合力，加大监管措施的执行力度。这也意味着，对于金融风险，以强化监管体现预防为先，守住不发生系统性金融风险的底线。由此可以看出，政府的作用显然更应积极体现在如何防控金融风险上，坚持预防为先，并及时将风险化解在其萌芽阶段。

（2017 年 8 月 19 日）

# 次贷危机十年启示③：贫富差距亟需弥合

聂日明

"银行随随便便地放贷""没有人想过，如果借贷人停止偿债会有怎样的后果"。美联储主席耶伦最近回忆，十年前的次贷危机是如何产生的。当年她担任旧金山联邦储备银行行长。

2007年8月初，美国次级房屋信贷危机爆发，与次贷有关的公司、金融产品陆续宣布破产或巨幅亏损，带动了全球股市连续多次暴跌。8月末，就如何应对次贷危机，美国总统首次提出解决方案，但大家还没有意识到次贷危机的严重程度。到2008年，全球方才明白，这是自1929年"大萧条"以来最为严重的国际金融危机。

一般认为，次贷危机的根源是美国的金融机构将住房按揭贷款贷给了不合格的借款人（次级贷款等），在房价上涨和利率较低的周期内，借款人尚可以按期还款，但21世纪初，美联储连续加息，美国房地产泡沫开始破灭，次级贷款的违约率迅速提高。

次级贷款质量的下降，累及将次级贷款作为基础资产的证券化产品，持有这些产品的保险公司、养老金、对冲基金相继陷入困境，危机向其他领域扩散。

视野限于此，金融危机不过是一个短暂的冲击，让绩劣的金融机构出局，经济便可触底反弹，强化金融监管，提高复杂的金融衍生品的透明度、加强对影子银行的监管、完善信息披露等，便可以

提高金融体系的韧性，避免下一次金融危机。

问题没那么简单。次贷危机自发生到今天，正好十年。美国失业率已经达到危机以来的最低点，通胀回升、经济复苏，美联储启动加息进程、开始讨论美联储的"缩表"，数据上看，美国已经走出了危机的阴影。但当前的美国社会又是史无前例的撕裂，特朗普当选美国总统是标志性的事件。2017 年 8 月 11 日晚，在弗吉尼亚大学附近，拥护白人至上主义的民众与反对种族优越主义的民众发生冲突，其间甚至出现了与纳粹相关的口号。

所有这些现象的背后都直指美国日益恶化的收入不平等。在全球化的推动下，新兴市场国家的劳动力抢了发达国家的就业机会，美国出现了结构性失业的现象；在 IT 技术进步和金融创新的背景下，知识资本的价值急剧上升，在收入分配中起到越来越重要的作用，是社会分层的主要动力，加剧了收入差距。

据皮尤的调查，以收入作为划分手段，1999 年，美国下层、中层与上层阶级的比例分别为 28%、55% 和 17%，到 2014 年，比例则变为 29%、51% 和 20%，前 1% 家庭的总收入占全国的比重快速上升，而中产阶级的收入在降低。美国传统的橄榄型社会（两头小，中间大）逐渐解体，向 M 型社会（两头大，中间小）转型。在这一过程中，作为传统社会的中坚力量，大多数美国白人的利益是受损的，他们也因此而反移民、反全球化、反平权政策、反华尔街、主张美国优先。

正是不断扩大的收入差距，美国的政客才会着力推动宽松的房贷政策，让低收入阶层买得起房，才会有房地产泡沫及其泡沫后的危机。这也就是前 IMF 首席经济学家拉詹提出的第一条"断层线"（地壳岩石承受的压力超过其本身的强度后，就会发生断裂，出现断层。地震往往沿着断层线发生）。这条断层线的裂缝没有弥补，美国的复苏就很难惠及底层阶级，压制住了次贷危机，危机也会以其他形式爆发。

当今世界，断层线无处不在。在欧洲，统一的货币、各自为政的财政越来越受到挑战；在出口导向的国家，拥有持续经常账户赤字的进口国和为这种赤字提供融资的新兴国家之间的平衡总是艰难，这曾经是纳粹兴起的重要基础。这些都抑制了经济的复苏，各个国家陷在自己的泥淖中，无法跳出来。

现在美国量化宽松（QE）退出，美元加息，货币紧缩、利率上升，历史经验显示，每一轮美元加息的周期，新兴市场都要承受金融危机的压力。中国要避免危机，必须要降低负债率、去杠杆，否则就要承受人民币贬值的压力。

这会是一个艰辛的过程。2017 年 7 月召开的全国金融工作会议明确将设立国务院金融稳定发展委员会，强化宏观审慎管理和系统性风险防范，备受海内外各界关注。这只是一个开始，要防范潜在的风险，中国还要有更多努力。

（2017 年 8 月 19 日）

# 次贷危机十年启示④：预期管理，稳定之锚

相均泳

2007 年爆发的次贷危机，在全球范围内不断发酵，并最终引发了"大萧条"以来最为严重的金融经济危机。

在危机中，美国通过预期管理基本实现了货币政策保持在市场预期之内，基本实现了货币政策目标，进而实现了经济整体稳健复苏。随后，预期管理逐渐成为各国货币政策制定的重要因素，并日益成为一种政策手段。

通过梳理文件不难发现，预期管理在我国的重视度不断提升。

2013 年的党的十八届三中全会和 2015 年的中央经济工作会议强调了预期管理的重要性。2016 年的一次国务院常务会议上，再次着重强调了经济预期管理的重要性。2017 年 7 月中旬的全国金融工作会议提出，中国将设立国务院金融稳定发展委员会，强化人民银行宏观审慎管理和系统性风险防范职责。2017 年 7 月 28 日召开的国务院常务会议，部署积极稳妥化解累积的地方政府债务风险，坚决遏制隐性债务增量。

如何学习发达国家预期管理的经验并吸取相关教训，积极完善适合中国国情的预期管理机制，是我国预期管理面临的重要课题。

首先，要把预期管理看成我国宏观调控的重要手段。目前，我国正处在经济发展的重要时期，经济进入新常态，改革进入深水

区，经济运行过程中可能出现的不确定性和不稳定因素将会严重制约预期目标的实现。大力推进预期管理，将有助于提升我国宏观调控的效力，减少各种信息不对称可能产生的负外部性，不断凝聚共识，并最终形成我国可持续发展的合力。可以说，有效的预期管理，是稳定之锚。

其次，要把科学有效的量化指标引入预期管理。以简单、明确和易懂的原则确定相关政策目标的指标；并以经济增长模型和我国经济运行的现实状况为依托，设置符合我国国情的宏观政策前瞻性指标，以此来提高预期针对性并引导微观主体形成合理的经济行为。

再次，要把市场沟通和协调机制建设作为预期管理的重要内容。信息的不对称和不完美是预期推动危机深化扩散的前提。而加强信息披露、建立市场沟通和协调机制实现预期管理，甚至防止危机爆发和蔓延的重要手段。

我国受传统经济思维等因素影响，政府与市场沟通不足，从而影响到政策实施效力。改变信息的不对称，进而提高政策制定透明度，要建立与市场的沟通和协调机制，使市场信息及时传递到决策层和预期管理的主体，进而在政策中及时反映市场行情和变化。

最后，要强化宏观审慎管理框架确保金融稳定。稳步推进金融稳定发展委员会建设，并积极创新监管模式，引入大数据、金融科技等新技术提升监管效率和水平；同时，不断增强监管的针对性、有效性、协调性，确保不发生系统性金融风险。

(2017 年 8 月 19 日)

# 次贷危机十年启示⑤：公民要增强金融意识

刘 英

十年前的今天，华尔街引爆次贷危机，成百上千家的银行金融机构倒闭，700多万人因此而失业，无法计数的金融消费者损失惨重。两年后，欧债危机爆发，金融危机风暴席卷全球，进一步引发了全球性的经济危机。

次贷危机之所以爆发，一方面是金融机构将房贷销售给了信用不足的消费者，另一方面金融机构为了获利又将次贷资产证券化层层打包卖给消费者也令消费者损失殆尽。

在世界经济逐步复苏的今天，我们在回顾危机的同时，有必要加强金融消费者保护，补齐金融教育短板。

在金融危机期间，金融投资者和消费者由于投资不慎而一夜之间财富灰飞烟灭，大量投资者由于陷入麦道夫等庞氏骗局，辛苦一生的血汗钱顷刻化为乌有。

至今，美国证券交易委员会（SEC）仍在查找这些金融危机的罪魁祸首，有的金融机构由于没有做到消费者保护，存在故意诓骗投资者或非主观的欺骗行为而被开具动辄上百亿美元的罚单。

危机发生后，美国痛定思痛，为防止银行等金融机构投资对冲基金或开展高风险的自营业务，加强对消费者的保护，出台了2000多页的多德弗兰克法案，此后，美、欧等许多国家都成立或加强了消费者保护局，以强化对消费者的保护。

中国作为全球第一大信贷市场、第二大股票市场、第三大债券市场，正从金融大国走向金融强国，而在此过程中加强金融教育、加强消费者保护是应有之义。

中国也将防范金融风险放在了更加重要的位置，最近结束的全国金融工作会议强调金融要回归实体经济、防范金融风险、深化金融改革，更好满足人民群众和实体经济多样化的金融需求。

为了从宏观上加强金融监管，国家将金融监管从"一行三会"提升至国务院层面，并直接成立了国务院金融监管稳定委员会，加强全面监管，金融监管稳定委员会不仅是功能监管，还强化行为监管，防范监管套利。不仅如此，还要对所有监管实行终身问责制，对金融风险要早发现早预防早处置，如果没有做到就要问责。

从中观上，防范金融风险要求金融机构合规经营，要防范各种影子银行、房地产、地方债等风险。金融机构要回归服务服从于实体经济，而不是为了盈利而脱离实体经济，在金融领域空转。只有将金融机构准确定位，服务服从于实体经济增长，金融机构才能够成长，否则就是无源之水，缘木求鱼。

从微观上，金融消费者和金融投资者的利益要想得到保障，就必须加强金融教育。不仅消费者要加强自身金融教育，擦亮眼睛，分辨真伪，谨慎投资，明确风险；与此同时，国家也要从教育体制里增强金融教育内容，将金融教育国家战略落实好。只有金融机构严守风险底线，加强金融风险防范，保证每一个微观主体不出现风险，金融消费者和投资者的权益才能从根本上得到保障，才能守住不发生系统性风险和区域性风险。

事实上，发达国家都在实施金融教育国家战略。当前，金融产

品丰富多彩，种类繁多。面对众多的金融消费品，消费者难免眼花缭乱。因此，更有必要加强金融教育，让消费者了解金融知识、熟悉金融品的功能与种类，做出合理的投资选择。

金融教育不应当仅仅面向消费者个体，还必须上升到金融行业的中观层面，针对金融行业加强立法以及监管力度，从宏观、中观和微观三个层面构建完善的金融教育体系。

纵观全球，包括英美等国都已提出发展金融教育的国家战略，加强金融教育已经作为全球的重点工作来推进。在这些方面，中国应充分借鉴国外的先进经验。

基于最优的国际实践以及经合组织（OECD）的推荐，俄罗斯政府早在 2011 年就开始实施一项为期 5 年的 1.13 亿美金支持的国家工程，来支持金融教育和消费者保护。这是世界上首个与世界银行合作开展的兼具规模、创新性和复杂性的金融扫盲项目。此工程旨在通过协调合作，来加强和扩展俄罗斯正在进行的各项金融教育项目；通过金融扫盲，来从根本上加强金融消费者保护。

作为老牌的金融强国，英国在原来以防范风险为本的监管的基础上，不断整合金融监管资源，加强金融消费者保护。在全球金融危机之后，英国立即系统彻底地改革金融监管，进一步重点强化和保护金融消费者。2012 年英国通过《金融服务法案》正式撤销了金融服务局（FSA），将其职能分拆为金融行为局和审慎监管局，从体制上分离了金融消费者保护与审慎监管职能。这也为我国完善金融消费者权益保护机制提供了借鉴与启发。英国前 FSA 主席还专门写书《债务是魔鬼》来警示人们要注意防控风险，他认为一起危机的根源都来自于债务，要严格控制住债务风险，个人也要举债有度。

同期成立的还有美国消费者金融保护局（以下简称 CFPB）。CFPB 面向社会公众的金融教育领域，开展了一系列研究工作和推广活动，CFPB 从金融教育研究直接定义出金融文化来，指出要依靠良好的金融文化的氛围来更好保护消费者。CFPB 将金融文化定义为：消费者有能力分析成本、风险和特殊金融服务、产品、决策的后果，并制定有效决策，令其摆脱困境，到哪里寻求帮助进而改善金融状况。CFPB 从三个方面来提高金融文化水平，一是开展金融教育，尤其在消费者的金融生活重要时点提供帮助；二是研究创新，加强识别有效的金融教育方法以及改善金融教育技巧研究；三是开展金融教育推广，以更好的金融教育方法将金融教育活动传递给利益相关方。

## 中美两国金融消费者的国际比较

从中美两国的金融消费者对比来看，两国消费者在金融产品的投资中完全相反。

美国消费者持有的多是股票等投资类产品，而中国消费者持有的多半是银行存款等金融产品，近年来，随着各种通道业务的发展，银行理财产品也丰富多彩，各种资产管理公司应运而生。

如何鉴别金融产品？如何做出理性决策？这对于消费者来说是新的挑战。消费者不仅要理财，更要擦亮眼睛，审慎投资，防控住风险。

通过对比中美家庭金融资产结构不难发现，美国家庭资产配置较为分散，总体储蓄倾向和风险厌恶程度都较低，养老金投资所占

比重较高。而在中国家庭资产配置中，现金和储蓄占据主导地位，其在整体配置中占比超过四分之三，寿险、社保与年金等资产较低，甚至有44%的中国居民没有任何形式的养老保障。

因此，中国家庭金融资产中无风险资产占比超过四分之三，远远高于发达国家，即便是有着强烈储蓄倾向的日本，现金和储蓄类资产也仅略超50%，且保险和养老金储备的投资约为27%。中国储蓄率过高、股票市场参与率相对较低、养老投资占比少等情况，实际上也与我国公民金融意识和投资理财观念薄弱有着重要联系。

金融意识淡薄导致居民不能正确权衡金融资产的安全性、流动性和收益性，因此表现出的高风险厌恶程度和高跨期替代弹性造成居民强烈的储蓄倾向和非常低的投资倾向，从而导致消费、储蓄和投资比例的失调，影响金融市场参与程度和家庭整体生活效用。

## 补齐教育短板，加强金融教育和消费者保护

我国早就推出了金融教育强国战略，也在"一行三会"下面设立了消费者保护局。

对于正在发展中的我国而言，金融市场不断发育成长，各种创新的金融产品也是五花八门，让消费者看得眼花缭乱，科技金融实现了金融的普惠性，进入金融市场的门槛降低，但潜在风险或有增加。

建立全面的金融普及教育的国家战略，是一个重要而紧迫的课题。加强金融教育成为我国经济金融崛起的必经之路，其紧迫性无论是对于防范系统性风险，维护金融稳定，保护消费者，抑或是对

于发展壮大我国的金融机构，都具有非常重要的理论意义和实践价值。

从宏观层面来看，发展金融教育是国家战略，是保障金融安全、维护金融稳定以及防范系统性金融风险的制度保障。

在2008年国际金融危机之后，对消费者展开金融教育已经成为保护金融消费者权益的重要预防性措施，并与宏观审慎管理和微观审慎监管一道成为国际金融监管改革的三条主线。消费者金融教育作为一种预防性保护，是金融消费权益保护框架体系中的重要组成部分。

对消费者实施金融教育，旨在提高消费者金融素养，合理规范金融市场参与行为。G20就呼吁各成员国制定《金融教育国家战略》，更好地推进消费者金融教育。

我国自2011年以来，就在"一行三会"监管框架下，制定了《中国金融教育国家战略》，并被纳入了G20圣彼得堡峰会发布的《推进金融教育国家战略》，明确了我国金融教育的治理机制、工作目标及实施措施。

金融教育的普及，有助于增加家庭参与金融市场的积极性和理性投资意识，在实现消费金融市场发展的同时，能够有益于获得投资收益，提高民众对财务状况与整体生活的满意度，并提高福利。开展消费者金融教育工作，正在成为一项惠及民生、促进整个经济社会和谐发展的系统工程。

从中观层面来看，成为金融大国是中国崛起的标志。我国的金融改革正处于关键期，从金融机构到金融监管都需要加强金融教育。对于金融从业者，加强金融教育成为当务之急，加强金融教育及金融监管是维护金融市场平稳运行的关键所在。加强机构金融监

管和教育，保障合规经营是金融稳定与安全的重要支柱。

从微观层面来看，加强金融教育有利于民众认识金融本质，强化防范金融风险的意识，进而提高金融参与程度和参与水平。从功能角度出发，金融教育主要通过向全体国民传播金融知识，来提高全民的金融素养，培育金融意识和塑造金融行为，避免出现盲目跟风、非理性交易、过度负债、参与非法集资等破坏金融市场稳定的行为。

加强消费者金融教育能够从根本上保护消费者合法权益，既是维护金融稳定和防范系统性风险的重要基础，也是保障金融市场稳健运行的关键，更是保护消费者的重要手段。

（2017 年 8 月 19 日）

# 次贷危机十年启示⑥：中国推动全球治理变革

郑 慧

时至今日，距离 2007 年 8 月美国次贷危机爆发，已经有十年之遥。

分析历次经济危机发生前后的世界经济体力量对比，可以看出，经济危机发生概率与世界经济均衡度密切相关。

过去一百多年，世界经济在繁荣和危机之间经历了三次交替。19 世纪末 20 世纪初，美国、德国和日本经济崛起，挑战英国，金本位破产。20 世纪 50—70 年代，西欧和日本成功战后重建，挑战美国，布雷森顿体系崩溃。20 世纪 90 年代后，新兴经济体崛起，挑战发达经济体，真正意义上的全球金融危机爆发，世界经济格局重塑。

世界经济体中新力量崛起，其生产率快速进步，市场迅速扩张，新力量要求对重要的相对价格，如利率、汇率等进行调整，引导资源重新分配，这一过程与旧的经济治理规则产生冲突。新兴力量要求重塑规则，并在贸易等各方面施加压力，老势力试图维持原有的体制，维护旧格局，从而引发冲突。

危机也可以看作是从旧事物向新事物转化的一种过渡状态，是旧事物、旧体系运转不畅，而新事物新体系又不能取而代之的状况。

　　由于国际金融和货币领域内缺乏一套公共治理规则，上述价格扭曲得不到纠正，难以有效遏制发达经济体的入不敷出，也不能给予新兴力量以合理的定价，资源配置失衡不断加剧，引发危机。

　　推动全球治理变革，改变全球利益分配的失衡结构。结构性问题是全球经济失衡、复苏进度不尽如人意的主要原因。我国提出"一带一路"倡议，发起成立亚洲基础设施投资银行等新型多边金融机构，促成国际货币基金组织完成份额和治理机制改革，"中国不能缺席"已经成为多数国家的共识。

　　当前要主动作为，积极参与全球经济治理体系的改革完善，倡导和创新全球治理理念，推动国际货币体系的改革和政策工具组合的改变，加强宏观经济政策国际协调，推动多边贸易谈判进程和推进区域经贸安排。

　　稳步推进国内金融改革，在发展中解决结构失衡、利益固化等复杂问题。金融业必须主动适应深化供给侧结构性改革新要求，把为实体经济服务作为金融工作的出发点和落脚点，全面提升服务效率和水平。金融改革要切实满足实体经济的金融服务需求。新型城镇化、农业现代化、消费需求升级以及外向型经济发展等都需要金融。

　　企业深度参与国际竞争和国际分工，也需要有效的金融服务确保资金平衡。构建与我国经济发展水平和结构相适应的金融体系，形成不同层次的市场以及合理、多样性的产品和机构，充分发挥金融机构配置资金、分散风险的功能，满足不同层次经济主体对金融的需要。

　　提高直接融资比重，推进资本市场制度建设，规范发展区域性股权市场，积极发展债券市场。进一步强化监管，通过构建制度化的协调机制，形成一致性、系统性的宏观审慎监管体系。

要高度重视金融体系爆发系统性危机的风险，尽量避免形成过于复杂、链条过长的交易结构与产品结构。高度关注房地产泡沫和债务风险，继续推进供给侧结构性改革，实现经济增长动力转换。

（2017 年 8 月 19 日）

# 根除红顶中介需绑住政府"闲不住的手"

王　琳

据《新京报》2017 年 5 月 25 日报道，2013 年至今，中央巡视组已进行的 12 轮巡视中，国务院的 7 个部门因"红顶中介"问题被点名通报。而据统计，自 2014 年至今，李克强总理至少有 8 次在各种会议上强调治理"红顶中介"问题。

"红顶中介"并不是新生事物，唯其如此，才更显顽疾之"顽劣"与"顽固"。"戴着政府的帽子，拿着市场的鞭子，收着企业的票子！"这是李克强总理多次痛斥过的"红顶中介"的标准像。

"红顶中介"为何能收到企业的票子？当然不是因为拿着市场的鞭子，而主要是因为戴着政府的帽子。

政府、市场、社会三者之间有着明确的分野，如今已是常识。笔者曾在一篇纪念改革开放三十周年的文章中写道：改革最核心的内容，就是要"让行政的归行政，让市场的归市场，让社会的归社会"。

然而长期以来的"行政国家"惯性，使得社会团体和民间组织的社会化进程十分缓慢。不但有行业组织已习惯在行政主管部门的襁褓中讨生活，一些行政机关也习惯主动伸"手"，把行业组织推上前台，以完成行政主体依法不能做的事情——这就是所谓"二政府"的由来。

相对于市场主体和社会主体这些"球员"来说，政府部门乃场上的"裁判"。若裁判也兼任球员，这球就不用踢了，输或赢横竖都是裁判说了算。

举个典型的"红顶中介"类型：《立法法》明确规定，对非国有财产的征收必须在制定法律之后，原有的很多行政收费都失去了法律上的依据。而以行业组织或社会团体来向企业征收所谓的"会费"，并不在法律禁止之列。

尽管行业组织和社会团体都须遵循入会自愿、退会自由的基本原则，因而交纳"会费"也必须建立在自愿的基础上，但以公权力为后盾的行业组织，却可以以公权的强制力来达到迫使行政相对人如期交纳"会费"的目的，否则合法企业就有变成非法企业之虞。

遏制"红顶中介"的路径并不复杂，拿掉其所戴的政府"帽子"，彻底追查谁给了他们"帽子"，并将此链条上的违纪违法者严厉追责，"二政府"的乱象自然也就没了活动的空间。

这一路径的关键就是权责利相匹配。责任到位界限自明。若权大利多却无责或小责，发现"红顶中介"只是一味要求"脱钩"了事，或究责起来就以"罚酒三杯，下不为例"轻轻飘过，那就断无解决问题的可能。

如今国务院 7 个部门因"红顶中介"问题被点名通报，这只是发现问题。接下来的问题就是：谁来对这些问题负责，怎么解决和善后这些问题？

察看媒体梳理的通报，各部门的主要应对措施就是"脱钩"整改。在针对其行政审批领域"红顶中介"、迂回型权钱交易等权力寻租等问题上，农业部的整改倒是有责任追究，我们能看到的处理结果是，"干部违规在部下属协会学会兼职取酬问题自查，给予 2

人纪律处分，对 3 人诚勉谈话，对 1 人提醒谈话"。这样的究责结果，虽然强化了问题的严重性，但无助于从根儿上解决问题。

"权力具有天然的膨胀性和向恶性，只要缺乏足够的约束、监督，任何权力都会生出腐败。"所有"红顶中介"都是权力膨胀的结果。既然政府这只"闲不住的手"自己无法控制，那就得用制度来捆绑。

这里的制度，更多指的是党纪、司法等他律程序，而非以自查自纠为主要内容的自律。套用一句网络俗语：若纠正有用，那还要法律干什么？

（2017 年 5 月 26 日）

# 去杠杆是央企深化改革的"牛鼻子"

## 罗 宁

2017 年 8 月 23 日召开的国务院常务会议，部署推进央企深化改革降低杠杆工作，促进企业提质增效。

"三去一降一补"是新的历史时期中国经济供给侧结构性改革的五大任务，是把握好经济发展新常态这个大逻辑之下，化压力为动力，推动我国经济发展长期向好的重大战略。近两年来，去产能、去库存、去杠杆、降成本、补短板，五大方面均取得了较为显著的成效，供给体系质量和效率明显提高。

据国际清算银行（BIS）统计数据，2016 年四季度末，我国总体杠杆率为 257%，同比增幅较上季度末下降 4.4 个百分点，连续三个季度保持下降趋势；环比增幅较上季度末下降 1.6 个百分点，连续五个季度保持下降趋势。

事实上，金融杠杆作为一种现代经济工具，有其支持实体经济的功能，但也伴随着相应的风险，往往是用一定比例的资金来撬动成倍的负债最后取得数倍融资的数额。其目的主要有两个方面，一是为企业扩大经营规模、建设大项目（如高速铁路、高速公路等）或者为个人购置资产（如房屋、汽车等）筹集资金，二是通过运作更大规模的资金提升投资收益，例如在外汇投资、股票市场投资中的融资行为，但在提升收益的同时往往也放大了风险。

在实践过程中，这两个方面并没有完全严格的界限，风险与杠杆相生相伴。

回溯西方经济发展史、工业革命史，以及发展中国家的经济起飞、经济奇迹的历史，这里面都有金融杠杆巨大的推动。但与此同时，无论是上世纪的拉美债务危机、亚洲金融危机，还是本世纪初由美国次贷危机引发的全球金融危机，金融杠杆却又往往是"罪魁祸首"。就此而言，金融杠杆可谓是稍有不慎，便会"伤痕累累"甚或"满盘皆输"。把握好度，成为关键所在。

从我国的情况看，高企的杠杆源于多年积聚，去杠杆不可能一蹴而就，需要顶层设计，依托系统性方案，主动作为。2017年7月14日至15日召开的全国金融工作会议指出，"积极稳妥推进去杠杆，深化国企改革，把降低国企杠杆率作为重中之重"。8月23日的国务院常务会议，进一步就降低国企杠杆率进行五个方面的具体部署。无论是分行业的负债率管理、多渠道降低债务的机制，还是债转股、新旧动能接续转换，都极具针对性。强化问责机制则进一步明确了企业自身的责任。

展望未来，最值得关注的将是央企降低杠杆工作的推进。从总体上看，央企是国民经济的骨干，在国企改革中具有引领和示范作用。在很大程度上，央企降低杠杆将为新形势下"去杠杆"树立一个标杆。从时间上看，当前恰是央企推进"去杠杆"的有利时机。据统计，2017年前7个月央企利润总额由去年同期的同比下降3.7%转为同比增长16.4%，这为央企改革注入一剂强心针，也让社会对央企下一阶段降低杠杆具有了更强的信心。

（2017 年 8 月 26 日）

# 减税清费助力企业轻装上阵

刘晓忠

在 2017 年 4 月 19 日国务院总理李克强主持召开的国务院常务会议上，一次性推出了 6 条对企业和个人的减税清费政策，以切实推动实体经济减负增力。

这 6 条减税政策包括，简化增值税税率结构，将增值税税率由四档减至 17%、11% 和 6% 三档，取消了 13% 一档；将享受企业所得税优惠的小型微利企业的范围，由年应纳税所得额上限由 30 万提高到 50 万元，且符合条件的企业减半计算应纳税额所得额并按 20% 的优惠税率征缴，时间为 2017 年 1 月 1 日至 2019 年 12 月 31 日；高科技企业研发费用税前抵扣比例由过去的 50% 上升到 75%；在京津冀等 8 个全面创新改革试点区的种子期创投企业，可享受按投资额的 70% 抵扣应纳税所得额的优惠政策；个人符合购买条件的商业健康保险产品的支出，允许每年最高 2400 元的限额予以税前抵扣；将部分 2016 年底到期的部分税收优惠政策延长至 2019 年等。

这是近年来力度最大、最全的一次减税措施，不仅牵涉到降低税率，还牵涉到扩大税前抵扣标准等。可以预期，一旦这些政策不打折扣地执行，将有效降低企业和个人的负担，使更多的经济社会资源留在经营生产领域，甚至将之变成能够生息的资本。

当前中国宏观税负是高是低，争议较大。2017 年稍早前福

耀集团董事长曹德旺表示，我国制造业的综合税负跟美国比高了35%，中央党校教授周天勇则认为，我国宏观税负率已达 GDP 的36.92%，远超新兴经济体和英美等发达经济体，与西欧等高福利国家相近，尽管一些学者有不同的看法，但从近年来国内企业的 ROE、ROA 持续边际递减，及企业的切身感受看，中国的减税确实存在较大的空间。

当然，要真正有效推动减税清费，首先需要通过精兵简政、简政放权等改革举措，调整政府财政预算支出结构，并调整公务员／居民比重，缩减行政支出等，为减税清费腾挪足够空间；同时，适度增加政府财政赤字，推动以债换税。

其次，在减税清费方面，不仅要降低私人部门的税率，还要加大税前抵扣标准的清理，通过提高税前抵扣标准，合理降低私人部门的应纳税额。最新的减税政策，尽管在降低税率的同时，也开始涉猎税前抵扣标准，但尚是特例性的，而非是针对所有企业，而现实中增加企业税负的不仅包括名义税率，还包括税前抵扣标准要求过严，私人部门很多合理的费用开支无法在税前抵扣，带来的实际税率过高等问题，即不应在税前抵扣的费用，被纳入纳税额，最终导致实际税率过高。

同时，当前的减税政策，还主要是国务院的行政法规，而根据税收法定原则，若要实现对私人部门减税清费的长效机制，需要推动税改立法，将这些减税政策以在全国人大修改税法的形式稳定下来，以避免税收优惠政策的时效性带来的不稳定性。

当然，还需特别指出的是，应加快在税制结构上的改革，尽快实现由间接税主导向以直接性为主的税制结构的转型，避免间接税可能潜存的重复计征等问题。

再次，应加大力度清理整顿依附在税上的额外费用问题，如教育附加等，因为这些税外费实际上是纳税人对特定公共服务的二次购买。此外，在不降低居民社会福利水平的前提下，适度降低企业和个人缴纳的社保费用比例。

总而言之，减税清费作为政府的可信允诺，需要通过立法的形式稳定下来，避免给人以权宜之计之虑。唯有私人部门能够在实践中真正感受到税负的减轻，才能真正在现实中产生市场正能量，激发市场活力，提高企业的积极性、能动性，减轻企业的重压，助推经济健康增长，为政府未来财政收入的增收播种希望的种子。

（2017 年 4 月 19 日）

# 力避制度成为"双创"的绊脚石

聂日明

面对保障和扩大就业、优化经济结构、加快新旧动能转换等目标，李克强总理在 2017 年 7 月 12 日主持召开的国务院常务会议中指出，深入实施创新驱动发展战略，把"双创"推向更大范围、更高层次、更深程度，并在创新政府管理、促进产业升级、强化人才支撑等五个方面做了部署，强调要对新业态新模式实施包容审慎监管，适应新型和灵活就业形态，完善社保、税收等相关政策等。

创新是中等收入国家迈向高收入国家的必经之路，以科技创新提高全要素生产率（TFP），才能与先进经济体竞争，同时避免与低收入经济体的廉价生产成本进行竞争。

对中国来说，创新有两重含义：第一，创新是未来中国经济增长的引擎，今日对创新的支持是明天经济增长的投资；第二，创新是经济结构转型的手段，是短期内拉动经济增长的动能。这是近些年中央政府强调"创新驱动发展战略"和"双创"的背景。

中国企业的创新与创业并不算太差，全球视角来看，中国企业在互联网领域的创新创业已经仅次于美国，中国的两家互联网巨头的市值甚至超过传统的巨无霸央企，但要达到创新驱动发展，还远远不够。

首先，"双创"需要政府有为。无论创新还是创业，都需要人才，各级政府吸引人才的方式是制定各种人才计划，如各式各样的"某某学者""某某计划"，给补贴、送户口，这种机制解决了一部分高端人才的需求，但也有致命的缺陷：指标有限，限制了吸引、留住人才的总量。这种"有为"的财务成本也很高，还容易造成区域间人才分布的进一步失衡。

正常的市场环境，一个真正的人才，市场会提供足够的物质激励去吸引他，政府要做的事情是吸引足够多的人，为所有人提供宜居的环境。人才政策应该回应人才最关心的需求，一般包括子女教育、住房、社会保障、医疗健康、环境清洁与食品安全等。本次常务会议回应到这些需求。现实中，很多城市在这方面做得并不好。外来人才的子女无法在工作地接受义务教育、外国人难以参加医保等等。

户籍改革的滞后可能是前述问题的原因，短期也很难有较大的松动，但政府依然可以有所作为。外来人才想落户大多为了子女的教育，政府应当予以落实。部分地区难以一步到位，可以分步实施，给出过渡方案，逐步降低门槛、渐次增加供给。这些都是政府应当有为的地方，既促进"双创"，又可以推动关键领域的改革，中央各部门也应该通过转移支付，让钱随人走，激励地方政府做出变革。

其次，"双创"也需要政府适当无为。应当承认的是，如果没有利益冲突，绝大多数政府部门对创新都是持欢迎态度，但没有利益冲突的创新，只能对现有经济做加法。然而，所谓创新，从来就不是"规定动作"，必然伴随着对现有制度的突破，改革到了今天的地步，大多数创新都会对传统行业有一定的替代或冲击，会打破既有的秩序，会挑战现有的监管规则。

政府的有法必依、精细化管理是一件好事，但需要立法可以顺应时代趋势。但不少行业管理部门习惯了企业听话、帮政府解决困难、不添乱的市场环境。新事物带来的全新经济格局，也挑战了行业的管理模式。大多数市场主体的创新，首先考虑的是自己和消费者的利益，而不是如何服务政府，这种落差让部分思维僵化的行政部门和地方政府很难接受。

部分企业反映，行业管理部门不愿意和他们沟通，倾向于单方面坐办公室闭门决策。在精细化管理与法治意识上，一些行政部门也经常出现选择性执法：有利于它们的法律就执行，不利于它们的法律就避而不谈。

本次常务会议强调要创新政府管理，对新业态新模式实施包容审慎监管。所谓"包容"，有两层含义，首先，制度要能包容创新，不会过多干预市场，以此避免制度成为创新的绊脚石。其次，在急剧变革的时代，严格执行旧有的严厉规则未必是最优选择，适当的"无为"也是一个不错的政策选项。这意味着政府要接受创新带来的挑战，在没有确凿证据证实创新的危害远大于益处时，政府应当容忍创新对原有管理体制的"冒犯"。

（2017 年 7 月 13 日）

# 将金融这一"重器"放进制度的笼子

罗　宁

2017年7月14日至15日，第五次全国金融工作会议在北京召开。此次会议围绕服务实体经济、防控金融风险、深化金融改革"三位一体"的金融工作主题做出了重大部署。从会议内容可见，金融在当前新形势下正被赋予新的定位，成为国民经济稳健发展、国家总体安全的"牛鼻子"。

金融在人类发展的历史上，可谓无处不在。尤其在21世纪的今天，金融对经济社会发展的促进作用已经毋庸置疑。邓小平曾指出，"金融搞好了，一招棋活，全盘皆活。"然而，无论是上世纪末的亚洲金融危机，还是2008年由美国次贷风波引发的全球金融海啸，均表明金融也可能危及一个国家、一个区域乃至全球的经济金融安全和社会稳定。由此而言，习近平总书记在全国金融工作会议上对金融的时代特征给予了科学准确的界定："金融是国家重要的核心竞争力，金融安全是国家安全的重要组成部分，金融制度是经济社会发展中重要的基础性制度。"

事实上，就金融与经济社会各个方面的联系和作用机制来看，将金融提升至如此的高度是理所应当。从产业基础看，金融自诞生起其原初目标是为实体经济服务，现今中国20大类、900多个行业都与金融紧密关联，是金融深化运行的庞大基础。从资金供给看，

2017 年上半年社会融资规模存量 166.92 万亿元、增量 11.17 万亿元，金融可以说为整个经济社会的运行提供了充足的血液。从配置能力看，在市场经济条件下，金融发挥着引导、降低市场参与主体的交易成本以及信息获取成本，优化各市场部门间的资本配置，并进一步派生出对劳动力、生产技术、自然资源的优化配置功能。从治理工具看，金融是调节利益最广泛、最直接、最有效的媒介中枢，在协调利益一致性、发挥经济治理、社会治理方面具有重要作用。

作为现代经济的核心，金融在全球治理中一直发挥着重要作用。有一本名为《中国金融与全球治理》的书对这一内容进行了精辟阐述：国际货币体系是全球治理的重要战略工具，国际金融机构是全球治理的重要主体，国际金融协定是全球治理的核心手段，国际金融市场是全球治理的竞争要地，国际金融数据是全球治理的决策依据，国际金融监管是全球治理的稳定基础。这六个方面正是中国金融参与全球治理的关键切入点。

在"一带一路"国际合作高峰论坛的会议成果中，关于加强金融合作，促进资金融通有 16 项重大内容，包括了政府层面、银行层面以及多边金融机构层面推动的合作项目。其中值得关注的是，关于"一带一路"银行合作行动计划与"一带一路"银行常态化合作交流机制的内容。这是由中国工商银行与国际主要同业共同发起和推进建立的。这一方面体现了国家政策层对市场力量的高度重视，另一方面也充分反映了国有大型金融机构在国家战略纵深展开的重要作用。

关于金融的地位，李克强总理指出，金融是国之重器，是国民经济的血脉。维护金融安全，是关系我国经济社会发展全局的一件带有战略性、根本性的大事。在以和平与发展为主题的时代背景下，国际地缘政治、国家社会、宏观经济以及业态成长对金融力促国家安全发出切实的呼唤。借用一位资深金融高管的话，"在这个时代，中国面临的金融安全问题前所未有，需要解决的矛盾前所未有，胜败的结局反差前所未有"。

维护国家金融安全，全国金融工作会议已给出了未来的一系列政策方向。其中最具有里程碑意义的一项，是设立国务院金融稳定发展委员会，明确各机构、各地方风险防范职责。这是应对传统分业监管下存在的监管真空、重叠等问题的有效应对。针对混业经营、金融创新、互联网新技术等新形势，李克强总理指出，所有金融业务都要纳入监管，练就"火眼金睛"，及时有效识别和化解风险。过去几年来，P2P网贷平台数量冲高至3433家，累计成交量超过2万亿元。但同时也出现了非法集资案，对社会经济稳定造成极其恶劣的影响。

在国务院金融稳定发展委员会的统筹协调下，金融业综合统计和监管信息共享将成为常态，风险监测预警和早期干预机制也将不断健全完善。这一方面有利于保护金融消费者权益，另一方面也有利于增强金融有序竞争，更重要的是将金融这个配置社会资源、协调各方利益的"公权""重器"放进制度的笼子里，坚持党中央对金融工作集中统一领导，确保金融改革发展正确方向，确保国家金融安全。

（2017年7月16日）

# 要给人工智能这个"孙猴子"戴上"紧箍咒"

赵燕江

日前，国务院发布了《新一代人工智能发展规划》（以下简称《规划》），《规划》中全面而详实地分析和部署了人工智能研究的着眼点和着力点，系统而有序地将这一战略划分为三步走、六大任务和四个技术专栏。

另外，从资源配置、保障措施和实施方案等方面均做了详细的指导和部署。这对于科研工作人员来说无疑大有裨益。

纵观人类科技发展的历史，大致可以归纳为四个阶段，即以"机械化"为代表的"第一次工业革命"、以"电气化"为代表的"第二次工业革命"、以"信息化"为代表的"第三次工业革命"，以及今天正在面临着的以"智能化"为代表的"第四次工业革命"。前三次工业革命中国均没有全面赶超世界，而在国力极大增强的今天，"人工智能"战略无疑是一个莫大的发展契机。科技发展到今天，"智能"是最高层次的科技，如果把机械化、电气化、信息化比喻成人体的骨骼、血脉和感觉器官的话，那么"智能化"便是人的"大脑"，所以，中国一定要抓住科技的制高点。

近年来，人工智能发展飞速。2016 年 3 月，自从 AlphaGo 以 4∶1 战胜世界围棋冠军李世石之后，人工智能引发了人们高度关注。目前人工智能技术已进入产业化快速发展阶段，不仅在智力竞赛领域，与此同时无人驾驶、语音识别和图像识别等也已逐步迈入大规模应用阶段，投资机会正逐步显现。

目前，人工智能投资已成为世界领先的科技公司之间的专利和知识产权的竞赛。2016年，包括百度和谷歌在内的科技巨头在人工智能上的花费在200亿至300亿美元之间，其中90%用于研发和部署，10%用于收购。2016年，美国公司占了所有人工智能投资的66%，中国占了17%，排在第二位，并增长迅速。中国要想占据世界的制高点，不但要有技术、专利，还要制定标准，即要将"技术专利化、专利标准化、标准国际化"。

2016年被称为人工智能的元年。2016年5月，由国家发展改革委等多部门制定的《"互联网+"人工智能三年行动实施方案》发布。特别是2017年《规划》的发布，意味着中国人工智能发展有望步入"快车道"。

与之同时，也要清楚地意识到，任何战略的实施，都是机遇与挑战并存。科学技术从来都是一把"双刃剑"，人工智能既是科技发展的契机，也将使人类面临前所未有的挑战。每一个科技工作者都要牢记：科技必须以人为本，为人类服务。人们应该记得美国科幻影片《机械公敌》，其中的场景发人深省：未来某一天，人们会否面临机器人已经智能到控制人类的程度。

所以，《规划》指出，"建立人工智能法律法规、伦理规范和政策体系，形成人工智能安全评估和管控能力"，是非常必要而且刻不容缓。而且笔者认为，此项工作应该先行。就像我们培养和教育孩子，我们要想把孩子培养成为一个对社会有益的人，道德教育必须先行，不能在孩子小的时候对其娇生惯养、任意放纵，导致其长

大后没有道德底线、没有是非判断，否则会出大乱子，到时候悔之晚矣。

目前，世界上有公认的机器人三定律：一、机器人不得伤害人，也不得见人受到伤害而袖手旁观；二、机器人应服从人的一切命令，但不得违反第一定律；三、机器人应保护自身的安全，但不得违反第一、第二定律。

但是这还远远不够，比如，如果将机器人应用于军事，那么是否会出现悖论呢？这是一个法律法规的问题。比如，将来发展可能将"机器"与"人"、"人工智能"与"人的智能"相互融合，那么多大比例的"人体器官"和"人的智能"算是"人"，而多大比例又算是"机器人"呢？这又是一个严肃的伦理问题。再比如，如果人工智能发展到比人更有智慧，会不会来控制人类，而使人类成为其"奴隶"？

所以，对人工智能的法律法规、伦理规范和政策体系还应该进行详细研究和讨论。我们一定要将人工智能规范在一个红线之内，就是给机器人戴上一个"紧箍咒"，让其为人类所用，而不能危害人类。而且人工智能技术还要防止被恐怖分子或别有用心之人拿来用做杀人和搞破坏的工具。

还需提及的是，人工智能固然重要，但是制造业也同样重要。就比如，人只有好的大脑，没有好的肢体和器官，也会半身不遂。人工智能和"中国制造2025"并行不悖，而且"中国制造2025"的核心也是智能。所以要两手抓，让人才各司其职，各尽其能。

在《规划》中，国家已经在顶层设计中部署得非常缜密，包括研究目标、科研体质、人才培养和产业化发展，都做出了合理的规划，希望相关部门能够认真贯彻，把政策落到实处。相信在国家的大力推进和周密部署下，我国的人工智能科技和产业一定能够迅速、健康、安全地发展，进而为全人类谋福祉。

（2017 年 7 月 21 日）

# 发展普惠金融，银行业要有紧迫性

杨国英

金融是万业之母，小微企业是实体经济之基、充分就业之本，充分满足小微企业的金融需求，是当下金融助力实体经济的应有之义。

2017 年 5 月 3 日，李克强总理主持召开国务院常务会议。会议指出，普惠金融事关发展和公平，有利于促进创业创新和就业，会议要求按照政府工作报告部署，推动大中型商业银行设立普惠金融事业部，聚焦服务小微企业、"三农"、脱贫攻坚和大众创业、万众创新。

2017 年是金融改革的大年，部署普惠金融工作，反映了国家对金融助力实体经济任务的高频关注。近日，中共中央政治局召开会议提出，要高度重视防控金融风险，加强监管协调，加强金融服务实体经济。随后，央行、银监会、证监会和保监会密集发声，出台一系列监管政策，以防止资金脱实向虚，并引导资金进入实体经济。

金融改革多管齐下，并且专注优化供给，普惠金融是核心方向之一，它表明，抑制资金脱实向虚，不仅由表及里，而且细致而微。我国金融市场的服务供给，一贯偏重国企而忽视民企，偏重大企业而忽视小微企业和个人。如果说自 2016 年以来的 A 股市场

IPO 加速正在着力解决前一个问题，那么推动银行业发展普惠金融则是对后者的矫正。

供给侧结构性改革强调以需求为导向的供给优化，我国中小微企业约占中国企业总数的90%以上，但融资需求远未被满足，在当下大众创业、万众创新的背景之下，金融服务的缺口则进一步被放大。中小微企业对中国经济贡献巨大，是经济活动中最具活力和创新力的群体，其在稳定就业方面更是有着不可或缺的地位，因此，传统金融业补上普惠金融这块短板，对实体经济意义甚大。

大中型银行的客户覆盖面广，是发展普惠金融的有利条件，而在征信和风控方面，当前我国的技术条件也渐趋成熟。从技术的角度讲，普惠金融应该是传统金融的升级，当下，传统金融机构完全可以更好地利用互联网、大数据等技术，提升数据利用效率、征信管理水平、用户需求分析能力，为小微企业、个人用户提供普惠化的新型金融服务。

就银行业而言，发展普惠金融也是未来传统银行业转型的必然选择。普惠金融实际上对传统银行业提出了专业化、精细化的发展要求，尤其要看到，随着银行业准入门槛的持续放开、互联网金融的倒逼，传统大中型银行必须以专业化的核心竞争力巩固其规模优势，这从根本上要求传统银行必须有更强的服务意识、竞争意识，真正做到以客户需求为导向。

此外，正如国务院常务会议所指出的那样，普惠金融事关发展和公平。以社会公义而论，金融本就应该是普惠的，更何况，长期以来，我国居民部门向银行贡献了高储蓄率，银行资金取之于"小微"，用之于"小微"，本是题中应有之义。如果说过去银行业受制于服务能力、服务意识，使得资金连通小微企业和个人的渠道被阻

断，造成成本高企的民间借贷盛行不衰且险情频发，那么在当下，不管从银行业的变革需求和能力、还是从实体经济的发展需求来讲，抑或是从社会公平的角度讲，面向小微企业和个人的融资需求都应该更受重视。

事实上，普惠金融在近两年发展迅猛，政府当下对大中型银行加以引导、推动，更多的是顺势而为。从根本上讲，当下普惠金融的快速发展是由需求驱动的，它反映了随着市场经济的发展、国人金融观念的现代化转变，多样化的小额金融需求也在快速增长。而在这个过程中，由于传统银行渠道的供给不足，不仅传统的民间借贷依然险情不断，校园贷等新型金融服务的乱象也频频见诸报端、网络，这实际上恰恰说明了银行业发展普惠金融、增加有效供给的紧迫性，借此，普惠金融方能成为供给侧改革的重要一环，并加快进入规范化的发展轨道。

（2017 年 5 月 4 日）

# "提速降费"应成转型升级的支撑点

江　鹏

5 月 17 日，是世界电信日，2017 年的主题是"发展大数据，扩大影响力"（Big Data for Big Impact）。

时下，中国政府正大力推进"互联网+"行动计划、大数据发展纲要，加快培育新技术、新业务、新模式、新业态，拓展数字经济发展新空间。而要做到这一点，离不开电信业的"提速降费"。

两年来，国务院总理李克强多次督促要提网速降网费。"这项工作不仅仅是给老百姓'送红包'，更对国民经济转型升级意义重大！"2017 年的政府工作报告也提出：今年网络提速降费要迈出更大步伐。

2017 年 5 月 10 日的国务院常务会议上，总理从信息消费的层面予以强调：加快推进网络提速降费，推动通信、物流、支付、售后等全过程降成本。

数次点名"提速降费"，其深意不言而喻，不仅仅是给普通民众发放"大红包"，分享改革之红利，还在于寄望成为"双创"的"催化剂"，进而成为中国经济升级的重要支撑点，以期有四两拨千斤之效。

这一举措也得到积极回应，两年来，各大运营商频密"发力"，给消费者带来了看得见的实惠。以中国移动为例，数据显示，2015年、2016 年流量单价分别下降了 42.95%、36.38%，连续两年各项

降费举措累计惠及用户 20 亿人次，让利超过 560 亿元。

与之同时，"提速降费"更为中小企业的创业升级拓展了巨大空间。比如，中国移动推出的"物联卡"，以较低成本，使摩拜不再是一家单纯的单车租赁公司，在短时间内成长为一家接入数量百万级的物联网公司。联卡支持分众传媒屏幕更新，每块屏每月仅需 3.6 元，人工成本节省 67%，广告转化率预计提升 50%。

从 2017 年 3 月起，中国移动试运营"一带一路"沿线国家和地区漫游资费优惠，沿线全部 64 个国家和地区的国际漫游语音资费下调至 0.99 元 / 分钟，有效支持"一带一路"的快速发展。

数据显示，截至 2016 年年底，我国上市互联网企业总市值为 5.23 万亿元，同比增长 7.6%。企业收入突破 1 万亿元，保持 40% 以上的增速。视频、社交、电商业务分别以 95%、60%、50% 以上的速度保持高速增长。

这一现象背后，"提速降费"功不可没。以降费倒逼提速，用提速推动降费，这不仅仅是对国内通讯行业的改革，俨然是一场事关转型升级的突破性改革。

"来而不可失者，时也；蹈而不可失者，机也。"

在各国纷纷加大政策支持力度、力图抢占数字经济新优势的大背景下，中国眼下正在推进的"提速降费"改革，依旧需要快马加鞭。

在这场速度和规模的竞跑过程中，只有稳扎稳打，把握好节奏，让运营商、投资方和消费者多方共赢，才能使得云计算、大数据、人工智能等新技术与其他产业不断融合，催生出新模式新业态，培育新的经济增长点。

（2017 年 5 月 17 日）

# 加强债务风险防控，地方须真抓实干

于 平

2017 年 6 月 30 日，财政部官方网站首页刊发的文章《河南省严肃处理个别地区违法违规举债担保问题切实加强政府债务风险防控》，引发多家媒体关注。

这篇来源于财政部预算司的文章称：根据审计线索，经财政部驻河南省财政监察专员办事处核查确认，2017 年 1 月财政部向河南省反映了驻马店市利用政府购买服务名义违法违规举债担保问题，提出了处理建议。河南省政府高度重视财政部反映的问题，立即责成相关部门组成核查组赴驻马店市对涉嫌违法违规举债担保问题进行了核实，在此基础上对相关责任人员依法依规进行了严肃处理，并于近期反馈了整改和处理结果。

地方违规举债担保，伤害了市场健康环境，加剧了财政金融风险，还会形成腐败的温床，可谓危害甚大。正因如此，在国务院常务会议上，李克强总理曾多次谈到要防范地方政府性债务风险，财政部也下发文件要求各地展开清查。

从目前查处的情况下，地方违规举债担保的问题比较突出，有的地方违规举债的各种"小动作"层出不穷，驻马店市利用政府购买服务名义举债就是典型的一例，此外，在一些地方，PPP 和投资基金变成"明股暗债"。因此，查处违规举债担保虽然取得了一些

阶段性成绩，挖掘了一些有代表性的个案，但整体的形势依然不容乐观，未来仍需要保持监管的强大压力。

对于违规举债担保的监管查处，我们看到，中央审计、财政部门一直在积极行动，审计署的报告对地方违规举债多次进行了曝光，财政部以此为线索，深入调查处理，两者形成监管的合力。事实上，此次曝光的驻马店的个案，正是财政部驻河南省财政监察专员根据审计线索核查确认，问题被反馈到了河南省后，得到了处理。不只是驻马店，财政部此前在官网还曝光了多起地方违规举债担保的个案，这种主动出击的姿态，值得肯定。

不过，当一个地级市，甚至一个县的违规举债担保问题，都要财政部亲自去查，一个个来督促地方去处理，似乎不正常。

事实上，对于本行政区域内的违规举债担保问题，地方政府才是查处的主体。也就是说，地方政府应当对下级政府或部门的违规举债担保线索，积极调查和处理，要在地方建立起有效的债务常态化监督机制。对于查出的问题，要不止于内部处理，而应公开点名问责，以监管的高压和舆论的声势震慑后来者。

我们看到，虽然近两年来，地方政府根据财政部要求，对违规举债担保展开了多次清查活动，但这样的清查效果却难令人乐观。一些地方政府的清查往往雷声大，雨点小。一些被查出的案例主要是内部进行纠正，而未公开进行问责。在查处的同时，违规举债"新变种"同时不断出现，所以地方政府有没有严堵漏洞、消除隐患，也要打个问号。

其实，相比起中央部门，地方政府对于违规举债担保的查处，应该更有优势。以驻马店的个案为例，政府违规举债 8.18 亿，写在政府常务会议纪要中，对于如此公开的线索，上级政府想要搜集和要调查处理，可谓易如反掌。此外，驻马店的违规个案，早在2015年9月就发生，通过中央审计和财政部门"翻旧账"，最近才被查处通报，历时达一年多的时间。而地方政府若能直接来查，效率会快得多。

所以，查处违规举债担保，地方政府当"守土有责"。地方政府若对违规举债零容忍，事先高度警惕并防范，事后严厉追责到人，那么，下级部门和官员还敢心存侥幸吗?

(2017 年 7 月 1 日)

# "减负红包"让企业轻装上阵

缪一知

降！降！降！

降税费负担，降融资成本，降人工成本，降用能、用地成本，降物流成本……"政府过紧日子，让企业轻装上阵，人民才能过上好日子！"李克强总理历来强调。

在 2017 年 6 月 13 日举行的全国深化简政放权放管结合优化服务改革电视电话会议上，李克强再次表示，"我们宁肯政府过紧日子，也要让人民群众过好日子。"

中国政府网 6 月 29 日晚公布了李克强在全国深化简政放权放管结合优化服务改革电视电话会议上的讲话，提到的一个数据分外亮眼：2013—2016 年累计为企业减轻负担 2 万多亿元。

在阶段性改革目标完成前，我们可以说减负不仅依然"在路上"，而且强度越来越大。如 2017 年已出台的减税降费措施就可使企业全年减负超过 1 万亿元。

能有如此可观的减负成效，缘由在于减税降费措施的多样性，包括扩大享受所得税优惠的小型微利企业范围，提高科技型中小企业研发费用税前加计扣除比例等，停征 41 项中央行政事业性收费，取消一批政府性基金等。2017 年 7 月 1 日则迎来了简并增值税率、商业健康保险抵扣个税等减税新政策。

减税降费不是目的，目的是让企业能轻装上阵，勇于在不利的国内外经济形势下奋勇拼搏，进而提高效能、增加就业。

特朗普就任美国总统以来，已经在削减管制方面下了大力气，2017年6月21日更是承诺将进行该国史上最大的减税。虽然最终落实尚有时日，但形势严峻可谓时不我待。因为我国毕竟还是一个发展中国家，实业经济的发展不只是赚钱的问题，还肩负着让国民经济升级转型的重任。诸多现实和潜在的社会负面因素仍然需要通过不断发展来得到化解。在我国经济深度融入全球经济的今天，外部环境的不利影响也断不容小觑。

所以，增强中国企业的竞争力和国际竞争力，可谓是接下来经济工作的关键所在。而要搞活企业，政府能做好的，应该是后勤服务，即"放管服"和减免税费。

2017年6月23日，《国务院关于2016年度中央预算执行和其他财政收支的审计工作报告》即揭示，2016年有165项国务院部门及其指定地方实施的审批事项被取消。从成本端、运营端减少企业的后顾之忧和掣肘之手，让它们在生产端、销售端、收费端能有更大的腾挪余地和灵活性，才能让一块钱的减税能发挥效应，通过企业活力的迸发，产生几块钱的收益。

此外，全面落实结构性减税，不仅要给政策，还要有执行。减税降费是国民经济宏观调控的大动作，却在微观上会减少地方政府的眼前收入，因此阳奉阴违打折扣的现象时有发生。而对策就是制度化、法治化。坚持依法治税，减少征税的自由裁量权，增加透明度，防止任性收税。

李克强批评了有的地方征税和稽查处罚的弹性空间太大，一些执法人员随意性较大。故而要优化纳税服务，让纳税人缴明白税、

便捷税、公平税。通过保障人民群众监督的权利，来实现经济和社会的全面发展。

而税收之外的多头收费及乱摊派、乱罚款，不仅更杂乱，正当性也更低。且由于不可预期，实际上比白纸黑字的重税还要损害企业信心，所以下一步的改革不是简化，而是直接砍去相关项目。

李克强表示，不仅国务院部门要带头治费，地方政府也要加大清费力度。政府性基金和行政事业性收费，政府提供普遍公共服务和体现一般性管理职能的收费将被重点清理。而财政供养事业单位的收费也要全面纳入预算管理，实现透明化。各类乱收费行为要被抓典型曝光和惩处。

行业协会商会、各类中介机构在我国并非纯粹的商业组织、民间组织，而近乎"二政府"的垄断组织，所以它们的种种具有强制性的收费项目也将要被全面清理整顿，若不取消，也会降低收费标准。

总结既有成绩，开拓未来方向，国务院的决心是明显的，信号是强烈的，多种有利于降低企业用能、用地、用网、物流、融资等各方面成本的举措将被尝试和推行。国务院不仅有壮士解腕的决心、让"政府过紧日子"的觉悟，更有通过行政审计和督查自我整顿的气概。

例如，《国务院关于 2016 年度中央预算执行和其他财政收支的审计工作报告》曝光了大量违规自设项目收费，或对明令取消、停免征的项目继续收费，或未按规定标准和范围收费的现象。

如果说企业财产在过去往往被当成"唐僧肉"，国务院的改革决心则可谓又当"沙和尚"，又当"孙悟空"，前者为企业减轻了负担，让它们便于前行，后者则保驾慑敌，警惕一切伸向企业的黑手。

（2017 年 7 月 3 日）

# 做强分享经济，激发中国经济新动能

丁一凡

国务院总理李克强 2017 年 6 月 21 日主持召开国务院常务会议，部署促进分享经济健康发展，推动创业创新便利群众生产生活。

会议指出，要适应全球新一轮科技革命和产业变革，发展分享经济，依托互联网平台对分散资源进行优化配置，化解过剩产能，培育壮大新动能是推进供给侧结构性改革的重要举措，有利于把大众创业、万众创新推向更广范围和更高层次，以创造更多就业岗位，为群众生产生活提供更经济、更多样、更便捷的服务。

最近几年，分享经济发展得风起云涌：从共享单车到共享汽车，再到共享式家庭旅馆，等等。分享经济的形式层出不穷。

这些分享经济的形式的确让民众感到了生活更加方便，让资源的分配更加合理，同时也使出让共享工具的"主人"得到了一定程度上的回报。其实，共享单车等分享经济形式的出现，既体现了中国经济目前拥有的巨大制造业能力，也体现出中国民众的素质有了质的提高。

试想，如果在三四十年前实行共享单车等分享经济的形式，那会是什么结果？那时候，中国生产自行车的能力有限，买单车都要凭票或排队，自行车是个供不应求的商品。那时候，要随便就能骑一辆自行车走，肯定没有几个人会把它再放到哪让其他人继续使

用，更不用说什么共享汽车了。

看到街头上无处不在的各种颜色的共享单车，有心人应该寻思一下，世界上有哪些国家能突然几天之内向市场上投放数以千万计的自行车？自行车虽然算不上复杂的工业制成品，但也是由几十个、上百个元器件组成的，需要巨大的制造业生产能力。能迅速生产并投放市场如此之多自行车的国家，世界上数不出几个。

随着中国人生活水平的提高，自行车成为越来越小众的工业产品，只有专门把骑自行车当作体育锻炼的人才会去关心那些价格不菲的自行车。当年风光一时的自行车生产已经成了夕阳产业。然而，随着共享单车的出现，那些自行车生产厂商又重新焕发了青春，既增加了 GDP，也创造出了更多的就业机会。而共享单车只是分享经济中的一个侧面。可见，发展分享经济属于供给侧结构性改革的重要组成部分，是促进经济增长的重要工具。

然而，分享经济虽然给人们的生活带来了更多的方便，却也带来了一些新问题。

人们会发现，共享单车经常会被破坏，有些是自然损坏，更多的却是人为破坏。共享汽车也出现了故意飙车、玩"飘移"等现象，反正不是自己的，多损害一点也不心疼。如果说这些现象是个别人道德低下，它们无法掩盖分享经济带来的巨大好处，那么有些地方共享单车堆积成山、阻碍道路无法正常通行，而且损坏的车辆越来越多，这些现象就属于制度性的问题了，该如何处理呢？

其实，分享经济若要更加健康地发展，需要注意以下几方面的问题：

要提高全体公民的道德水平。分享经济的精髓是物品共享，如果使用者恶意地故意破坏或不负责任地使用这些物品，势必造成巨大的浪费，让这种形式的消费夭折。共享工具是为大家服务的，大家都必须爱护它们，才能使这些工具为大家带来更多、时间更长的方便。

政府管理必须更加人性化。分享经济是一种新的消费形式，一定会遇到许多新问题。但是，我们不能采取简单粗暴的办法，不能一出问题就取消、禁止了之。要寻找新的管理办法去适应新的消费形式。比如，可以促进行业协会与政府基层组织的互相配合，找到既能方便民众生活，又不破坏社区及街道秩序的办法。

利用分享经济形式，促进个人信用制度的建立，但同时也要审慎处理私人数据与保护隐私。共享单车等形式都需要登记个人的信息，这种通过移动互联网技术登记个人信息的做法有助于掌握个人的信用情况。但是，若这些信息得不到有效保护，也会破坏人们对互联网登记私人信息体系的信任，不利于未来的发展。

若分享经济能在促进经济发展的同时，促进社会道德的提升和个人信用制度的建立，将成为中国经济下一步发展的重要抓手。

（2017 年 6 月 22 日）

# 分享经济推动中国"无处不分享"

卞永祖

当你还在为谁家的车更好骑而纠结时,"共享家族"又增添了新成员:共享汽车、共享充电宝、共享篮球、共享雨伞……

一场前所未有的商业革命,就这样扑面而来。未来,这场商业革命还将渗透到人类社会的各个角落。

2017 年 7 月 3 日,国家发展改革委等八部门联合印发《关于促进分享经济发展的指导性意见》(以下简称《意见》),该《意见》对分享经济的定义、重要意义以及支持举措都做了清晰阐述。可以预测,分享经济的发展将面临更友好的社会环境,我国很可能是世界上第一个快速步入"无处不分享"的国家。

正如《意见》所说的,分享经济在现阶段主要表现为利用网络信息技术,通过互联网平台将分散资源进行优化配置,提高利用效率的新型经济形态。对于这个论断,有两个重点:首先,互联网技术是分享经济发展的基础,比如,互联网通信技术让大家的联系没有了时空的限制;物联网、实时定位、云技术的发展,不仅可以准确定位和实时分享信息,还可以智能决策,提高了生产效率。

中国在信息技术领域的发展举世瞩目,这是我国一直以来大力倡导技术创新所积累的结果。

最近几年来,阿里巴巴、腾讯、百度、京东等一大批互联网企业快速崛起，互联网技术在各行各业得到了广泛应用，2016 年我国网上零售总额超过 5 万亿元，几乎占该领域全球市场份额的半壁江山。

在互联网的底层技术方面，我国也获得了长足的进展。根据中国半导体行业协会统计，2016 年中国半导体集成电路芯片产业销售额达到 4335.5 亿元，其中设计业首次超越封测业成为产业最大部分，在 2014 年至 2016 年，中国集成电路设计公司数量从 681 家增至 1362 家。这些成绩的取得，离不开政府长久以来的支持。《国家集成电路产业发展推进纲要》《中国制造 2025》等一系列文件的出台，都把技术创新作为重点，从税收、财政多方面给予支持。

把分享经济定义为新型经济业态的说法，也表明了政府的积极态度。为了加快我国企业转型升级，加快供给侧结构性改革的进程，占领未来发展的制高点，培育新型经济业态的发展是重点之一。

但是，任何新生事物的出现都不会是一帆风顺的。比如，滴滴在发展初期，就发生过出租车行业抵制的现象。如何看待这些现象和解决这些矛盾，社会上有不同的看法。如果从将来经济发展大方向来看，新经济业态具有更大发展潜力，往往具有普惠性，实现社会的更公平发展。

在培育新经济业态方面，政府一直不遗余力。早在 2015 年 9 月，李克强总理在夏季达沃斯论坛发言时就指出，分享经济是拉动经济增长的新路子。

当然，分享经济大都依托互联网技术，信息安全是人们最担心的。2017 年 6 月 1 日，正式实施的《网络安全法》将从国家立法的高度规范信息安全，保护个人隐私，为分享经济发展创造良好社

会环境。

　　根据《中国分享经济发展报告2017》的统计，2016年，我国分享经济市场交易额约为34520亿元，分享经济融资规模约1710亿元，同比增长都超过100%，我国参与分享经济活动的人数超过6亿人，比上年增加1亿人左右。

　　由此看来，分享经济不仅为我国经济转型升级带来动力，还有利于扩大就业，促进消费，有利于我国经济结构更加平衡发展。

　　可以想见，在政府政策更加有力和有为之下，分享经济的发展会加快其燎原之势，成为我国经济发展的新亮点。

（2017年7月11日）

# "包容审慎"方能确保分享经济行稳致远

丁一凡

各种形式的分享经济迅速发展，成为社会上很时髦的新活动，但也引起了舆论的各种反应。有的人认为，分享经济造成了社会秩序的混乱；也有人极其推崇分享经济，认为它是中国经济未来的发展方向。

李克强总理在谈到分享经济时，提到了对分享经济要实行"包容审慎"的监管方式。

其实，李总理这番话的深刻含义是，我们对新技术、新业态的出现要更宽容一些，才能让新的经济形态和新的技术发展起来，成为经济增长的新动力。要确保分享在先，监管在后，让市场先跑一会儿，政府不应过度干预。

历史地看，人类是有许多惰性的，对旧的东西、旧的技术和旧的形式习惯了后，就不愿意接受新事务。因此，创新的东西往往被人忽视，有时差一点就夭折。

比如，美国发明家贝尔曾经想把他的电话发明卖给西部联合电报公司，但却被拒绝了，因为他们认为电报足够了。又比如，国际商用机器公司（IBM）的总裁曾经认为，世界最多需要5台电子计算机，因此根本不需要投太多资。再比如，当乔布斯锲而不舍地在搞"苹果"的触屏式手机试验时，有多少公司在嘲笑他，认为手机

就应该是有键盘的。当第一代触屏式手机出台后，许多人还都宁可用诺基亚、黑莓的键盘式手机。

如若人们不多一点包容之心，如若这些发明家们不再多坚持一段时间，这些技术也许从此就被埋没，被遗忘了。事实上，世界上也的确有许多新技术就是在人们的不宽容中被埋没了。我们知道的只是那些幸存者。

对待新的业态，人们也往往会持保守的态度，认为新的形态未必可行，或总在批评新的形态带来的不便或混乱。想想滴滴叫车刚出来时，人们的讥讽有多激烈！北京的堵车成了"炮轰"滴滴的借口……同样，共享单车出来也遭到不少人冷嘲热讽。

大城市的管理者们对此还抱着比较宽容的态度，虽然有时共享单车乱放、占道的程度也令人咋舌，他们还是乐见这些各种颜色的自行车给市民们带来了"最后一公里"的方便。但在一些小城市，管理者们的宽容度就似乎更差一些，他们不惜叫停共享单车，或者干脆把那些共享单车拉到某个地方封存起来。

未来，人工智能技术与互联网嫁接，会诞生出更多现在人们还不熟悉的形态。如果我们不对出现的新鲜事物持包容态度，未来我们可能就无法占据最新科技发展的高地，我们就会永远落在别人后边，无法实现弯道超车。

总之，我们应该对新技术和新业态抱多一点宽容态度，哪怕当新鲜事物造成一些麻烦后，再去想办法解决这些麻烦，想办法重整秩序，重新安排我们的生活。未来，在国家、公司的激烈技术竞争中，能否胜出可能很大程度上取决于人们是否有足够的宽容之心。

（2017 年 7 月 11 日）

# 政府要当分享经济的提供者、消费者和引导者

谢　飞　孟祥明

李克强总理在 2016 年政府工作报告中就强调，要大力推动包括分享经济等在内的"新经济"领域的快速发展。在"互联网＋"技术的推动下，分享经济在我国发展迅速，尤其是与百姓生活密切的共享单车、网约车等最为典型。

为了进一步营造公平规范市场环境、促进分享经济更好更快发展，2017 年 7 月 3 日国家发展改革委等八部门联合颁布了《关于促进分享经济发展的指导性意见》，其中第十一条对政府部门提出了相关要求，即"大力推动政府部门数据共享、公共数据资源开放、公共服务资源分享，增加公共服务供给，提升服务效率，降低服务成本。完善相关配套政策，加大政府部门对分享经济产品和服务的购买力度，扩大公共服务需求。在城乡用地布局和公共基础设施规划建设中，充分考虑分享经济发展需求。鼓励企业、高校、科研机构分享人才智力、仪器设备、实验平台、科研成果等创新资源与生产能力"。

这一条要求政府部门既要成为分享经济的提供者、消费者，还应成为分享经济的规划者、引导者。目前，政府在政务信息公开方面所做的努力，应该是起到了分享经济提供者的作用。本文重点谈谈政府在分享经济中的消费者和引导者作用。

# 政府践行分享经济可以提高财政资金使用效率

政府部门在运转过程中需要使用大量的办公器材、家具、车辆等。在分享经济消费理念下，这些物品的所有权与使用权可以分离，作为政府部门只需掌握其使用权，无需掌握其所有权。政府践行分享经济意义重大。

分享经济可以有效盘活财政资金，提高资金使用效率。一是释放固化资金，减轻财政压力。在传统消费理念下，购买产品需一次性投入产品全价的财政资金，而通过分享经济消费模式，政府可以把一次性投入变为分期支付，从而释放出相应的财政资金，支援更急需的支出用途。在缓解财政压力的同时，提升财政资金的时间价值。二是避免过度购买，节约财政支出。在传统消费模式下，财政资金支持的部分购买行为，不乏因经费充足导致过度购买和过快淘汰办公器材的现象，如在一些科研经费申请中普遍安排一定比例资金用于购买电脑等办公设备，这极易造成拥有多个课题的人员重复购置、超规格购置和提前淘汰办公设备。一些科研设备的购买中也有类似现象。在分享经济消费模式下，通过财政政策限制和经费控制，可实现办公用品和科研设备的按需租用，避免过度购买造成的资源浪费。三是有效降低成本，实现多方共赢。在分享经济消费模式下，提供者通过集中批量购买，可降低产品供应商的营销成本和提供者自身的购买成本，进而为使用者提供更质优价廉的产品服务。另外，通过提供者的专业运行和维护，可有效降低物品的运维成本和管理成本，实现政府（使用者）、提供者和生产方的多方共赢。

# 政府可以在分享经济中发挥重要的引导作用

《政府采购法》第九条指出，"政府采购应当有助于实现国家的经济和社会发展政策目标，包括保护环境，扶持不发达地区和少数民族地区，促进中小企业发展等。"政府践行分享经济理念，可以引导全社会的新型消费理念，推动绿色低碳发展。

分享经济可以提高资源利用率，促进绿色低碳产业发展。一是通过提高租赁物品使用率节约资源。诸如高级摄影器材、音响器材、投影仪等设备，对某一用户而言通常使用频率不高，闲置时间多。在传统消费模式下，这种闲置固化了大量资金，导致资金和产品功能的浪费。在大型科学仪器设备中也有类似情况。而采用分享经济消费模式则可通过提供者以市场配置资源方式，合理安排设备数量、等级和使用时间，优化资源配置，提高资源使用率。二是通过专业维护延长物品使用寿命节约资源。在传统消费模式下，极易出现产品因缺乏专业运行与维护而过早损坏或报废的情况。而在分享经济消费模式下，通过提供者的专业运行与维护，可使物品的使用期大大延长。以电脑为例，由专门的租赁者提供专业维护并根据客户不同需求合理配置和升级软硬件，可使电脑的使用期延长2—3年，甚至更长。三是政府采用分享经济消费模式可以强制采用绿色低碳产品节约资源。通过设置准入门槛，要求提供者提供的物品的生产和使用环节均需满足一定的节能、环保要求，以此促进和引导绿色低碳产业的发展。四是通过对报废物品集中回收处理节约资源。在传统消费模式下，报废物品往往分散在所有者手中，其中有相当一部分属于电子垃圾，处置不当会给环境和人类健康带来巨大

威胁。而通过分享经济消费模式，报废物品集中在提供者手中，政府强制要求提供者将报废物品送至有资质的废物处理机构进行资源回收和无害化处理，这既可有效挖掘"城市矿山"，还有助于保护生态环境。据了解，制造一台电脑需要 700 多种化学原料，其中对人类有害的化学物质多达 300 多种。一台旧式电脑显示器中铅含量平均达 1 公斤多。

## 政府推动分享经济可以促进大众创业万众创新

分享经济可以促进产业结构调整，增加就业机会。及时、便捷、规范的服务是包括政府在内的所有使用者接受分享经济的先决条件，是分享经济可持续发展的根基。这就需要有一批专业从业人员提供物品的管理、配送、维护、创新等服务。同样，报废物品送至废物处理机构进行资源回收和无害化处理，也需要一批专业从业人员。这些都将创造一系列新的就业机会，促进第三产业发展。

## 政府践行分享经济可能面临的障碍

一是政府工作人员需要转变消费理念与工作习惯。物品拥有意识在传统消费模式中根深蒂固，分享经济消费模式是对这一理念的挑战。克服这一障碍既需要强有力的政策支持即一种自上而下的要求，也需要开展广泛的宣传，逐步转变政府工作人员的消费理念和工作习惯，特别是分享经济消费模式难以满足一些突发性需求，这就要求政府工作人员通过提高工作的计划性，早作安排。需要强调的是，不能要求用分享经济消费模式完全取代传统消费模式。

二是需要构建便捷的"互联网+"分享经济平台。无论是分享经济的提供者还是消费者，都极为依赖清晰、便捷的"互联网+"电子服务平台，保证消费者能够快速搜索到所需产品、清晰了解各产品性能、轻松下单等。提供者和消费者双方的诚信极为重要。这是营造分享经济良好市场环境的前提。值得高兴的是《关于促进分享经济发展的指导性意见》已有全面的规定。

（2017 年 7 月 17 日）

# 绿色金融改革，用发展守护绿水青山

曹明弟

天蓝就美丽，水清便幸福。然而，在中国的城市化进程中，不少地方失去了青山绿水。

如何让资本助推绿色转型、让绿色金融体系与发展绿色经济相得益彰，近年来成为各界关注的焦点。而为全体公民"守护"蓝天白云，也是执政者必须念兹在兹的重大民生工程。

2017年6月14日，李克强总理主持召开国务院常务会议，决定在浙江、江西、广东、贵州、新疆5省（区）选择部分地方，建设各有侧重、各具特色的绿色金融改革创新试验区，在体制机制上探索可复制可推广的经验。会议从绿色金融的业务主体、产品服务、基础设施、政策扶持和风险防范等5方面指出了大方向和主要任务。

简言之，绿色金融是将绿水青山变为金山银山的金融机制。绿色金融改革创新，为激发地方创新创造活力、促进中国经济绿色转型、助推生态文明发展建设提供了绝佳的突破口和着力点。

近几年中国绿色金融发展迅速，受到国际瞩目。作为全球仅有的建立"绿色信贷指标体系"的三个国家之一，截至2016年6月末，中国21家主要银行业金融机构的绿色信贷余额达到7.26万亿元，占各项贷款的9.0%。绿色债券市场2016年初才启动，发行量从无到有，一年发行量超过 2000 亿元人民币，一举占全球三分之一强，中国已成为全球最大的绿色债券市场。

据不完全统计，包括内蒙古、云南、河北、湖北、江苏、陕西、安徽、河南、宁夏等地，相继设立省级绿色发展基金或环保产业基金，近 50 家企业设立了总额近 1000 亿元的环保产业基金。

然而，中国绿色金融供给仍然存在着严重不足。根据中国人民大学绿色金融改革与促进绿色转型课题组的测算，按照 2013 年国家制定环境保护标准和 2015 年保护标准，在 2013 年需要的绿色资金分别达到了 3 万亿元和 3.7 万亿元，而 2013 年实际的绿色投资额仅有 0.9 万亿元左右，资金缺口达到了 2.1 万亿元和 2.8 万亿元。

巨大的资金缺口，亟需在绿色金融领域进行改革创新，才能更有效地动员和激励更多社会资本投入到绿色产业，同时更有效地抑制污染性投资。

绿色金融改革创新试验区建设，有望让绿色金融发展活力充分迸发，加快中国经济绿色转型。

绿色金融改革创新试验区建设，由地方政府主动申请报批、国务院决定设立。国家不设条条框框，只是指出建设的大方向，提出建设的主要任务。因而，地方具有极大的自主性和积极性，能够充分发挥主观能动性，可以甩开膀子，根据自身的资源要素特点，在绿色金融领域的政策制度、市场机制等方面的改革创新开展先行先试，为我国其他地区的绿色金融改革和全国性的绿色金融体系建设趟出路子。

换言之，绿色金融不能只停留在中央层面，地方层面需因地制宜，创新运用机制，共同推动绿色金融发展壮大。

眼下，全球竞相发展绿色经济，建立和完善绿色金融体系已成

为共识。绿色金融改革创新试验区建设，不仅有助于加快我国经济向绿色化转型，而且有利于在我国经济面临较大下行压力情况下加快培育新的经济增长点，还有益于为我国在全球环境和气候治理中树立负责任大国形象。

数字是抽象的，可蓝天白云却是看得见的。只有绿色发展，全体公民才会有真正的获得感和幸福感。

（2017 年 6 月 15 日）

# 双创政策"红包"，让公民腰包鼓起来

张德勇

"中国创业创新的氛围很浓厚，你有无限可能去实现你想做的。"加拿大人劳伦斯放弃美国的高薪职位，选择到深圳创业。吸引海外"创客"来到中国的，是中国总理倡导的"大众创业、万众创新"。

我国人口多，就业压力也就大。就业形势好不好，直接关系到民生之本是否稳固。近些年来，我国就业形势总体稳定、稳中向好，成为民生改善的一大亮点。据全球著名商业教育机构瑞士洛桑国际管理学院（IMD）发布的《2017 年度世界竞争力报告》，在就业这个二级指标上，我国的就业表现名列全球 63 个主要经济体之首。

这样的评价来之不易。基本上，我国当前的就业形势来自两大方面的压力。一是世界第一人口大国的国情；二是经济从高速增长转向中高速增长的换挡。双重压力叠加，让我们的就业形势始终面临严峻挑战。

常理告诉我们，经济发展是解决就业问题的根本途径。经济越发展，它所吸纳或带动的就业人口也就越多。尽管不排除在经济发展的条件下，由于新的高科技、新业态、新产业等的出现，在创造新的就业机会的同时，会冲击到一些传统行业的就业态势，带来新

的就业需求与旧的就业供给不匹配问题，但总体而言，经济发展会给就业增长带来积极的正向效应。

当我国经济进入新常态之际，面对经济增速的换挡，寻找新的经济发展动力就成为一项重要的战略选择。大众创业、万众创新，简称"双创"，是培育和催生经济发展新动力的必然途径。它通过激发千千万万人的创业、创新热情，鼓励人们投入到创业、创新活动中，为经济新动力从萌芽到发展壮大提供了丰沃的土壤。

经济发展总是需要靠人去推动、去实现，因此，着眼于培育和催生经济发展新动力的"双创"，相应会产生积极的外溢效应，为增加就业岗位和带动就业增长创造了条件。

虽然不是每个人都有能力从事"双创"，但只要有人投身到这一事业中，不仅可实现自身就业，还能带动其他人就业，久而久之，就能把巨大的人口压力转化经济发展所需要的人力资源。而且，通过"双创"所诞生的新产业、新业态、新商业模式，在吸纳大量就业人口的同时，也为就业人口的素质提出了更高要求，有利于全面提升整体劳动力素质。

"双创"对我国就业形势的总体稳定、稳中向好发挥了积极的作用。这些年来，无论是新登记市场主体，还是新登记企业，以及初创企业新增招聘岗位数等，"双创"都成为其中增长的重要源泉。

据统计或测算，比如，2013年至2016年，全国新登记市场主体年均增速为13.4%，新登记企业年均增速为30.3%，2016年初创企业对新增招聘岗位的贡献率达到18.7%；再如，2017年上半年，我国城镇新增就业735万人，完成年度目标的66.8%，31个大城市的城镇调查失业率连续四个月低于5%。这些数据说明，"双创"对增加就业的促进作用是实实在在和可靠的。

就业是最大的民生，因此是政府"最要紧的责任"。在就业优先战略和更加积极的就业政策下，"双创"对增加就业的促进作用日渐显现，成为就业增长的新引擎。

要维护好这个新引擎，并让它发挥更大的作用，对政府而言，归根结底，就是要牢牢坚持简政放权、放管结合、优化服务的原则，不断改善"双创"的体制机制环境，以"双创"促经济发展，以经济发展促就业，从而带动更多就业、更高质量就业。

为创业创新者营造良好的生态环境，是政府不断深耕的课题，也是必须完成的功课。政府需不断释放促进社会公平的政策"红包"，让更多公民有机会通过"双创"提高职业的流动性，拓宽社会纵向流动渠道，进而撑鼓自己的腰包。

（2017 年 8 月 4 日）

# 双创升级"联合国版"彰显中国智慧

储 殷

2017 年 4 月 27 日，第 71 届联合国大会通过决议，决定将每年的 4 月 21 日设立为"世界创意和创新日"。中国近年来大力推动的"大众创业、万众创新"被正式写入决议。决议指出，"创新对于发挥每个国家的经济潜力至关重要"，并强调各国支持大众创业、万众创新的重要性："这将为经济增长和创造就业凝聚新的动力，为包括妇女和青年在内的所有人创造新机遇"。

可以说，本项决议的通过，既是联合国长期以来推动创意创新与新经济发展工作的阶段性成果，更为重要的是，这标志着中国的发展理念正在被越来越多的国家和国际组织所认可、所推广、所效仿。从这个角度看，"双创"升级为"联合国版"，是中国智慧对人类发展的又一新贡献。

"大众创业、万众创新"这一口号，始于 2014 年在天津举行的夏季达沃斯论坛。国务院总理李克强在论坛上指出，进一步解放思想，进一步解放和发展社会生产力，进一步解放和增强社会活力，打破一切体制机制的障碍，让每个有创业愿望的人都拥有自主创业的空间，让创新创造的血液在全社会自由流动，让自主发展的精神在全体人民中蔚然成风。

2015 年，"大众创业、万众创新"写入政府工作报告，《国务院关于大力推进大众创业万众创新若干政策措施的意见》等一系列相关文件先后出台。在党的十八届五中全会确定的"五大发展理念"中，"创新"被排在首位，成为经济结构实现战略性调整的关键驱动因素。"双创"从领导人的号召逐步变成一系列政策，并成为一项有着制度保障的常态化工作。

2008 年全球金融危机之后，中国国内面临深层次矛盾凸显和"三期叠加"的阶段，急需新的增长点和增长方式，实现经济升级和发展模式转变。正是在这样的背景下，中国领导人提出"双创"。

改革开放以来，中国的人口素质不断提高，劳动者的受教育程度逐步提升。与改革开放初期只能从事低端加工业的时代相比，中国目前拥有数以亿计的各类专业人才和各类技能劳动者。"双创"激发劳动者创新创业的热情，从而让创新发展的巨大潜能真正释放出来。可以说，"双创"为中国经济的发展提供了新引擎。

"双创"能够写入联大决议，充分表明这一理念被越来越多的国家所接受。金融危机之后，全球经济发展遭遇新困境。西方主要经济体复苏乏力，传统经济模式日渐式微。特别是随着全球化的不断深入，以往几个少数国家依靠资本、技术、人才优势从全球化进程中获取"剪刀差"的发展模式难以为继。越来越多的国家开始关注与反思过去三十年全球化进程带来的发展失衡、贫富差距拉大、资源浪费与污染转移等现实问题。

而要想真正地去解决这些问题，离不开对现有全球化的创造性重构。解决全球化问题和全球治理困境离不开创新精神，离不开创业决心。联合国在 2015 年通过了《变革我们的世界：2030 年可持续发展议程》，这一议程所期待的，是全球各国携手一道，通过一系列体制机制创新变革，激发出更多的解决全球问题的思路与能

力，从而实现一个更具包容性和增长力的新发展模式。

也正是在这样的精神鼓舞下，越来越多的国家开始重视创新创业，并将创新创业看作实现弯道超车、提高全要素生产率、促进经济发展的重要方式。而中国在这一过程中所做的尝试和取得的成果举世瞩目。"大众创业、万众创新"能够写入联合国大会决议并设立世界日加以纪念和宣传，也就不足为奇。

（2017 年 5 月 8 日）

# 四、促进民生计

# 蓝天白云，应该成为政府行政的底线思维

黄羊滩

2017 年的雾霾比往年早了一点。9 月 16 日上午北京实时空气质量指数显示，只有密云水库、八达岭为淡黄色的"良"，其余均为轻度或中度污染。而在更早些时候，9 月 1 日至 2 日，北京的空气质量一度达到中度到重度污染，3 日风起，PM2.5 浓度明显下降，4 日全城多地仍为轻度或中度污染。

秋高，气不爽，未免让人丧气，甚至也会对即将来临的这个雾霾季多有焦虑。9 月都这样了，接下来的几个月不晓得会怎样。环境专家的说法依然一如既往地平静：静稳天气、本地机动车排放等都对污染有贡献。事实上也是，一朝大风猎猎起，很快就看见蓝天白云了。

可问题是，治霾、治霾，并不能完全寄希望于"风吹"，或者随口承诺表决心的煌煌大言，而是需要拿出实实在在的举措，做出扎扎实实的努力。日有寸进，踏石有痕，自然会有渐进之功，进而才有可能廓清朗朗天空。

在这个过程中，容不得半点侥幸与轻浮、莽撞与冒失。雾霾治理的长期性、艰巨性及反复性，决定了治霾形势日益严峻复杂，除了采取笃实、科学的态度并厉行落实之外，别无他法。即便有时候会有"老天帮忙"，那也是要建立在踏实的治理努力之上的。

　　2017 年 9 月 15 日，最新修订的《北京市空气重污染应急预案》正式公布，这也是自 2012 年以来的第五次修预案。与 2016 年实施的应急预案相比，新版预案的特点只有一个字："严"。这表明，面对愈来愈早、愈演愈烈的雾霾，只能未雨绸缪，严阵以待，没有任何捷径可走。

　　新版预案规定，启动蓝色预警时，要停止室外建筑工地喷涂粉刷、护坡喷浆施工作业，并"在常规作业基础上，对重点道路每日增加 1 次清扫保洁作业"；启动黄色预警时，制造业企业要停产限产。而在此前，发生橙色预警时才会停产限产。

　　此外，两种情况下可启动红色预警，第一种是"预测空气重污染将持续 4 天（96 小时）及以上，其中有 2 天（48 小时）及以上为严重污染时"，第二种是"预测全市空气质量指数日均值达到 500 时"。与 2016 年版相比，删除了"且将持续 1 天及以上"的条件。

　　这些修改，并非是简单的文字变动，寥寥几个字改动的背后，意味着对一个区域经济社会的强力干预，动静之大、波及之广、影响之深，称得上是惊天动地、伤筋动骨。以制造业企业停产限产而言，从橙色预警降至黄色预警，牵动的是海量企业的现实利益。据北京市发改委披露，2017 年前 8 个月，北京仅疏解退出的一般制造业企业就达 599 家。

　　至于红色预警涉及到的全市中小学生、幼儿园停课，单位弹性上下班，机动车限行等措施，其对社会产生的强力影响，自不待言。几乎每一次红警，都会让整个城市停摆，也都会引发民众吐槽。然而，这似乎也是没有办法的办法。既然治霾是为了维护公共利益，则民众出让部分个人权利，本身也是代价之一种。

　　这也并不是说个体权利并不重要，也不是说个体权利的出让只是利他，而是说，在重霾的侵袭之下，每一个民众个体，每一个市场主体的付出与牺牲，都是一种基于自利的公民行动。若没有这样的共识，恐怕只能吵来吵去，永无了局。

当然，这里边有一个前提，那就是预案的强制性必须建立在公平、公正的基础之上，并一体执行，别无例外。任何开口子放水的做法，不仅会损害政令的刚性，也必然导致治霾的流于形式。比如此前民众对于限行不限公车就多有不满。

此外，治霾的实际效果，除了目前已经认识到的一些路径与症结之外，是不是还有我们所不了解的黑色区域？或者说，在污染源分析上，目前的认知是不是已经完全到位？还有没有新的死角，或者说，我们已经采取的一些治理举措会不会加剧大气污染？

比如，有不少人质疑煤改气带来的氮氧化物污染，认为北京大量的煤改气过程中，燃气设备的氮氧化物排放量很高。一氧化氮排放到大气中后，继续被氧化而生成二氧化氮。二氧化氮在空气中会与碱性物质如氨气，在空中合成亚硝酸盐或硝酸盐，成为粒径极小的二次颗粒物，这当然属于 PM2.5。这里边的真实情况究竟如何，似乎该有权威说法。

作为一项长期的民生工程，雾霾治理任重道远，不可能一蹴而就。不仅需要"壮士断腕的决心"，也需要扎扎实实的努力。既要看到清洁道路、降尘除垢带来的微观效果，更要从整个城市的产业布局、总体规划入手，甚至还要兼及整个区域的排放问题。无论如何，保障民众的呼吸权，让人们多看到蓝天白云，应该成为政府行政的底线思维。

（2017 年 9 月 16 日）

# 整治"地沟油"不能城乡有别

胡印斌

此前一度让民众恐慌、恶心乃至损害健康的"地沟油",警报解除了吗?

当然没有。尽管现在的情形不再像 2014 年那场"地沟油"风波猛烈,但制售"地沟油"违法犯罪问题仍时有发生,相关的综合整治长效机制尚未完全建立。特别是,随着城市里治理的持续加力,以及市民的抵制,"地沟油"或其"分身"转向农村以及城乡接合部倾销。广大农民、进城务工人员正在成为伪劣油品、食品的"接盘侠"。

也因此,国务院办公厅近日印发了《关于进一步加强"地沟油"治理工作的意见》。意见明确要求,加大对农村地区、城乡接合部以及农贸市场、小餐饮、小作坊等的巡查力度,加强对屠宰企业、肉类加工企业、食用油生产经营企业、餐饮企业的监管,督促企业建立健全追溯体系,严格执行索证索票和进货查验制度。并落实有奖举报制度,动员社会力量进行监督。

国务院办公厅这份意见既明确了治理重点,即立足源头治理,强化企业的主体责任。餐饮企业、行政企事业单位食堂以及屠宰企业、肉类加工企业等单位应当按照规定单独收集、存放本单位产生的餐厨废弃物、肉类加工废弃物或检验检疫不合格畜禽产品,并建立相关制度及台账。有条件的单位要自建无害化处理设施，按照处理规范进行无害化处理并如实记录。

同时，也指明了远期愿景，即最终要走向无害化处理和资源化利用。总结餐厨废弃物资源化利用试点经验，推动培育与城市规模相适应的废弃物无害化处理和资源化利用企业。引导废弃物无害化处理和资源化利用企业适度规模经营，符合条件的按规定享受税收优惠政策。

而在所有制度、措施尚未形成治理"闭环"之前，则尤其要追踪"地沟油"的流向，加大巡查执法力度，决不能听任"地沟油"由城转乡，去祸害千千万万的农民和农民工。

"地沟油"转战农村，一方面，因为农民当下的消费水平还比较低，"地沟油"以及掺和了"地沟油"的所谓正规豆油制品，因为有价格优势，往往能够很方便地通过农贸市场，进入千家万户。其中，最恶劣的是很多制售企业、小作坊，出于寻求规模效应的需要，往往会盯上人群扎堆儿的工地食堂乃至部分农村学校等，还有的进入了方便面等食品企业。

销往农村或城乡接合部的"地沟油"，往往打着正品油的旗号，甚至不乏正规企业参与。据媒体报道，2012年8月28日，全国首例特大地沟油案销售环节案件由宁波中院开庭审理，据披露，11名被告均是河南两家油脂企业负责人和员工，仅一年半销售额就超3个亿。其"产品"也不是简单的"地沟油"，而是将"地沟油"与正常豆油勾兑后出售，据说，这也是"行业惯例"，且勾兑后油品也符合国家标准。

而据人民网记者2012年历时一个多月暗访，也发现在京畿地区存在一条地沟油生产链。这个链条的终端，或许是以品牌食用油

的面目堂堂正正地进入千家万户的餐桌。《经济参考报》2016年也报道，云南昆明市每天产生的100吨"地沟油"，大多数也流往"黑作坊"。

另一方面，"地沟油"下乡，也与监管尚不严密，特别是对农村地区、城乡接合部以及农贸市场、小餐饮、小作坊等巡查力度不够有关系。

尽管早在2010年国务院办公厅就印发了《关于加强地沟油整治和餐厨废弃物管理的意见》，意见要求各地各部门明确分工、落实责任，提出强化食品生产经营单位的主体责任，建立市（县）长负责制，落实部门监管责任，建立健全全程监管和执法联动机制等等，但在现实中，这些被分解下去的责任并没有得到完全落实。特别是对"地沟油"的去向存在管理真空，而部门联动、地方协同等更是难以落实。

很多地方在治理层面往往更倾向于运动性执法，而缺乏常态化的长效治理机制。整治的风头一来，看似效果十分明显，但风头一过，一切又恢复旧观，甚至还会出现变本加厉的报复性反弹。这样来来回回、起起伏伏的治理，很难形成密匝的全方位、全链条监管。极端的情况则是，城市里似乎"干净"了许多，而农村却遭殃了。

必须看到，"地沟油"的生产、勾兑、销售是一条完整的利益链条，相应的，治理也应该实现全环节无缝对接。不仅要重点打击炼制"地沟油"的黑作坊、勾兑"地沟油"的无良企业，也要切实追踪"地沟油"的去向；既要实施源头打击，也要实施终端监控检测；既要管好城市的餐桌，也要管好农村的油锅。唯其如此，方才有可能谈得上培育"地沟油"无害化处理和资源化利用企业。

食品安全无小事，李克强总理在 2017 年的政府工作报告中强调，坚决把好人民群众饮食用药安全的每一道关口！2017 年 1 月，李克强对食品安全工作作出重要批示，要求切实发挥食安委统一领导、食安办综合协调作用，坚持源头控制、产管并重、重典治乱，夯实各环节、各方面的责任，着力提高监管效能，凝聚社会共治合力，进一步治理"餐桌污染"。

置身一个"大数据"的时代，监管部门也必须与时俱进，真正掌握与"地沟油"相关的各种数据，并将阶段性整治行动的打击力量分布到日常监管中去、分布到城市乡村企业各个领域中去，久久为功，长治久安。

（2017 年 4 月 25 日）

# 网络"提速降费"必须"提速"

江 鹏

2017年注定要成为网络提速降费的关键之年。

在不久前结束的全国两会上，国务院总理李克强在政府工作报告中明确指出，网络提速降费要迈出更大步伐。具体要求是，2017年年内全部取消手机国内长途和漫游费，大幅降低中小企业互联网专线接入资费，降低国际长途电话费。

这并非总理第一次表态。2017年2月22日的国务院常务会议上，总理要求进一步加大网络提速降费力度，降低创业创新成本促进产业升级。

再往前推，2015年4月14日召开的一季度经济形势座谈会上，李克强总理就发出了"流量费太高了"的感叹。当年5月13日，总理又在主持召开国务院常务会议时再度明确促进提速降费的五大具体举措。

可以看到，近年来此举得到了有关部门和企业积极回应，陆续推出网络提速降费的举措，对推动经济升级、促进创业就业、拉动消费、便利和丰富群众生活，发挥了积极作用。

而此次政府工作报告提出的具体要求，不仅说明网络提速降费是改革的重要问题之一，更说明了随着社会的发展，问题解决的紧迫性更为突出。

随着移动互联的迅猛发展，市场需求也出现了急剧变化。据工业和信息化部最新发布的通信业经济运行情况显示，截至 2017 年 2 月末，国内移动电话用户总数达到 13.3 亿户，其中 4G 用户总数达到 8.14 亿户。另据中国信息通信研究院今年 2 月发布的预测称，2017 年，我国 4G 用户数将有望超过 10 亿户。

数据不断刷新，一方面反映出行业蒸蒸日上的繁荣景象，另一方面也对行业的服务水准提出了更高的要求。因此，行业的"历史遗留问题"也必须得到正视，否则，将制约着网络提速降费的推进。

众所周知，行业通行的是不同网络模式与频段，各个运营商推出各种定制式手机来对消费者进行"捆绑"，甚至在不同的模式之间设置不合理的消费条款等，不仅提高了移动通讯的费用，更在消费者的使用过程中，带来诸多不便。

落实网络提速降费的政策，就必须打破行业的壁垒，对行业业务进行创新和整合。日前，在中国电信与中国联通联合在北京举办的"落实提速降费推广六模全网通终端行动发布会"上，工业和信息化部信息通信发展司司长闻库表示：工信部将全力支持实施通用手机国家标准，消除消费者使用门槛，让广大消费者更方便地买到通用手机，更实惠地用好通用手机。

"通用"，不仅意味着要打破此前行业中存在的不同网络模式与频段壁垒，也意味着网络提速降费改革开始"提速"。

当然，网络提速降费也不能止步于行业的自我改革，必须和消费者的"痛点"相结合，以此为契机进行技术创新和服务转型，增强服务能力、提高运营效率，真正实现"信息惠民"。

（2017 年 4 月 6 日）

# 精准治霾，对症下药才能去病根

莫开伟

"口罩是全民的防霾神器，我在这头，却看不清，谁在那头。"每当雾霾来袭的时候，网上总会传播类似的段子，诉说着人们的无奈。

雾霾并非短期内冒出来的，而是日积月累所致。"病来如山倒，病去如抽丝。"治理大气污染，殊非易事，但最重要的还是找准病根，对症下药。

2017年4月26日，国务院常务会议部署加大大气污染防治工作，决定组织单位集中攻关、汇聚跨部门资源、创新机制、形成业务统一平台、安排专项资金推进大规模观察和研究等综合措施入手，集中攻克京津冀及周边城市大气污染防范的难关，减轻民众呼吸之忧，为全国和其他重点区域大气污染防治提供经验和借鉴。

近几年来，为精准治霾，中央政府狠下决心，力图找准"病根"，因病施治，直达病灶。在十二届全国人大五次会议上，国务院总理李克强在政府工作报告中提出了"坚决打好蓝天保卫战"的多项措施。

两会闭幕后两天，李克强在国务院常务会议上再次发出"强音"："两弹一星我们都研究出来了，这一事关人民群众重大期盼的难题必须拿下来！"当天的会议上，总理为落实政府工作报告加入一项新任务：设立专项资金，组织相关学科优秀科学家，集中攻关雾霾形成机理与治理。

从4月26日的国务院常务会议上，人们也能感受到，围绕雾霾这一顽疾，国家层面开始整合力量，协同作战，集中攻关。应该说，此项政策措施具有较强的现实可操作性，而且，大气污染防治是回应社会各界关切之举，是改善民生的重要措施。

雾霾是一种病，若不加大防治力度，京津冀及周边城市的大气污染将越来越严重，会严重影响这些地区的经济社会发展。从这一点看，加大大气污染防治力度，为全面改善全国各城市空气质量探路，也是形势倒逼下的必然选择。

目前，在大气污染防治中有一个问题值得重视，那就是中央政府出台了不少有关大气污染防治的政策措施，环保部也与各省级人民政府签订了大气污染防治目标责任状，但这么多年过去了，各地大气污染并没有明显好转，其中症结在哪？关键还是大气污染防治机制创新不够，机制活力不足，过于呆板、僵化，难以对各地政府及有关企业形成激励约束作用，使大气污染防治政策措施得不到认真落实，或被以发展经济等各种理由销蚀而流于形式。

显然，加快大气污染防治机制创新，应是大气污染防治工作的当务之急，也是最重要的一环；此次国务院提出了用机制创新攻克大气污染防治难关的方案，在决策层面为机制创新提供了思路。

从当前看，应在以下几个层面推出大气污染防治新机制：

创新政府治理机制，调动地方政府治理大气污染的主观能动性。即将大气污染防治量化指标分解到各有关城市，由环保部派出专门力量开展动态与静态相结合的督查考核方式，进行及时信息公布；督查考核结果作为评判政府主要领导业绩及其职务升迁的重要

依据；并与中央财政奖补或扣减挂钩，做到奖优罚劣，消除地方政府防治大气污染的懒惰行为和不作为行为。

创新企业治理机制，调动各类企业防治大气污染的积极性。鼓励企业采用新技术、新工艺，减少污染气体排放，提升清洁能源使用比例，积极推进"煤改气""煤改电"，利好区域内清洁能源运营商；关停并转"三高企业"和产能过剩行业，由环保部组织环保部门进行定期和不定期考核督查，对污染防治落实得好的企业实施降低增值税、减免所得税、消减其他行政事业性收费、增加中央财政补贴等政策措施。以实实在在的创新措施激励企业提高排放标准，减少废气排放。

创新社会监督机制，激发社会各种力量投身防治大气污染的灵活性。即各级政府牵头组建社会监督体系，这个体系由政府机构、社会有关团体、舆论媒体、普通民众等群体共同组成，建立监督举报与奖励机制。鼓励各类群体检举揭发违反大气污染防治法的企业，检举揭发因渎职而造成大气污染程度加深的地方政府，经环保部门核查属实，对检举揭发人员予以重奖，对相关涉案企业和政府职能机构工作人员除给予经济处罚外，一律追究刑事责任。

可以说，精准治霾，离不开各级政府的能力建设和创新举措，只有"内外兼修"，久久为功，蓝天在未来不会也不应该成为奢侈品。

虽然雾霾治理是一条漫漫长路，但我们还是希冀早日送走"霾神"。到那时，"第 25 个节气——立霾"这样的调侃性字样会在社交媒体上销声匿迹，跳广场舞的大妈们也不再因雾霾而郁闷，人们外出散步前也无需先看"雾霾指数"。

（2017 年 4 月 27 日）

# 总理盯牢校园安全，孩童梦魇"何时可掇"

胡印斌

国务院总理李克强 2017 年 4 月 12 日主持召开国务院常务会议，会议部署加强中小学幼儿园安全风险防控体系建设，打造平安校园。会议指出，要把保障中小学和幼儿园安全放在公共安全的突出位置，这事关广大学生健康成长和亿万家庭幸福。总理强调，要切实把校园建设成最阳光、最安全的地方。

一段时间以来，李克强总理针对校园安全屡屡表态。2016 年 6 月，总理针对校园暴力频发作出重要批示。批示指出：校园暴力频发，不仅伤害未成年人身心健康，也冲击社会道德底线。2016 年 11 月，总理指出，保障妇女儿童合法权益，是社会道德文明、尊重保障人权、国家法治水平的体现。要进一步加大执法监督和政策执行力度，严厉打击校园欺凌、暴力、虐待、性侵、拐卖等侵害妇女儿童权利的违法犯罪行为。

此次国务院常务会议明确指出，要把保障中小学和幼儿园安全放在公共安全的突出位置。这样，守护校园安全也就不仅仅是学校内部关起门来的事情，而是将其提升到公共治理的层面，把安全教育全面纳入国民教育体系，明确各方责任，务求治理实效。具体而言，即要坚持这样的原则：党委领导、政府负责、社会协同、公众参与、法治保障。

在这个治理框架下，教育、公安、卫生、建筑等各个部门均应负起相应的安全责任，进而形成一个充满活力的闭环，哪一个环节都不能掉链子。

这其中，教育部门负有责无旁贷的主体责任，无论是校长（园长）负责制，还是学校、教师的教育管理责任，都必须有所依傍，决不能随意轻忽，放任自流，从而每每置学生于危险不测的境地。

此前多地发生的校园欺凌事件，尽管校方事后多以"不知情""没察觉"回应，但这种淡漠本身，就意味着教育的失职与监护的弃守。像 2017 年 3 月山东临清一所中学发生的学生在宿舍遭多名同学殴打事件，若非打人视频先在网上流传，则学校恐怕到现在都还在"真睡"或"装睡"。

还有前不久闹得沸沸扬扬的一起中学生死亡案，尽管当地官方通报，未发现欺凌问题，但一个好端端的学生在学校出事，学校怎么可能没有责任？教学的组织、生活的照料等又是如何体现的？仅仅归因学生自身情绪问题，显然是说不过去的。何况，学校也负有教育每个学生树立尊重生命、保障权利意识的责任。

事实上，这些年来，校园安全事故频发，也与教育者片面追求成绩，而忽略对学生进行生命教育、权利教育的现状分不开。很多时候，越是那些被认为是差学校、差学生的地方和人群，越是容易发生欺凌等意外事件。即便是那些诸如踩踏等突发事件，仍与学校乃至教育行政部门缺乏重视有关。

常理来说，学校可能是一个模拟的社会，但又与真实的社会并不相同。学校应该是一个最能体现平等、公平、公正等价值的场所，每一个孩童都有着无限的可延展性，都应该在这里享受到最起码的机会平等，而不是被分成三六九等，更不能早早就判定其未来的社会走向。校园应该是这个社会上最纯净的所在，社会上的势利，并不应该出现在校园。

此外，公安部门也应该及时介入校园安全。不仅要处置学生之间的冲突，更要防范外部社会对学生的侵犯。此番常务会明确要求，建立防控校园欺凌的有效机制，及早发现、干预和制止欺凌、暴力行为，对情节恶劣、手段残忍、后果严重的必须坚决依法惩处。公安的介入，也不是干预办学自主，而是维护公共安全的必然。

至于校舍安全、食品安全等等，相关职能部门的责任，自不待言。

需要指出的是，呵护校园安全，同样也包括在发生不幸事件之后的善后处置。而这，则往往与当地党委政府的态度、方式有着密不可分的关系。为什么一起中学生意外死亡事件闹得沸沸扬扬？这里边不排除有些人造谣、传谣的可能，但根本还在于地方党委政府习惯性的封堵与遮掩，加剧甚至催化了公众的不满与愤怒。

政务公开已经好多年了，可在一些地方的官员那里，仍习惯于遇事闭门处理、秘而不宣，这种神秘化的治理路径，已经完全脱节于当下这个信息时代，非但不可能消弭公众的不满，反而加剧了社会的负面想象，殊不可取。也因此，常务会特别指出，对校园安全事件要第一时间妥善处置并及时回应社会关切。

李克强总理为何一再强调，校园应是最阳光、最安全的地方？一方面，这表明，时下围绕校园发生的安全问题已经到了必须根治的境地，校园从来不是孤立的，而是牵动着亿万家庭、乃至整个社会关切的综合场域，决不能一再听任恶性事件试探公众的忍受底线。

　　另一方面，这也意味着总理已经盯牢校园安全，正所谓，"忧从中来，不可断绝"，孩子们的梦魇，"何时可掇"？接下来，将是针对校园安全治理的雷霆行动。

（2017 年 4 月 13 日）

# 避开"房奴经济"，政策导向还须加力

盘和林

2017 年，中国经济形势虽有回稳态势，但还存在一些不容忽视的风险点，尤其是债务风险凸显，居民家庭债务不可忽视。上海财经大学高等研究院"中国宏观经济形势分析与预测"课题组 2017 年 7 月 5 日在沪发布的《2017 年中国宏观经济形势分析与预测年中报告》得出这样的结论。

家庭债务攀升带来流动性收紧，已经成为中国经济健康运行的巨大隐患。有数据显示，截至 2016 年年底，包含公积金贷款的居民房贷余额与居民可支配收入之比达到了 68.3%，如果按照近几年的增长速度，将最早在 2020 年达到美国金融危机前的峰值水平。

家庭债务在宏观经济层面是一组组"无语"的数据，但这些数据分解后落到每一个普通公民身上，则很容易转变成苦涩、无奈的"名称"——"房奴""车奴""卡奴""孩奴"……为银行打工的"奴隶生活"真切地来到我们现实生活中。

应该说，上海财经大学的这个报告并不会让太多人感到意外。央行数据显示，2016 年新增房地产贷款 5.7 万亿元，同比大幅增长 57.9%，占新增人民币贷款比重高达 45%，较 2015 年年底的 31% 提升 14 个百分点。其中新增个人住房贷款更是高达 4.96 万亿元，

占新增房地产贷款比重为 87%，占新增人民币贷款比重为 39%，较 2015 年底的 23% 提升近 17 个百分点。个人购房贷款余额 19.14 万亿元，同比增长 35%。

换言之，家庭债务大多数转变成了"钢筋水泥"，在房地产上面"凝固"起来了。房地产往往给居民收入带来的是"财富幻觉"。有报道称，在北上广深等一线城市，出现了不少的"坐拥千万资产的穷人"。

从宏观经济的角度，房贷等家庭债务攀升首先带来了信贷风险。其实，房贷对经济的"挤出效应"对实体经济危害更大。居民的收入基本上被用于还房贷去了，拿什么去消费？

课题组利用家庭微观调查数据，测算出受到流动性约束的家庭比例已经在 2014 年上升至 44.6%，家庭流动性收紧已经对实体经济产生了重要影响。不断膨胀的家庭债务已经成为居民生活的沉重负担。房贷成为其流动性变差的主要原因，"一房啃三代""一房啃三家"，成为一个比较普遍的现象。也就是说，一个买一个房子，可能对三代、三个家庭的消费产生了严重的"挤压效应"。

从货币金融的角度来看，资金通过金融体系分配到最具生产性的用途中，会产生社会合意的财富。当金融市场无法有效地将资金从储蓄者（银行用于房贷的钱是储蓄）分配给具有生产性投资的居民和企业时候，就可能会导致经济隐患甚至金融危机。这就是为什么担心"脱实向虚"的根本原因。

我国当前金融风险并不完全是杠杆率太高，而是金融杠杆所带来的资金流入了非生产领域，即人们常说的"脱实向虚"。我国家庭债务也是如此，核心问题不在于杠杆率太高，而是在于大量资金进入非生产领域，如炒房。

相反，假如家庭债务用于"生产性投资"，如技能培训、自我素质提升，劳动性收入仍是我国居民重要的收入来源之一；用于家庭的小微企业创业等，"生产性投资"能为家庭带来未来收益，不像房贷一样，几乎"凝固"起来。显然，这样的债务风险隐患会被收益所覆盖，而"非生产领域"的投资未来的不确定性很大、流动性差则是隐患。

企业投资的"脱实向虚"已经引起社会各界的广泛关注，并已经落实到信贷、减税导向等宏观经济政策上来，这也是2017年中国宏观经济回稳的一个重要原因。

但对家庭债务"脱实向虚"的关注还只是停留在房贷上面，其实家庭债务"脱实向虚"跟企业投资一样，是一个系统工程，单独控制房贷或会出现按下葫芦浮起瓢的问题，家庭债务还是流入其他"非生产性领域"，起不到化解风险的初衷。

从普通家庭来说，该报告也相当有警示意义，家庭债务的风险隐患必然导致国家信贷政策的转向，例如通过居民房贷"加杠杆"的空间几乎没有了，如果不改变投资房地产的资产配置思维，一旦房价回落则意味着"房奴"永不翻身。

土地是财富之母，其实说的是"土地生产粮食"这一最初"生产性"创造财富方式，尽管现在有虚拟经济创造财富的方式，但永远也不可能离开"粮食"生产，政府应当引导家庭债务流向"创业贷""培训贷"等"生产性投资"，而不是一味地流入买房、买车等领域。

中国社会科学院住房发展报告课题组早在2015年年末就认为，我国住房市场内部结构失衡，外部风险积聚，房地产经济有沦为

"房奴经济"的隐忧。

　　只有让家庭债务"生产"起来，我们才能摆脱"房奴""卡奴""车奴"等"奴隶生活"，也只有这样才能让"家"与"国"的经济之树长青。

（2017 年 7 月 7 日）.

# 防广场舞变"广场武"，根在老龄社会治理

高成运

日前，洛阳市发生的跳广场舞老人与打篮球的小伙因场地冲突一事，备受社会关注。据媒体报道，目前该篮球场已暂停使用，公园给跳广场舞的老人重新安排了一块空地，但这片场地空间有限，跳广场舞的老人"还是希望能够开放篮球场"。

实际上，类似的广场舞变"广场武"事件，全国各地已多次发生。

有人认为，老年人大多孤独、寂寞，渴望交往和陪伴，跳广场舞成为老年人的社交平台，由于公共文化体育场地资源稀缺，老年人与其他群体特别是年轻人发生一些冲突是不可避免的，也很正常，加强沟通协调、甚至加强规范管理，问题就可以解决。

笔者认为，这类事件不能简单地归结于两代人文化观念、生活方式的冲突，归结于代际矛盾，而要从我国人口老龄化国情出发，看到加强和创新老龄社会的治理已经刻不容缓，需要各级党委政府和全社会来共同面对。

截至2016年年底，我国60岁以上老年人数量达2.3亿，据测算，2025年老年人数量将突破3亿，2033年达4亿，2053年达4.87亿，届时老年人占我国总人口的比重将超过三分之一。

我国已经进入老龄社会，人口老龄化给我国经济社会发展带

来全方位的影响和挑战，是我们做任何事情都不能忽视的国情要素。

推进国家治理体系和治理能力现代化，我国广大老年人是重要的参与主体之一。老龄社会的治理水平，将影响国家治理体系和治理能力现代化的进程。因此，加强和创新老龄社会治理体制，激发老龄社会发展活力，已经显得迫在眉睫，必须摆上重要日程。

对老龄社会和老年人首先要有正确认识和看待。老龄社会是人类社会进步的标志，老年人是仍然可以有作为的重要人生阶段。按照我国法律规定，60 周岁及以上即为老年人，但实际上，60 至 70 周岁这一阶段的低龄健康老年人，其技术、业务专长，人生的经验优势和威望优势仍然不可小觑。

当前有必要结合我国国情，对我国老年人的年龄标准进行研究，适时调整。要加强老年人力资源的开发利用，打破政策藩篱，为老年人才再就业、再创业提供便利条件，引导低龄健康老年人老有所为、作出新贡献。

要引导老年人有序进行社会参与。大量的老年人 60 岁以后变成名副其实的"社会人"，即便机关、企事业单位退休的老年人还有一定的组织生活，也避免不了"原子化"的生活状态。

未来把老年人"再组织化"是重要的渠道选择。要通过城乡社区各类社会组织尤其是基层老年协会把老年人再组织起来，进行自我教育、自我管理、自我服务，有组织地开展文体娱乐活动，丰富老年人的精神文化生活，有针对性地做好老年人的思想工作。

要高度重视城乡社区老年协会建设，通过政府购买服务、转移职能等方式，提高其发展能力，使其在化解老年人家庭纠纷、反映老年人合理诉求、组织老年人互助服务等方面发挥积极作用，成为老年人真正的服务组织。

要把老年宜居环境建设纳入国家经济发展战略。现在的城乡规划及公共设施规划、城乡公共环境和社区居住环境，不是按照老龄社会的标准来设计的，从根本上说难以满足老龄社会的需求。随着人口老龄化持续发展，这个矛盾还将凸显。

为此，未来的城乡规划，要注入老年宜居环境建设的理念和要求，要在新型城镇化建设中将无障碍建设纳入其中，大力推动老旧住房的适老化改造，重视社区养老服务设施的配建，积极开展公共文化、公共体育、公园绿地等公共环境的适老性建设，努力提高各类公共建筑、空间和设施的适老化水平。

要建立加强老龄社会治理的综合协调机制。老龄社会治理必须坚持系统治理、依法治理、综合治理、源头治理思维，实行党委领导、政府主导、社会参与、全民行动的方针。

老龄社会治理涉及各行各业、方方面面，远不是某一个部门所能承担或主导的，要通过高层次的跨部门沟通合作机制，促进资源统筹，协同治理，共担责任。这样的综合协调机制一旦建立，就要做好政策统筹、方案统筹和力量统筹，要有任务分解、工作载体、督导落实，确保高效开展老龄社会治理行动。

要丰富和创新老龄法规政策供给。从切实增强老年人获得感、幸福感、存在感的角度出发，按照从无到有、从易到难、从窄到宽、从低到高的方向，逐步推进老龄社会领域的立法和政策创新工作。要及时修订与老龄社会发展不适应的法律法规，就老龄社会治理中的一些法律缺项作出统筹规划和安排。

　　要倡导将老龄融入所有政策的理念，相关公共政策都应进行老龄社会治理效益的评估和论证，推动老龄法规政策衔接配套，为老龄社会治理提供强大支撑。


　　　　　　　　　　　　　　　　　　（2017 年 6 月 7 日）

# 鼓励社会办医要做好"加减法"

于 平

国务院总理李克强 2017 年 5 月 3 日主持召开国务院常务会议，会议要求，要瞄准群众多层次多样化健康需求，大力支持社会力量提供医疗服务，进一步深化医改，改善民生。这为解决社会办医"难"开出了"药方"。

关于鼓励社会办医，近年来，李克强总理在多个场合都强调这个问题，相关部门还出台了系列政策文件。应当说，在高层强力推动、国家政策多方面扶持之下，社会办医"难"在一些地方有所缓解。

但总体而言，社会办医"难"仍未有根本改观。国家层面的政策力度固然很大，但在不少地方遭遇"落地难"，对非公医疗机构的歧视政策取消了，但阻碍非公医疗机构发展的"玻璃门"依然存在。

在不少国家，开办一家私立医院的门槛并不高，流程和开设一家商店差不多，最快几天就可获得营业许可。但在我国，社会办医审批程序再简化，依然动辄需要几个月以上。

所以，依照简政放权的思路，社会办医审批还有很大的改革空间。此次国务院常务会议就要求，要对社会办医实行一站受理、并联审批、网上审批。连锁经营医疗机构可由总部统一办理工商注册

登记。

　　这样的要求，无疑是对审批的进一步优化。作为地方政府，一方面当然得不折不扣落实国务院的要求，与此同时，地方政府也不能满足于此。根据本地民情社情，对于鼓励社会办医，地方政府完全可以走得更远。

　　例如，推动审批的透明，将非公医疗机构审批相关事项予以公布，并承诺每个事项办理流程的最长时限。每一家非公医疗机构的审批时长都应向社会公开。信息透明之下，公众监督才成为可能，这是解放社会办医、推动简政放权的重要依靠。

　　鼓励社会办医，要做"减法"，在简化审批环节下足功夫，同时也要做"加法"，给社会办医更多资源支持。

　　高水平的医生大多为公立医院所垄断，这是社会办医的最大瓶颈。此次国务院会议提出，实行医师区域注册，促进有序流动和多点执业。区域注册，堪称医生多点执业障碍的破冰之举，医师不再通过医疗机构向卫生行政部门申请注册，而是直接向医疗机构所在地的卫生行政部门提出申请，这利于打破公立机构对于医生的束缚，保障医生的执业自由。

　　让医院无论私立还是公立，都能共享医生资源，这是推动医疗管理公平的关键一步。依此思路，公立医疗机构资源的开放，大有可为。

　　眼下许多民营医院医疗设备都较缺乏，而公立医院医疗设备尤其大型设备使用率不高，此前国务院《关于促进社会办医加快发展的若干政策措施》就提到"促进大型设备共建共享"，但设备共享的推进却不尽如人意。

　　其实在国外私立和公立医院不仅早已实现设备共享，在更多医疗服务支持上，同样实现了共享。例如国外医生在私人诊所里接诊，在病人需要手术时，医生可利用当地公立医院的手术室为病人手术。这种从人员、设备到服务的全面共享，不仅避免了设备的重复购买建设，也降低了社会办医的门槛。

在看病难、看病贵的现实之下，社会办医从来不缺少民间的热情。本着简政放权的精神，政府应营造更为公平的医疗管理环境，进一步简化审批程序，清理不合理的旧政策，打破公立医院的资源垄断。对此，我们期待着地方政府的积极作为。

（2017 年 5 月 5 日）

# 无痛分娩应尽快纳入基本公共卫生服务

韩　涵

　　榆林市"产妇马茸茸跳楼事件"依然在持续发酵，虽然真相未明，无法断定涉事医院和产妇家属谁是谁非，但可以确定的是，直接导致产妇跳楼的，正是临产之痛。也因此，无痛分娩成为此次事件中又一关键词，引起广泛讨论，许多女性都晒出了自己在分娩时的刻骨体验。

　　在中国，只有不到1%产妇能享受到无痛分娩，而在欧美等国，这个数字则在80%以上。女性在自然分娩过程，遭遇剧烈的疼痛，然而，这在许多国人眼里是认为是正常的，也是必需承受的。

　　从安全性来说，无痛分娩所用的麻药剂量比剖腹产要低很多，不会对胎儿造成影响。无痛分娩在发达国家推行了上百年了，是个非常成熟的技术。如今在美国，无论乡镇小医院还是城市大医院，都能提供无痛分娩服务。可为何在中国，无痛分娩一直难以推广？

　　其中原因有多个方面。首先，无痛分娩并没有被列入基本公共卫生服务，无痛分娩医保并不报销，许多医院的产科没有设置麻醉师。对于无痛分娩的益处，卫生部门也没有积极推广，以至于大多数人只知有顺产和剖腹产，根本都不知道有"无痛分娩"的存在。

　　其次，无痛分娩需要一个麻醉师对产妇全程监护几个小时甚至十几个小时，此外，镇痛后，宫缩不好，使产程变慢，还要进行额外干预，增加医护人员的工作量，这些医疗成本都不菲。但是依照目前收费标准，公立医院只能收患者两三百元的费用，成本与收入的严重倒挂，自然使得医院对无痛分娩敬而远之。

其三，推广无痛分娩，需要大量的麻醉医师。但在我国，医院麻醉医师数量一直紧缺，这个问题已经影响到临床质量。在许多医院，麻醉师长期处于高负荷的工作状态，麻醉师在工作期间猝死的事件时有发生，如果再增加无痛分娩的工作，对麻醉师们而言实在是雪上加霜。

可见，无痛分娩长期遇冷，背后是公共卫生服务的长期"欠账"，从基本公共卫生服务内涵过窄，到医疗服务定价不合理，医疗人才培养的供给不足，等等。正是在这一背景下，"让产妇有尊严地生产"难以成为可能。

公允而言，国家高度关注民生问题，如今中国的公共卫生服务已取得长足的进步。如纳入医保的病种和药品在逐年增加，医生技能收入也有大幅度提高。但总体而言，作为一种公共产品，公共卫生服务依然落后于经济社会的发展，无论数量和质量都不能满足公众的需要。

以医生技能收入为例，在美国，麻醉师是收入排名数一数二的职业，但在我国，许多医院，尤其是中小医院，麻醉师的地位和收入都比较低。江苏某医院麻醉科医生曾在网上自曝，自己加班费才5元一小时。麻醉师的工作不仅是"打一针"而已，其在手术中承担着核心角色，这样的地位和收入如何能吸引人才的加入，确保给患者以高水平的服务？

针对产妇跳楼事件，最新消息说，国家卫计委已作出回应，承

诺将认真调查，严肃处理。但作为最高卫生行政部门，在查出此事真相之外，更需回应公众的进一步关切，将无痛分娩尽快纳入基本公共卫生服务。

《国务院关于印发国家人口发展规划（2016—2030年）的通知》要求，为孕产妇提供优质的住院分娩服务。而积极运用现代医学手段，降低孕产妇的生育痛苦，理当是"优质服务"的应有之义。卫生部门不能只是简单考核医院的顺产率，而应对于产妇的疼痛进行分级考评。减轻顺产的痛楚，能大大提高顺产的接受度，这对于降低居高不下的剖宫产率可以说至关重要。

明明有无痛分娩这一成熟技术，却仍然让产妇无助地经受地狱般的煎熬，让医院产房里回响着撕心裂肺的哭号，甚至酿成产妇跳楼的人间惨剧。这是医学的悲哀，也是公共卫生服务之耻。

亡羊补牢，犹未晚矣。藉此事，倘若能够加快无痛分娩的普及，减轻产妇的苦痛，保全中国母亲的尊严，这，也算是对马茸茸在天之灵的一份告慰吧。

（2017 年 9 月 7 日）

# 两天三起重大安全事故，别拿生命当儿戏

徐明轩

夏日骄阳肆虐，但是两天里发生的三起事故，更让人揪心和不安。

2017年7月21日上午8点40分，杭州市古墩路1185号商铺发生燃爆，导致经过事故现场的公交车私家车玻璃破碎，造成2人死亡，55人受伤，其中12人伤势较重。7月21日15点50分许，上海曹安公路一处正在进行拆除的楼房发生倒塌，并压塌了邻近的小旅馆，现场共搜救出6人，其中5人经抢救无效死亡。7月22日傍晚，广州海珠区一项目发生一起塔吊倾斜倒塌事故，事故造成7人死亡，2人受伤。

两天发生了三起严重的安全事故，让那么多家庭生离死别。不要说，这些仅仅只是"个案"，对比全国的人口基数可以忽略不计。人命关天，无论如何不应该把人命算入某种"成本"中。相反，对于事故，特别是在发达的都市发生的事故，必须要提高警惕，当有戒慎恐惧之心。放松安全警惕，听之任之，危险只会进一步放大。

事故之后，还是说那些老话，但"老话"背后是朴素的道理，不能因"言说疲劳"就不去重复那些字字句句背后都以生命为代价的真话。

海恩法则指出：每一起严重事故的背后，必然有29次轻微事

故和 300 起未遂先兆以及 1000 起事故隐患。从这个角度说，杭州、上海和广州三起事故，不是偶然的，而且背后隐藏着更深层的危机：

——杭州的普通的沿街商铺里，怎么会发生威力如此巨大的爆炸？百米外小区也受波及，这背后是否有私储、私充液化气等严重安全隐患？

——以上海的拆楼倒塌来说，正常的拆楼怎么会发生坍塌，殃及隔壁的房屋？是野蛮拆楼，还是工程规划本身有问题？之前，上海提出城市管理要"像绣花一样"仔细，有没有真正落实到位？

——塔吊是一项相对成熟的建筑技术，如果严格按安全规程操作，发生安全事故（特别是重大伤亡事故）的概率是非常低的。广州海珠区塔吊倾斜倒塌的原因是什么？

目前，全国处于暑热之中，特别是长三角地区频频遭遇 41℃ 的高温，屡屡打破气象纪录。高温之下，一线操作的安全规程可能有所松动，一线的执法监督可能没有及时到位，高温之下积聚的事故风险正在进一步加剧，所以，更要拿出百倍的精神来应对安全问题。

事故发生之后，我们看到了"致敬！今天上海破 40℃ 高温曹安路倒楼救援消防员累到中暑""暖心！爆燃事故后的杭州：晚 9 点市民仍在排队献血"等等暖闻，甚至，还有浙江的网络大 V 在官方公布死亡人数之前就出来警告网友"没有死人，不要造谣"，结果被打了脸。惨烈的事故之后，应该有致敬、有感恩，这是英勇的消防战士和富有爱心的市民应得的，但是，不能因此冲淡查清真相、问责事故。

事后的赞扬、歌颂，并不能使这个社会更安全，唯有查清问题、严厉问责、肃清隐患，才能提升社会的安全感。警钟长鸣，不能因为舆论圈里反弹声音不大，就有所放松。

这些年来，中国建设奇迹让世界惊艳，包括 19 天建造的大楼、一夜之间拆掉的高架桥，还有"半夜撸串比美国安全"……但是，这一切必须建立在安全的基础上，建设不能以鲜血和生命为代价，生活便捷不能以安全隐患为代价。

在 2017 年 7 月 20 日召开的全国安全生产电视电话会议上，就提出要认真贯彻落实习近平总书记和李克强总理关于安全生产工作的重要指示批示精神，明确工作目标，压实措施任务，深入开展安全生产大检查，扎实做好汛期和 2017 年下半年安全生产工作，坚决防范遏制重特大事故。

就在会议召开后的短短两天里，就发生了三场事故。在夏日骄阳肆虐中，还有多少安全事故在涌动？不应把这些事件看成小概率的"黑天鹅"事件，相反应该把它当成大概率的"灰犀牛事件"认真对待，不能无视安全警告。

（2017 年 7 月 23 日）

# 比毒大葱更可怕的是监管链条失守

韩　涵

山东寿光养羊户王春芝发现自家的羊在吃了废弃的大葱叶后大批死亡，经过检测，大葱叶里含有甲拌磷、"毒死蜱"等高毒农药。据查，这批毒大葱来源于沈阳某大葱种植户，2017年他已卖出百万斤"毒大葱"，流入多省市场。

毒豇豆、毒韭菜、毒生姜、毒大葱……涉毒农产品可谓层出不穷，真不知道，有多少农产品是能确保安全的，有多少"毒××"还隐藏在我们的餐桌之上。

毒大葱等涉毒农产品，背后的罪魁祸首无一不是高毒农药。高毒农药受国家严格管控，农业部等部门近几年来多次发文要求加强高毒农药的监管，高毒农药无论是从购买、使用，还是农残的检测，都有相应严格的制度。但是，如此严厉禁药，为何仍禁不了"毒大葱"？

首先，需要拷问农产品产地的监管。先说农药的销售，高毒农药的销售实行的是实名制，高毒农药用途、购买者身份、购买数量、购买时间等都需要详细登记。以甲拌磷为例，是绝不允许在蔬菜、果树上使用的，而一个大葱种植户是如何轻易买到的？财新网的报道揭开了答案，原来，剧毒、高毒农药在沈阳农资市场随处可见，且易买易得，志愿者在沈北农资市场进行调研，询问大葱虫害防治问题时，农药店主甚至主动介绍了甲拌磷功效及用法，也提到店内一年能够卖出五百多吨甲拌磷。高毒农药销售监管的失控，必然导致使用的泛滥。再说种植户的监管，沈阳这位"毒大葱"种植户，共承包了200余亩土地，一年产量百万斤。对于这样的种植大户，农业部门理当将其作为监管的重点对象，对其农药的使用进行监督和指导。但高毒农药流入大葱地说明，相关部门的日常监督和指导几乎是空白。对于这种大型蔬菜种植户的监管都可以如此松弛，其他种植散户的监管力度更是可想而知。

其次，需要拷问的是农产品流通环节的监管。在农产品批发和销售环节，农药残留的检测也有法律的硬性要求。寿光作为全国知名的蔬菜之乡，按理说农残监控体系应当是比较完善的，但正是在这样一个知名的蔬菜流通大市，几万斤大葱的进出库，竟然看不到任何检测程序。农产品流通中，农药残留检测形同虚设并非个例。此前央视调查也发现，在广东、山东、河北等地的一些经销蔬菜的农产品市场，每天的蔬菜交易量高达上万公斤，但很多蔬菜在进入和流出市场的销售过程中，都没有抽检过农药残留，市场内农产品质量安全检测机构空无一人。农产品流通这种的粗放式管理，怎可能给中国公民一个安全的餐桌？

让上百只羊瞬间毙命的"毒大葱"，无疑是可怕的。但更可怕的是从产地到流通，整个监管链条的失守。

高毒农药的监管，涉及农业、工商、质检等多个部门，如此多的部门，为何连"一根葱"都管不好？流入多个省份的"毒大葱"，没有一例在农残检测中现形，最终"毒大葱"的发现，靠上百只羊用生命向人们预警，这实在是监管的耻辱。

确保食品安全是民生工程，也是各级政府义不容辞的责任。中

央领导对食品安全工作也多次作出指示或批示。然而，从"毒大葱"事件来看，我国食品安全形势依然严峻。

毒大葱销毁，种植户被抓，但毒大葱事件不能就此画上句号。对于毒大葱监管链条中的种种失职渎职，应当一一问责。用最严肃的问责倒逼最严格的监管，如此才能防止"毒××"事件的重演，切实保障人民群众"舌尖上的安全"。

（2017 年 9 月 1 日）

# 证照分离升级，破解"办照容易办证难"

缪一知

"办照容易办证难""准入容易准营难""开张容易开业难"……近年来，虽然市场主体准入门槛已大大降低，但这些仍是创业者反映强烈的问题，亟待破解。

2017年9月6日召开的国务院常务会议，部署更大范围推进"证照分离"改革试点，并再取消一批行政许可事项，使营商环境更加公平公正。

所谓"证照分离"，"照"指工商行政管理部门颁发的企业营业执照；而"证"指相关行业主管部门颁发的经营许可证。原先要开办一家公司，要先取得主管部门的经营许可证，才能到工商部门申办营业执照。一个办不下来，后面全部耽误。创业者对此抱怨纷纷，即所谓"办照容易办证难""准入不准营"。

但随着我国市场经济改革的深入，除了涉及国家安全、公共安全、生态安全和公众健康等重大公共利益外，企业经营需要行业主管审批的领域本身在不断减少。企业完全可以先在一些无需审批的领域活动起来，需审批的领域等有了许可证再做。尽管我国法律已承认"设立中的公司"的概念，但即便是为了购置家具、招聘等所需，有一个公司法人资格也要容易得多、交易成本要低得多。

所以2015年12月国务院就率先在上海浦东新区开展证照分离

改革试点，按照易操作、可管理的要求，从与企业经营活动密切相关的许可事项中，选择审批频次比较高、市场关注度比较高的 116 项行政许可事项，先行开展改革试验。

将近两年后，国务院决定在先期有效试验的基础上，扩大实施"证照分离"改革，深化简政放权、放管结合、优化服务即"放管服"，从而提高营商环境竞争力、释放全社会创业创新活力、推动供给侧结构性改革。具体来说，清理 116 项行政许可事项的做法推广到天津、辽宁、浙江、福建、河南、湖北、广东、重庆、四川、陕西 10 个自贸试验区。

而且，这一轮自由贸易试验区的改革重在经验的可复制、可推广，而不再是划定"特区"。清理 116 项行政许可事项的善政，并非专供指定地域的"国家级特惠"，国务院指出，经省级政府批准后，有条件的国家自主创新示范区、国家高新技术产业开发区等也可推广这些措施。对其他不涉及修改法律法规、国务院文件的行政审批等事项，地方可自行确定是否复制自贸试验区试点做法。

"放管服"目的就是为了放权，所以"放管服"这个过程也具有浓厚的放权色彩。行政许可事项清理不限地域，也不限 116 项。国务院还要求，对市场机制能够有效调节、企业能够自主管理以及通过事中事后监管可以达到原来设定证照目的的事项，要逐步取消或改为备案管理。

9 月 6 日的国务院会议同时决定取消 52 项国务院部门行政许可事项，以及 22 项中央指定地方实施的许可事项。至此本届政府累计削减审批事项 697 项，约占总数的 41%。

取消这些行政许可事项，不等于政府不作为或会出现监管空白、危及市场秩序市场公平。相反，政府创新事中事后监管的压力将更大。取消审批、改为备案或实行告知承诺制后，国务院要求政府部门完善信用评级、信息公示抽查等措施，推进综合监管，促进部门间业务协同。总之，以更大便利群众和企业办事创业为导向。

这些措施加上国务院已经推行的"三证合一"改革，将令营业执照这一企业的基本准入凭据的信息承载功能大大加强，容纳原有各种与经营活动相关、属于信息采集、记载公示和管理备查类的证照。一照在手，就可闯市场。大众创业、万众创新虽然不易，但行政体制的束缚正在不断缩减，市场竞争和法制约束将会成为淘涤企业家们的真正尺度。

（2017 年 9 月 7 日）

# 废液疯狂直排，监管不能被污染甩下

小　麦

在环保部 2017 年 6 月 21 日举行的例行发布会上，针对"无极废液倾倒事件"，环保部土壤环境管理司司长邱启文表示，"无极废液倾倒事件性质非常恶劣，发生这种事件我们也非常痛心。"

据披露，事发后，环保部、地方政府迅速展开事故应急和事故调查处理，现在污染已经相对固定，不会出现扩散。下一步，还将采取有针对性的措施。

新华社此前报道，6 月 16 日凌晨，两辆套牌报废罐车，从石家庄市藁城区拉工业废液到无极县郝庄乡牛辛庄村滹沱河河套内排放，跟随有两辆轿车。偷排过程中产生有毒气体，正在偷排废液的 5 名人员在吸入有毒气体后晕倒，该 5 人被救护车送往县医院经抢救无效死亡。涉案企业为石家庄市藁城区河北佳诚化工有限公司。

经公安机关侦查，这是一起严重的刑事案件，涉案企业倾倒的废液为该公司生产盐酸、次氯酸过程中产生的废液，主要成分是盐酸、次氯酸等。

很多人不解，涉案企业偷排的工业废液何以如此厉害，直接把人"放倒"？如果是周边村民不巧遇上，又该怎样？

据介绍，河北佳诚化工有限公司主要制售氯乙酸、盐酸、二氯乙酸、次氯酸钠。其中，氯乙酸生产原料主要有冰醋酸、液氯及醋酐，其中液氯在常压下即汽化成气体，吸入人体能严重中毒，有剧烈刺激作用和腐蚀性；副产品盐酸，有强烈的刺鼻气味，具有较高的腐蚀性；醋酐为易制毒产品，因此在生产及运输过程中，管制十分严格。

也即，尽管此次事件已查明废液主要成分为盐酸、次氯酸等，但不排除其中会有液氯。可见，任何无视风险，或者要将风险转嫁给社会的行为，都有可能因为操作不慎而酿成大祸。这样表明，对于工业废液，特别是化工废液，理应有更严格的制度监管、更严密的流向追踪，决不能使之脱离正常的处置渠道，自行其是。

事实上，据业内人士披露，在一些化工企业，偷排盐酸一直存在。特别是近年来，受环保检查影响，各地消耗盐酸的企业多数停车，企业生产氯乙酸副产品的盐酸若想出货，只能实施每吨高达300元左右的补贴。企业不想出钱，往往选择偷排。

监管要跟得上污染的步伐。与其在事后强调紧急处置，不如事先做到心中有数，并强化事中监管。只要搞清楚化工企业每天生产多少氯乙酸，则根据副产比例，就能够知道其会有多少盐酸，则这些盐酸的去向，相应的，也就应该纳入追踪范围。究竟是配售出货了，还是私下偷排了，这些其实都不难搞清楚。环保监管、执法就该有这样的精细与周密，不然，恐怕类似的偷排行为将很难禁绝。

作为化工生产的重点区域，石家庄地方政府也应该未雨绸缪，多措并举，实施源头治理，防范企业出于利益驱动而随意偷排。比如，此番偷排地选择在滹沱河河套，那么，当地河道管理部门为何没有察觉？这至少表明，河道这些环境的敏感点，往往也是监管的盲点。结合此前宣传得热热闹闹的"河长制"，这未免让人担心，会不会流于形式？

此外，既然涉案企业位于工业园区，则园区显然也存在监管不到位的嫌疑，这也与此前各地纷纷将企业搬进园区，从而可以实施有效环保管理的初衷是相悖的。

此番无极废液倾倒事件已经酿成大祸，唯愿地方政府、相关部门能够真正在善后处置上，做到不扩散，并以此为契机，下力气倒查，彻底杜绝类似偷排行为，还民众一个安全、放心的土壤环境。毕竟，土壤一旦被污染，修复的代价更大。我们不能在霾了天空、脏了江河的同时，又污染了大地。

李克强总理在 2017 年政府工作报告中提出，要严格环境执法和督查问责。对偷排、造假的，必须严厉打击；对执法不力、姑息纵容的，必须严肃追究；对空气质量恶化、应对不力的，必须严格问责。

接下来，除了偷排企业，那些执法不力、姑息纵容、应对不力的单位和部门，也该长长记性了。

（2017 年 6 月 21 日）

# 城市治理不可缺少"工匠精神"

于 平

城市管理应像绣花一样精细，2017 年两会上，习近平总书记的这句话切中了当下城市粗放治理之弊。如今，越来越多的地方开始反思这一问题。

2017 年 5 月 3 日至 7 日，山东省委副书记、济南市委书记王文涛带领济南的"最高级别"党政考察团，先后考察了杭州、合肥、郑州 3 座省会城市。

在参观西湖大道时，济南市市长王忠林感慨"真是用上了绣花的功夫"；在了解杭州马路"多杆合一"后，他反思"济南的上空还有子孙十几代的电线。"

济南干部千里迢迢去杭州"取经"过程中，不只盯着济南与杭州在宏观层面的差距，更关注到一些看似微小的细节，包括马路"多杆合一"、西湖大道的"绣花功夫"。这样的视角，正是不少官员所缺少的。

城市与城市之间，许多人总爱拿经济规模、摩天大楼和大广场比，换言之，大家比的是城市的建设水平，是城市的经济发展。然而，一个城市建设得再光鲜亮丽，经济再发达，生活于其中的市民未必会比其他地方更幸福。市民的幸福感，其实来自于高水平的城市治理能力。

　　城市的治理，是由千千万万的细节所组成，以工匠精神精心、精致、精细地进行"打磨"，自然会造就一个城市优秀的治理能力。

　　可以说，民众和游客对某个城市最深的感受，或许不是肉眼可见的"颜值"，而是该城市出色的精细化管理。对城市的治理，不能单纯追求城市整洁美观而牺牲民众的生活。只有尊重民众意愿，以人为中心，才是真正优质的城市治理。换言之，现代城市治理，不光看"颜值"，更主要的是比拼"气质"。

　　以"工匠精神"对城市精心打磨，方能使得城市环境大幅度提升。这样的城市环境，不仅保障了居住的舒适感和幸福感，更成为城市竞争力的来源。正是这种高品质的城市生活环境，才引来源源不断的人才和资本，让优秀企业愿意长期扎根。

　　近些年来，我们许多城市的官员浮躁而短视，过于追求城市发展的速度，在高速城市化过程中，城市的治理却没有跟上，规划不精，管理粗放，忽视细节，这样的城市发展看似带来短暂的繁荣，但注定昙花一现。

　　城市是一个有机生命体，大拆大建的野蛮发展并非城市之福。只有基于原有基础与底蕴的不断优化提升，用匠心治理城市，才会给城市带来长久的竞争力，并提升民众的幸福感。

　　李克强总理说过，新型城镇化核心是写好"人"字，说到底就是要让人民群众生活得更美好。城市的建设速度并非最重要，品质和环境才是第一位。

　　而打造这样的品质和环境，靠的不是压倒一切的行政意志，而是日常管理和服务的"工匠精神"。如何从人性化、精细化出发，着力转变城市治理方式，提高城市治理水准，让城市治理体系和治理能力走向现代化，这不仅是济南，也是更多中国城市所需要认真思考的。

（2017 年 5 月 12 日）

# 留守儿童无人监护，助他们进城是正道

韩　涵

2017 年度《中国留守儿童心灵状况白皮书》近日发布。白皮书显示，农村学校学生中，因父母均外出而无人照料的留守状态学生占近三成。而这些儿童中，超一成农村完全留守儿童与父母一年不见一面。

留守儿童作为一个弱势人群，其身心健康及安全一直是让人揪心的问题。对于留守儿童，政府当然需要积极作为。可是，倘若通过责令留守儿童父母返乡的方式，来促成父母与孩子的"团圆"，这似乎开错了药方。

"责令返乡"的政策思维，是建立在这样的判断之上的：许多留守儿童的父母缺乏家庭的责任感，只图打工赚钱，而置于儿女亲情于不顾。但现实中，这样的情况恰恰相反，天底下有几个父母不爱自己的儿女？许多城市的外来务工者，之所以离乡背井，舍家弃子的煎熬，说到底还是为了孩子。

责令返乡，这个看似让父母孩子"团圆"最直接有效的办法，实际忽略了最重要的一点——"团圆"之后，该怎么办？没有了打工的收入，父母靠什么去养育孩子？目前在中国大多数农村，除了务农之外，农民的工作机会少，收入水平也低，但与此同时，由于物流、商贸的不发达，农村的物价水平却不低，大有向城市看齐之势。

所以，靠返乡父母在农村的收入，很难给孩子一个较好的生活和教育条件。甚至，许多贫困家庭正是靠父母在外打工得以脱贫，一旦父母回乡，将意味着这些家庭将重返贫困。这样的情形下，父母与孩子的"团圆"如何让人笑得起来？

骨肉亲情确实需要维护，但促成父母与孩子的"团圆"，药方不该是"责令父母返乡"，而应是"帮助孩子进城"，让留守儿童和父母一起，在城市里安居落户。正如 2016 年 1 月 27 日的国务院常务会议指出的那样：通过推进农民工市民化，从源头上减少留守儿童。

帮助留守儿童进城，这其实早就有相关规定。例如，对于打工者子女入学问题，早在 2001 年 5 月，中央就出台了"以流入地区政府管理为主，以全日制公办中小学为主"的"两为主"政策。2006 年修订后的《义务教育法》更明确了流入地政府应为外来务工人员子女"提供平等接受义务教育的条件"的法律责任。

但是，这些规定不仅没有得到有效的执行，相反，近些年来，打工者子女在城市入学，各地政策越来越收紧。

最初，打工者子女只要交纳借读费，就可以被城市公立学校接纳，借读费固然不公平，但是，这倒让城市公立学校有了招收打工者子女的积极性。

后来，借读费取消，改为办理居住证等各种证明让打工者子女入读城市公立学校，办证虽然比交借读费更麻烦一些，但至少这个口子依然没有关闭。

再后来，光办证不行了，改为积分入学等更为苛刻的方式，这个口子就越来越窄。积分与买房、社保、学历等挂钩，而绝大多数打工者都是要房没房，要社保没社保，要学历没学历，所以积分入学就成为打工者家庭的噩梦，许多孩子随父母进城的梦想破灭了，

许多已经进城的孩子则被迫与父母骨肉分离,返回遥远而陌生的故乡。

可见,造成儿童留守的责任主要不在父母,而是城市的歧视性政策。当然,城市总会强调自身的困难,认为城市公立学校接纳能力有限,只有优先照顾本地户籍儿童,无法保障打工者子女的入学权利。

但是,城市公立学校接纳能力不足,不正是因为政府在教育投入上严重不足所导致的吗?例如入园难背后是公立幼儿园的匮乏。例如深圳市,公立幼儿园只占到幼儿园总数的4%,别说外地打工者,就是本地孩子,上公立幼儿园也难于登天。中小学也同样,在不少城市,学校等公共配套实施没有与商品房同步建设。教育资源供给的不足,自然导致分配的矛盾。

一些城市本来还有许多打工子弟学校,可以接纳那些被城市公立学校拒之门外的孩子。但近些年来,在不少城市,政府以打工子弟学校"不达标"为由强行关闭了这些学校,从而彻底断了打工子女在城市上学的途径。

不光是教育,廉租房、医保等许多福利,无一不是留守儿童进城的"拦路虎"。

责令留守儿童父母返乡"开错了药方",推进农民工市民化,帮助留守儿童进城,这才是政府的职责所在。从中央到地方,应共同来解决打工者子女教育权"悬置"的问题,解决进城打工者家庭的种种后顾之忧,以国家之力维护家庭的价值,还留守儿童一个"团圆梦"。

(2017 年 7 月 25 日)

# 棚户区改造要"数量"更要"宜居"

于　平

2017年5月24日，从国务院常务会议传出消息，过去8年通过棚户区改造，已有8000多万住房困难民众"出棚进楼"。

会议要求，针对目前一些地方棚改推进难度加大、配套建设滞后、融资困难等问题，要落实各项支持政策和地方责任，加大督查力度，管好用好棚改专项资金，完善水电气热路和教育、医疗等配套设施，提高入住率。

棚户区改造是李克强总理大力推动的民生工程，在各方努力下，棚户区改造连年交出亮丽的成绩单。

棚户区改造的成绩毋庸置疑，但也要看到，棚户区改造在高速推动的同时，一些问题也渐渐显露出来。这其中，比较典型的问题是，之前一些地方在推动棚户区改造时，比较重视的是能直接体现政绩的数字，包括开工率、建成率等。但建成的安置房是否宜居，民众愿不愿意入住，居住质量是不是令人满意，却被一些地方官员忽略了。

此前媒体就报道，贵阳市人大曾就当地棚改进行过专门调研，发现一些安置小区路网、供水、供电、供气、排污等市政设施不完备，交通、商业、医疗、学校等配套设施有待完善。

公共服务配套设施建设的水平不一，导致各地政府实施的一大

批棚户区改造工程，民众口碑不一。这个问题不容忽视，棚户区改造模式倘若流于粗放，既不利于棚改的深入推进，也难以赢得民众的认同和支持。

此次，国务院常务会议专门点出这个问题，应当引起各级政府的注意。

棚户区改造，让民众搬进新房子，并不意味着万事大吉。棚户区改造最终要提升的是民众生活品质和环境。

一个安置小区建得质量再好，小区环境再优美，但小区围墙之外一片荒芜，行路难、坐车难、买菜难、上学难、就医难……这样的安置小区实际上成了城市中的孤岛，其生活质量未必比之前的棚户区高多少。

棚户区改造，公共服务配套设施建设应当先行，绝不能等到人住了进来，民众抱怨之后，再临时抱佛脚，去完善各种设施。

作为政府部门，需要把姿态放低，站在动迁民众的立场和角度，听取他们的呼声，想尽办法满足民众的基本生活需求。

让棚户区改造实现"宜居"，政府要多想办法，除了重视配套设施建设之外，对民众实行货币化安置，让民众可以自行选择到生活便利的区域买房居住，也是可行之策。这次国务院常务会议也提到，在商品住房库存量大、市场房源充足的市县，进一步提高货币化安置比例。

此外，对棚户区尽量原地改造，原地安置，这也是确保民众生活品质的好办法。

其实，有的地方在棚改时，把当地民众"一刀切"赶到城市偏远区域，这对他们并不公平。

如果有条件，原地改造，原地安置应当是棚改的首要选择，如

310

此一来，民众既提高了居住质量，又能保证所能获得的公共服务不缩水。从这意义上说，未来，要改变一味大拆大建、"一刀切"异地安置的棚户区改造模式，可以尝试渐进式更新的模式，通过政府政策和资金扶持，引入居民参与，实现棚户区域的改造和复兴。

总而言之，棚户区改造要"数量"，更要"宜居"。体现棚户区改造成效的，不是光鲜的政绩数字，而是民众的口碑。官员把民生真正放在心中，而不只挂在嘴边，棚户区改造才能成为真正意义上的民生工程。

（2017 年 5 月 24 日）

# 放管服需快马加鞭，给民众更多获得感

韩　涵

2017 年 6 月 13 日，国务院召开全国深化简政放权放管结合优化服务改革电视电话会议。李克强总理在会议上指出，最近几年，"放管服"改革取得了积极成效，但与经济社会发展要求和人民群众期待相比仍有不小差距，必须以一抓到底的韧劲做出更多更有效的努力。

自 2015 年李克强首提"放管服"改革以来，时间已过去两年。两年以来，各地在简政放权、放管结合、优化服务协同推进的思路指导下，进行了许多改革和尝试，也取得了显著成效。国家统计局 2016 年四季度对全国 9 万家规模以上工业企业开展的问卷调查显示，简政放权同支持创新、减税降费一起，成为企业获得感最强的三大政策措施。

作为一场权力的自我革命，"放管服"改革激发了市场主体的活力，给公众生活带来极大便利。但正如李克强所言，"放管服"改革远未到画上句号的时候。事实上，经历了前期快速推进期之后，"放管服"改革目前已逐渐进入深水区，我们需要直面的，是更大的挑战。

在许多领域，政府的事前审批取消了，但审批依赖的思维依然难以根除。对于市场的自发创新，一些政府部门缺乏开放包容的胸怀，频频给创新拖后腿。以共享单车为例，作为便利的公共交通工具，共享单车在许多城市正广泛普及，但眼下，有的城市却固执地向共享单车关闭大门——在安徽六安市，共享单车投放运营的第一天就被清理拉走，当地政府部门称共享单车要经过审批才能进入。但共享单车企业在当地找了一圈，也不知道找谁审批，怎么审批。

此次，李克强提出，要全面推行清单管理制度，把不该有的权力坚决拦在清单之外。类似对共享单车的"审批"，显然就应该拦在清单之外。审批改革，减少的不应仅是纸面数字，事实上，这样的改革应当是政府公共职责和服务精神的再造，对此，政府部门需要拿出壮士断腕的决心。

在许多时候，"奇葩"证明的取消了，但公民并未走出"自证"的困境。造成这一困境的原因，是许多行政机关在信息建设中，往往着眼于建设一套垂直而封闭的信息系统，他们不愿意把自己的数据拿出来共享，导致行政机关和行政机关之间，行政机关和社会之间存在数不清的信息壁垒。信息无法互联互通，迫使民众往往要靠一纸证明才能证明自己。

打破"信息孤岛"，不仅要实现行政部门间的数据互联互通，也要大力推动政府的大数据全面向社会开放。例如，现在各地人社局都要求退休老人每年需要去人社局做一次指纹验证，此举劳民而伤财。反观个别地方，已开通支付宝刷脸认证养老金资格，大大方便民众。让政务服务主动对接"互联网+"，提升服务效率和质量，其实大有可为。

在许多地方，事前审批的链条被缩短了，但事后监管的短板却有待补足。简政放权，减少审批，但减少审批不是要放松监管，恰恰相反，这时候，需要政府把重心放在事中事后的监管上，更为积

极主动地履行职责。但在许多地方的简政放权中，"放"成为单一的中心，"放"与"管"没有实现有效地结合。近几天，媒体热议"限塑令"变"卖塑令"，从中就可看出，地方政府的限塑，从生产、流通到使用环节，无不存在监管的盲点。

李克强总理提出，寓严管于中，充实一线监管力量；施重惩于后，把严重违法违规的市场主体坚决清除出市场，严厉惩处侵害群众切身利益的违法违规行为。推动简政放权，放和管是两个轮子，无一不可偏废。在攸关公众利益的关键领域，如环保、食品、医药等，绝不允许出现监管的漏洞乃至真空。

"放管服"改革依然在路上，作为一场关系国家治理体系和治理能力现代化的深刻变革，"放管服"改革不可避免地会遭遇各种阻力。但改革唯其艰难，才更显勇毅，只要各级政府敢于担当，以一往无前之决心，快马加鞭推进改革，简政放权方能会落地生根，给民众和企业更多获得感，为经济社会发展注入强大动力。

（2017 年 6 月 13 日）

# 节用裕民，以分享经济助推公车改革

叶　青

李克强总理在 2017 年的政府工作报告中指出："各级政府要坚持过紧日子，中央部门要带头，一律按不低 5% 的幅度压减一般性支出，决不允许增加'三公'经费，挤出更多资金用于减税降费，坚守'节用裕民'的正道。"

节用裕民，是节制权力、关心民瘼的善政理念。将公车的使用置于阳光下，缩减公车使用费用，就是践行"节用裕民"之道。

2017 年 6 月末，"车改高地"杭州又一次传来公务出行深度改革的消息。据报道，由于神州专车高度符合招标要求，中标浙江省和杭州市两级公务用车。

目前，网约车竞争已进入拼服务和运营的下半场。伴随公车改革的不断深化，公车市场的迅速布局，神州专车获得了第一只"螃蟹"。车改之后，官员按照级别拿到车补，在车改区的公务出行，由自己安排。这还可以形成公务出行的大数据，进而堵塞公车私用的漏洞。

国家发展改革委等 8 部门 2017 年 7 月 3 日联合印发《关于促进分享经济发展的指导性意见》，其中多处提到公务出行与分享经济的结合。

从机关单位自办车队到把公务出行交给网约车，就是一种典型

的分享经济。如果把党政机关、国有企事业单位的公务出行都集中起来分析，将是一个庞大的数字，只有分享经济才能够降低公务出行的成本。

有数据显示，目前，专车用户中32%为原公车用户，包括公车改革驱动的政府及国企事业单位的专车需求。到2020年，公务用车每天将超过7000万次，年市场容量达到千亿级，最终实现"政府不养一辆公车而可以满足所有公务出行的需要"。

分享经济强调所有权与使用权的相对分离，倡导共享利用、集约发展、灵活创新的先进理念；强调供给侧与需求侧的弹性匹配。

上班时间，网约车满足公务出行的量会大一些，而在法定节假日，网约车主要是满足普通民众的需要。从节约用车养车费用的角度来看，"神州专车＋公务出行"可以推进公车改革上一个新的台阶，完全实现政府后勤的社会化、市场化。另一方面，这也是政府以具体行动推动分享经济的发展。

《关于促进分享经济发展的指导性意见》指出：完善相关配套政策，加大政府部门对分享经济产品和服务的购买力度，扩大公共服务需求。

浙江与杭州已经率先"购买"分享经济产品和服务。其他地方也可以跟进"购买"，以降低公务出行的成本。

党政机关公车改革之后，各个单位大致还剩下一半的公车，如果党政机关中的事业单位的车改能够及时到位，再加上退休干部也参加车改，再减少一半的车辆是没有问题的。

进而言之，只要能够推进"互联网＋公务出行"，让分享经济融入公务出行，哪怕一个单位一辆公车都没有，都不会影响公务出行。

"德惟善政，政在养民"。分享经济除了与公务出行进行融合之外，还可以与政府行政活动的许多方面融合。比如，"分享经济＋会议管理""分享经济＋培训""分享经济＋扶贫""分享经济＋官邸制"，等等。这些措施的目的，就是为了提高资源利用的有效性。

（2017 年 7 月 8 日）

# "表面文章"再多，也绕不过环境硬杠杠

胡印斌

经过一个月的下沉督察，2017年7月29日，中央环保督察组向天津市反馈督查情况时指出，天津市的环保工作与直辖市定位和人民群众期盼有明显差距，开会传达多、研究部署少，口号多、落实少，一些突出的环境问题长期得不到解决。督察组还特别提及了多个环境治理敷衍了事的问题，包括静海区水务局编造会议纪要和工作台账，滨海新区、武清区控制监测站周边区域交通流量等。

事实上，像天津静海区水务局编造会议纪要和工作台账，使2015年出台的文件、2014年调任的工作人员，"穿越"在2013年会议纪要的问题，媒体此前已有报道。这一次，中央环保督查组的反馈，再一次印证了诸如此类弄虚作假、敷衍塞责的情形，并非孤立事件，而是当地应对环保督查的一种常态化做法。

这实际上也反映出一些地方政府在环境问题上的"两面"做法。往往是公开场合口号喊得震天响。就像2014年时任天津市长黄兴国在市人大作报告时说的那样："以前所未有的高度重视生态环境，以前所未有的力度推进生态保护工程，以前所未有的铁腕依法治理环境违法行为。"三个"前所未有"，可谓斩钉截铁。而具体到现实中，则穷尽一切心思，依然是糊弄、搪塞、应付那一套。

这也表明，一些地方的环境治理，仍未能得到真正的重视。各

级政府、官员更重视的，不过是怎样抵消来自上面的环保压力。其更多的心思与努力，往往放在如何让数据好看一点，把突出的环境问题尽量抹平，争取让环保督查发现不了问题。至于民众是不是满意、环境是不是友好，或者说，"表面文章"能不能真正改善环境，并不在一些官员的考虑视野。

而当所有的注意力都指向了督查，则必然乱象丛生、怪事猬集。不是乱编台账、水洗出一个环境清新的监测站，就是在减煤控煤上玩数字游戏、听任环保设施闲置或空转等等。再就是，动辄开会表态、文件传达、标语贯彻。就像一阵风，什么都没有留下，看似热热闹闹、气势宏大，实则水过地皮湿，甚至连地皮也不会湿。

地方官员之所以热衷于做"表面文章"，一是因为环境治理周期长、见效慢，不会像GDP那样立竿见影，迅速转化为任期的政绩，成为官员"向上的台阶"。何况，如果因此触及各种既得利益的话，也"得不偿失"。

再则，关键还在于一些地方、不少官员并没有如其表态那样，真正把绿色发展、环境保护当作要务、急务来抓。一些地方政府为最大限度地追求经济利益，大搞地方保护主义，以发展经济为"挡箭牌"，甚至要求环保部门为经济增长"保驾护航"。还有一些环保官员在执法中不作为、乱作为，滥用职权，失职渎职，监管不力，甚至寻租腐败，为违法企业充当"保护伞"。

此前媒体报道的祁连山生态环境遭遇严重破坏，就是一个例证。而此番中央督察组披露的天津市钢铁围城、园区围城等问题长期没有改观，在全市重化产业集中、结构性污染突出的情况下，仍然不顾环境承载能力上马或准备上马火电项目等，也是如此。一个七里海湿地过度建设的问题，虽经媒体多次曝光，市海洋部门仍多

次违规批准游客进入保护区核心区。

公众看到的，不是"壮士断腕"的治理决心与"抓铁有痕"的治理举措，却是"前所未有"的继续污染环境，"前所未有"的弄虚作假、表面文章。此种行径，不仅会影响国家经济发展转型的布局，也扭曲了环境治理的目标和方向，甚至还败坏了政府的权威和公信力，从而使得环境向好遥遥无期。

在当下，环境保护的理念越是深入人心，则政府治理与环境保护之间固有的冲突与抵牾，就越是凸显。发展理念的转型、环境友好的实现绝不是从天而降，而是需要更强大的压力机制，更严厉的惩治机制，以及更广泛的公众参与机制。上下合力，才可能真正打通"中梗阻"，实现一体贯通、政令畅通，并真正将各方面的意志、行动统一到呵护环境上来。

其一，必须进一步扩大公开透明，通过层层向下的环保督查，使地方的环境问题、难题呈现在公众视野，环境执法必须接受来自各方监督，彻底切断监管与被监管关系的利益同盟关系。

其二，强化问责。不仅对那些滥用职权、执法不力的执法者，要严肃问责，同时，也要强化责任终身追究制度，进一步明确地方各级政府应当对本行政区域的环境质量负责，进一步强化政府环境保护第一责任人的角色。对环保部门的环境监管失职行为、弄虚作假行为、环保腐败行为等，均要"零容忍"。

其三，必须扩大环保公众参与。要发展和壮大环保组织的力量，使环保组织成为环境公益诉讼的主体，切实保障公众参与环境保护的法定权利。从世界各国的情形看，环保组织都是促使环境向好的希望和力量。在国内，尽管新《环境保护法》已明确环保组织成为环境公益诉讼的主体资格，但在现实中却受到种种限制，这种状况要尽快扭转。

　　说到底，环境治理并非虚文，而是实务，不仅需要切切实实的长期努力、接力作为，也需要从长远、开阔的发展视野来科学规划、精心施政、坚决落实，甚至还必须去触碰地方的各种复杂利益关系。空气质量是不是改善了，水环境是不是清澈了，土地污染是不是减轻了，那都是一个个硬杠杠，来不得半点弄虚作假，敷衍塞责。

（2017 年 7 月 30 日）

# 挺住！愿震后九寨依然是"人间的天堂"

任 君

2017 年 8 月 8 日，一个寻常的日子。川西九寨沟正值旅游旺季，当日，景区游客数量 39405 人。入夜时分，一阵轰隆隆的异响过后，地震了。

据《新京报》报道，当时，九寨沟千古情演艺中心正在实景再现"5·12"汶川大地震的惨烈场面，山崩地裂、房倒屋塌，整个剧院和数千个座位强烈震动，3000 立方大洪水瞬间倾泻而下……然而，很快，人们就发现，身边墙体晃动的幅度，远远超出了"剧情需要"。神奇的九寨、人间的天堂，平静就在瞬间被打破了。

8 月 8 日 21 时 19 分，四川省阿坝州九寨沟县（北纬 33.2 度，东经 103.82 度）发生 7.0 级地震，震源深度 20 公里。截至 8 月 9 日上午 9 时 30 分，九寨沟地震死亡人数 13 人，受伤 175 人。

地震发生后，习近平高度重视，立即作出重要指示，要求抓紧了解核实九寨沟 7.0 级地震灾情，迅速组织力量救灾，全力以赴抢救伤员，疏散安置好游客和受灾群众，最大限度减少人员伤亡。李克强作出批示，要求抓紧核实灾情，全力组织抢险救援，最大程度减少人员伤亡，妥善转移安置受灾群众。加强震情监测，防范次生灾害。

而在网上，民众自发的加油、祈福，更是迅速刷屏。从 8 月 8

日夜开始，绵亘不绝，柔和、飘忽的点点烛火背后，是一颗颗紧紧揪起来的心。而所有的焦灼与善意，最终汇聚成渡劫呈祥的强大驱动力。

有人说，什么"这一刻，我们都是九寨人"，什么"九寨沟，不哭"，什么"加油！四川"，统统都是套路，不咸不淡。这样的调笑是对民众正常情感表达的亵渎。地震甫发，详情不明，死伤未详，惊诧莫名，人们表达一下对受灾地区的关心、惦念，不仅正常，也是人之为人不忍之心的正常流露。

面对来自大自然的灾难，每一个人都自然会受到触动，并为之心痛。川西山高谷深，地形复杂，地震来袭，必然会出现山体滑坡、壅塞湖泊、交通阻绝等重大灾情，也必然会危及民众的生命安全。且九寨沟乃是举世闻名的生态景区，来自四面八方的游客，如潮汐般涌去，何况，9年前的汶川大地震去日不远，记忆犹新，此情此景，如何不让人担心、焦虑？

就像此次地震时正在上演的实景演出那样，地震说来就来了，间不容发。尽管根据中国地震台网速报目录，震中周边200公里内近5年来发生3级以上地震共142次，但像这一次达到7.0级这样具有破坏力的地震，还是第一次。这也提醒人们，"汶川"并没有远去，灾难依然如影随形。

人们能做的，除了尽最大可能的科学预测、精准预报之外，还是要敬畏自然，多一些防范意识、防范技能。特别是在应急处置方面，理应在惨痛的教训之后，形成一整套行之有效、相对完备的预案。比如，当灾难突然袭来，如何组织有效疏散？外部救援如何展开？应急自救需要注意哪些事项等。

地震灾情牵动着社会各界的关注，此次救灾的一个显著特点，

就是很多企业在第一时间做出反应，支持救灾。据人民日报客户端报道，地震发生后仅 10 余分钟，北京三元食品就通过电话与九寨沟相关政府部门建立对接，立即组织了捐赠小组，前往九寨沟。8 月 8 日深夜，第一批物资已准备完毕整装出发。

同样，这一次，如导游、服务员等各行业人员也表现出高度的警觉与处置能力。不少游客则自动变身为志愿者，积极参与救人。

天灾无情。有关各方强大的组织能力、迅捷的行动能力，民众高度的自救、救人意识，至少可以缓解灾情，给生命多一个机会，给民众多一份信心。这是人性的力量所在，也是人性的光辉所在。

"在离我很远的地方，总有一枝花朵在芬芳，她有着生命祈求的梦想，她有着日月轮回的沧桑……"此时此刻，歌词体现的那种高远、静谧、澄澈，已经置换为对生命的悲悯、对灾难的祈福，以及对川西苦难接踵的深深关切。

唯愿"神奇的九寨"，不要被摧残过烈；唯愿一夜惊魂的人们，听得到外部世界的呼唤，并在经历了沧桑梦碎之后，依然身在"人间的天堂"。

（2017 年 8 月 9 日）

# 增加住房土地供应，"政策组合拳"发力

周俊生

国土资源部、住房城乡建设部日前印发《利用集体建设用地建设租赁住房试点方案》。其中提出，为增加租赁住房供应，缓解住房供需矛盾，构建购租并举的住房体系，建立健全房地产平稳健康发展长效机制，决定开展利用集体建设用地建设租赁住房试点，第一批试点城市包括北京、上海、沈阳、南京、杭州、合肥、厦门、郑州、武汉、广州、佛山、肇庆、成都 13 个城市。这一试点方案甫一公布，便在网上激起了热烈的反响，不少人认为此举将对目前高居不下的房价产生重大的影响。

这种说法并非毫无根据，近年来，尽管房地产市场调控的政策一直很严厉，但很多城市的房价非但不见下降，反而出现了逆势上扬的走势，一个很重要的原因就是市场可供应房源无法满足日益增长的购房需求。因此，在房地产调控的"政策组合拳"中，增加住房建设土地供应一直被视为一个重要的政策选项，但是经过房地产市场土地这么多年的发展，城市自身可供住房建设之用的土地已经并不丰裕，这已成为房地产调控的一个难点。

2017 年以来，一些城市提出了"购租并举"的调控思路，调控政策开始向租房者适当倾斜，这一政策的推行同样面临可提供出租的房源不足的问题，特别是一些由地方政府出租或让利建造的租

赁用房屋，还面临着政府与业主共有产权的分割等一些技术性难题，要顺畅推行并非易事。

在此情况下，将集体建设用地引入城市的租赁住房试点，是一个重要的创举，而且这种创举将产生多方面的积极效果。

所谓集体建设用地，就是不属于城市国有的土地，它们一般属于农村集体所有。近一二十年来，很多城市的版图不断扩大，一些原属于农村的地区在进入城市以后，其集体建设用地转化为城市国有土地，但这需要政府花费高昂代价，并且要对农民进行妥善安置，而这些成本都要进入商品房价格，这也是造成商品房价格高企的一个重要原因。

此次两部门作出的决定，在不改变土地性质的基础上将集体建设用地引入城市房地产租赁市场，一个首要的也是明显的功效，就是能够有效地解决城市可供房源紧张的困难，为房屋租赁市场提供有保证的房源，并且影响到商品房市场的价格。当大量原来的购房者进入租房市场后，商品房市场的需求就会减退，并最终促使房价松动，开始下移。

集体建设用地进入城市的房屋租赁市场，另一个重要的作用是将逐渐改变国人对"住有所居"的理解。中国传统社会过于看重对住房的保有，一些刚进入工作状态的年轻人，人生刚起步就受困于房贷压力。而很多年来，我国房地产市场所能提供的基本上是只卖不租的商品房，年轻人只能被动接受这种市场，这又反推市场需求过大，导致房价不断上升，整个市场的供需链形成了一种恶性循环。

此次进入试点的 13 个城市基本上都是特大城市和沿海发达城市，对就业人口的吸附能力较强，他们也成为这些城市房地产市场的主要需求力量。尽管这些城市都执行了严格的限购政策，但随着时间的推移，他们将逐步取得购房资格，限购的威力也将逐渐减小，并对房价形成支撑。

而当大批租赁房进入市场，这部分人员就可考虑租房居住，年轻人可以减轻为满足住房需求而不得不承受的过高的经济压力，更好地规划自己的人生。如果能有越来越多的人选择租房居住，社会的流行观念也会逐渐改变，"住有所居"并不是一定要拥有属于自己的产权房，通过租赁获得稳定的居住场所，也是一种选择。

国土部和住建部出台的这个试点方案，对集体建设用地建造租赁用房作出了细致的规定，但到目前为止还是"纸上谈兵"，未来在实践中很可能还会遇上新问题，这就需要不断地在探索中积累经验，完善相关政策。

比如，集体建设用地建造的房屋投入租赁市场后，以什么标准收取房租就是一个现实的问题。如果按目前城市里的租房价格，那么它对租房者的吸引力就不会很大，但相比城市租赁房屋，集体建设用地建造的租赁房毕竟不需要支付高昂的地价，因此有关方面有理由对其租房价格实行必要的行政控制，不能让集体建设用地上建造的租赁用房成为一个暴利市场。当然，这种行政干预很容易产生与集体土地所有者的矛盾，如何协调各方面关系，求得最好的平衡点，就需要在实践中探索。

将集体建设用地纳入城市租赁房建设，看似只是围绕着房地产市场调控出台的一项新政策，但是它已经触及了我国土地制度的重大改革，它一方面可以实现政府、社会、农民和住房保障者的利益共享，更重要的是为我国土地制度的改革作出了有益的探索。

按照我国既有的土地政策，集体建设用地与城市国有土地之间

有截然分明的界线，城市土地属于国有，集体建设用地为农民所有，关系到农民的切身利益。这种割裂的土地制度不仅不利于城乡融合，事实上也造成了两种土地价格的巨大差价，不仅使城市房价高企，也为农村土地制度改革带来了不小的难度，特别是各地在集体建设用地上建造的小产权房已经成为一个庞大的天文数字，一律拆除已经不可能也不尽合理。

而解决小产权房的问题，就要按此次允许集体建设用地建造租赁房显现的原则，努力达成政府、社会、农民和住房业主的共赢，成功化解已经存在了多年的这个老大难问题。

（2017 年 8 月 29 日）

# "有落后产能，没有落后人力"深意何在

谭智心

"乘天之时，因地之利，聚人之力，乃可富强。"

2017年9月4日，李克强总理考察山西长治潞安集团石圪节煤矿，接连登门看望两户转岗安置矿工。他们转岗到其他企业后，月收入均较过去有所提高。总理说，有落后的产能，没有落后的人力。人是最宝贵的资源，要盘活现有存量，加快矿区后勤服务社会化，发展壮大新产业、新业态，更大释放人的潜能。

这一席话，既提出了新常态下去产能工作的具体要求，也道出了当前深化改革的核心要义。

纵观我国近40年改革开放的历程，每一次深刻的经济社会变革，无不是充分调动了中国公民的积极性，激发了社会各阶层的发展潜力，顺应了公民对美好生活向往的现实需求。

从改革农村土地承包经营制度开始，到后来的国有企业改革、财税体制改革、金融体制改革、社会保障制度改革、教育体制改革、医疗卫生体制改革、文化体制改革、生态文明体制改革等一系列重大改革的成败，最终都落脚到是否对人的发展具有积极作用，最后都表现为公民对改革的措施是否拥护。

"方今之急，在于人才而已。"

当前，我国正处于全面深化改革的关键时期，要让改革措施能

够顺利推行、改革动力能够持续稳定、改革目标能够如期实现，必须重视人这一核心要素，更大程度地激发人的潜能。

首先，深化改革要重视人的需求。中国的改革很多都是发源于底层，是中国公民在日常工作和生活实践中的自发探索，这些改革只要适当加以总结、引导和推广，很快就能取得不错的改革效果。

例如，20 世纪末至本世纪初，在中国大地上推行的农村税费改革，正是由于农民的呼声、基层的探索和中央的决心达成了高度的一致，在全国范围内全面取消农业税的目标提前两年就完成了。

而有些改革，之所以久推不进、效果不好，根本原因就是改革没有得到中国公民的拥护，没有实现人的发展这一终极目标。

其次，深化改革要注重人的培养。早在 17 世纪中期，英国的古典经济学家威廉·配第就提出了人力资本的概念，后来的发展经济学家们更是将人力资本作为影响国家经济增长的重要要素加以研究。

我国是世界人口最多的国家，拥有着丰富的人力资源，改革开放至本世纪初期，正是利用了"人口红利"这一资源优势实现了经济的高速增长。然而，随着经济社会的发展转型，"人口红利"正在逐渐减少，目前亟需将人口资源优势转化为人力资本优势。在深化改革的过程中，更要注重人的培养，不仅培养改革政策的制定者、执行者，更要培养改革政策的落实者、接受者。

再次，深化改革要鼓励个人创新。创新是一个民族进步的灵魂，是一个国家兴旺发达的不竭动力。人类文明发展史告诉我们，只有不断地进行创新，才能最终实现经济发展、社会进步。世界上经济最为发达的地区，往往也是创新活动最为频繁的地区。

当前中国经济发展已进入新常态，从经济发展阶段看，还面临着跳出"中等收入陷阱"的严峻挑战，只有实现充分的创新才能为经济发展提供持久动力。党中央、国务院为"大众创业、万众创新"提供了有力的政策支持，不仅为创业创新创造了良好的制度环境，也为全面深化改革提供了必要的社会动员和激励。

"有才不难，能善用其才则难。"深化改革要实现因人施策。在全面深化改革阶段，由于改革面临的形势更为严峻、利益关系更为复杂，更是需要实现和落实好因人施策的基本原则。

最能体现这一原则的莫过于当前的精准扶贫工作，正是由于我们从实际出发，区分不同的贫困人口，精准扶贫、精准施策，才能更大的释放贫困人口的潜能，实现人的发展，确保我国脱贫攻坚战的最后胜利。

（2017 年 9 月 5 日）

# 金砖机制释放更多"民生红利"

王晓伟　段君泽

从蛋糕到巧克力，从饮料到啤酒，越来越多的俄罗斯食品如今摆上中国家庭的餐桌。而产自中国的服装、玩具、家电等，也让其他金砖国家的民众多了份选择。

"国之交在于民相亲，民相亲在于心相通。"从中国的故宫，到巴西的桑巴文化、印度的歌舞、南非大草原、西伯利亚森林，金砖国家的"驴友"们在欣赏异域风情的同时，也彼此增进了解与信任。

金砖五国30亿人，正不同程度地逐渐触摸到不断增值的"民生红利"。

"中国古人说'交得其道，千里同好，固于胶漆，坚于金石。'金砖合作之所以得到快速发展，关键在于找准了合作之道。"习近平主席的这句点睛之语，阐明了金砖国家的合作基础。

金砖国家机制经过10年的发展，取得了许多重要成就，成为发展中国家互利合作的典范。

本次厦门峰会与会国不仅达成了广泛共识，深化了伙伴关系，还为开创金砖合作第二个"金色十年"绘制了蓝图。以本次厦门会晤为契机，金砖国家机制将展现更大生机活力，取得更大发展成就，同时也将为各国带来更多"民生红利"。

经过十年发展，金砖机制已成为合作各方对外政策重要组成部分，并有望成为全球治理体系的重要组成部分。

首先，金砖机制将世界最具政治影响力和经济发展状况最好的发展中国家联合到一起，成为新兴市场经济体和发展中国家开展民主、互相尊重、互利合作的典范，在促进成员国扩大相互贸易和发展金融合作等方面取得了显著成效。

其次，金砖机制在改革国际政治经济秩序、推动世界多极化发展方面发挥了积极作用。金砖国家以推动构建更加公正合理的国际新秩序为共同目标，已成为全球治理体系不可分割的一部分，努力成为多极世界中强大而稳定的一极。

此外，金砖机制框架下各方不断加强务实合作。近年来，金砖国家在金融领域的合作成果尤为突出，在该机制框架下建立的金砖国家新开发银行，已成为名副其实的国际金融机构，该行在 2016 年批准了首批 5 个绿色经济领域的项目，涉及每个金砖国家成员国，未来金砖国家新开发银行有望成为极具影响力的世界级金融机构。

本次峰会通过的《金砖国家领导人厦门宣言》，达成了 70 多项重要共识，涉及内容之广、领域之多，堪称历次金砖国家领导人会晤成果之最。

厦门会晤为未来金砖合作增添了新的动力，为加强金砖伙伴关系、深化各领域务实合作规划了新的蓝图。与此同时，厦门峰会不仅将为金砖合作及各方外交开创新局面，还将为各国人民带来更多实实在在的民生实惠。

生活品质更进一步。金砖合作将进一步推动基础设施联通，发展跨境电商，将金砖国家人民的日常生活相连相通。我们的消费选择将会更多，以前难于享用的异域美食，通过跨境电商或将唾手可

得，跨国购物将变得越来越便捷。不断增强的航空运力、不断开放的航空政策以及不断简化的审批流程和签证手续，将使金砖国家间的跨境旅游更加舒适愉悦。金砖国家致力于培育一个利益共享、经贸顺畅的大市场，将使人们的生活品质得到进一步提升。

人文交流更深一层。金砖机制为各方密切人文交流提供了良好的平台，影视文化作品的传播、文体活动的交流使民心相通的根基更加稳固。不断拓展深化的教育合作更是让各国民众受益匪浅。近年来，金砖国家在高校联合科研、人才共同培养方面的合作力度不断加大，《北京教育宣言》将大力促进"金砖国家大学联盟"建设，为金砖国家共享优势教育资源、共建世界级高水平大学提供了便利条件。

创新创业天地更宽。展望未来，金砖国家在科技创新、就业创业方面合作潜力巨大。金砖国家合作带来的不仅有资源、人才的合理流动和优化配置，还能促进高新科技和创新产品的交流，因而能够提供更大的市场机遇，创造更多的投资创业机会。无论是原料、劳动力，还是高科技、知识经济，都将获得更大的市场空间，大众创业、万众创新将迎来更加广阔的天地。

（2017 年 9 月 6 日）

# 信息消费是稳增长惠民生的新引擎

杨国英

在新经济时代下，技术创新与信息消费已呈互为促进的关系——以"互联网 +"为代表的技术创新，正加速推进信息消费规模的扩大，而信息消费规模的增长，又反过来促进"互联网 +"、人工智能等技术创新的加速迭代。

国务院总理李克强 2017 年 5 月 10 日主持召开的国务院常务会议上，除通过《兴边富民行动"十三五"规划》、并强调"化解和淘汰过剩落后产能是供给侧结构性改革的重要任务"，还进一步明确全面推进信息消费，"在前期已出台措施基础上，重点聚焦生活类、公共服务类、行业类等消费新领域及新型信息产品"。

关于升级信息消费，会议明确部署三大措施：一是支持企业研发数字家庭等产品，大力发展智能可穿戴、虚拟现实等高端智能设备；二是加快推进网络提速降费，推动通信、物流、支付、售后等全过程降成本；三是完善网络安全和市场监管体系，切实加强个人信息保护，严厉打击信息和网络诈骗。

此次国务院常务会议对信息消费的明确强调，不仅是政府工作报告相关部署的落实推进，而且更是近几年政策层对信息消费重视的有序延续。2013 年 8 月印发的《国务院关于促进信息消费扩大内需的若干意见》，2015 年全面推进的"互联网 +"和"中国制造

2025"，其实也与促进信息消费紧密相连。

信息消费不同于一般词义上的商品消费和服务消费，却又渗透到包括商品消费和服务消费等传统消费形态之中。与企业直接购买数据以及云服务相比，大众人群的日常生活和服务，几乎均有信息消费的属性穿透其中。比如，网约车和网上叫外卖，你接受的是租车和餐饮消费服务，但是，你使用支付宝或微信进行支付，事实上也同时接受了信息消费服务。再比如，你在淘宝和京东购物，你接受的是电商平台提供的商品消费服务，但是，无论是支付环节、还是物流配送环节，事实上你还接受到由平台方提供的信息消费服务。

在互联网尤其是移动互联网高速发展的近几年，我国信息消费规模日趋增加。相关数据显示，2015年我国信息消费年度总额为3.2万亿元，而2016年增加到3.9万亿元，年增速高达21.9%。以此类推，到2020年，我国信息消费年度规模将高达近9万亿元。

由于信息消费具有极强的穿透性，信息消费规模的增长，对于传统消费形态可以起到极其明显的拉动效应。比如，近年来电商零售和物流行业的高速增长，以及由此对传统制造业形成的拉动，信息消费绝对是居功至伟、功不可没。

信息消费是稳增长惠民生的新引擎。基于"稳增长"而言，信息消费不仅直接促进传统消费形态、扩大消费占比，而且传统产业在接受数据和云服务等信息消费之后，可以更精准地为客户提供定制化生产，或者借助电商平台精准营销、无缝对接互联网用户，从而有效地促进企业的转型和升级。

基于"惠民生"而言，近年来，我国信息消费规模之所以逐年大幅增长，原因在于智能硬件的日渐普及，推动了新经济时代对信息消费全方位的旺盛需求。而无论是科技研发型企业、还是平台型应用企业，其对数据、云服务的应用和嫁接，均最终普惠到大众人群——这不仅体现在依赖信息消费而滋生出的新型经济形态，可以增加众多的新型就业岗位，而且，更为直观、更可触摸的是，今天我们无论是购物、出行、还是理财，均比以往任何时候更为高效、更为实惠、更多选择。

当然，未来我们进一步扩大信息消费规模，并且使之真正成为稳增长惠民生的新引擎，我们还有必要在相关政策引导上下功夫。

比如，对于大数据等信息消费需求超强的人工智能，我们有必要提供匹配性的政策许可和政策支持，因为现行的相关产业政策，是基于传统产业的思维惯性而产生的；再比如，尽管近年来我国网络提速降费明显，但是相比欧美等发达国家，我们明显还存在较大的提升空间，这方面我们有必要尽快改进，毕竟网络作为互联网基础设施的核心，其进一步提速降费对于扩大信息消费规模、继而间接推进"稳增长惠民生"至关重要。

(2017 年 5 月 10 日)

337

附

# 本书作者名单

| | |
|---|---|
| 卞永祖 | 中国人民大学重阳金融研究院研究员 |
| 曹明弟 | 中国人民大学重阳金融研究院绿色金融部副主任 |
| 储 殷 | 国际关系学院副教授 |
| 丁一凡 | 国务院发展研究中心世界发展研究所研究员 |
| 傅蔚冈 | 上海金融与法律研究院执行院长、研究员 |
| 高成运 | 全国老龄办综合部主任 |
| 胡 簧 | 中国国际问题研究院学者 |
| 胡印斌 | 资深评论员 |
| 刘晓忠 | 经济学者、财经评论员 |
| 刘 英 | 中国人民大学重阳金融研究院研究员 |
| 刘远举 | 财经评论员、专栏作者 |
| 罗 宁 | 高级经济师 |
| 孟祥明 | 财政部政府和社会资本合作中心 |
| 缪一知 | 法律学者 |
| 莫开伟 | 财经评论员 |
| 聂日明 | 经济学者、财经评论员 |
| 欧阳晨雨 | 法律学者 |
| 盘和林 | 财经评论员 |
| 苏少鑫 | 资深媒体人 |

| 谭智心 | 农业部农村经济研究中心副研究员 |
| 陶短房 | 专栏作家 |
| 王　琳 | 法律学者、资深评论员 |
| 王晓伟 | 莫斯科大学外籍教授、中央党校博士后 |
| 魏建国 | 中国国际经济交流中心副理事长、商务部原副部长 |
| 相均泳 | 中国人民大学重阳金融研究院产业研究部副主任、研究员 |
| 赵燕江 | 哈尔滨理工大学副教授 |
| 谢　飞 | 财政部政府和社会资本合作中心 |
| 杨国英 | 财经评论员 |
| 叶　青 | 湖北省统计局副局长、中南财经政法大学教授 |
| 于　平 | 资深评论员 |
| 张德勇 | 中国社会科学院财经战略研究院研究员 |
| 郑　慧 | 国家行政学院决策咨询部副研究员 |
| 郑山海 | 医生 |
| 周俊生 | 财经评论员 |

组　　稿：张振明

责任编辑：郑　治　池　溢

封面设计：马淑玲

**图书在版编目（CIP）数据**

政能亮 . Ⅲ /《政能亮》编委会 著 . —北京：人民出版社，2018.6

ISBN 978 - 7 - 01 - 019494 - 3

I. ①政…　　II. ①政…　　III. ①政策 - 研究 - 中国　　IV. ① D601

中国版本图书馆 CIP 数据核字（2018）第 129692 号

政能亮 Ⅲ

ZHENGNENGLIANG Ⅲ

《政能亮》编委会

人民出版社 出版发行

（100706　北京市东城区隆福寺街 99 号）

中煤（北京）印务有限公司印刷　新华书店经销

2018 年 6 月第 1 版　　2018 年 6 月北京第 1 次印刷

开本：710 毫米 × 1000 毫米 1/16　印张：22.75

字数：263 千字

ISBN 978 - 7 - 01 - 019494 - 3　定价：57.00 元

邮购地址 100706　北京市东城区隆福寺街 99 号

人民东方图书销售中心　电话（010）65250042　65289539